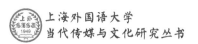

上海外国语大学
当代传媒与文化研究丛书

U0590415

本书受到新闻传播学上海高校一流学科建设项目（项目编·
国家哲学社会科学基金项目"重大突发公共事件与'微博'的关联性研究"（项目编号：
11BXW028）、上海市哲学社会科学基金项目"社交媒体时代网络信息传播的受众需求研
究"（项目编号：2011FXW002）、上海外国语大学校级重大科研项目（项目编号：
2013114zd009）和上海外国语大学优秀青年教师科研创新团队项目的支持，特此鸣谢！

Social Media in China:
The Communication Demands of Net Users

中国网民
社交媒体传播需求研究

顾明毅　著

中国出版集团
世界图书出版公司
广州·上海·西安·北京

图书在版编目（CIP）数据

中国网民社交媒体传播需求研究 / 顾明毅著 . —广州：
世界图书出版广东有限公司 , 2014.8

ISBN 978-7-5100-8469-0

Ⅰ.①中… Ⅱ.①顾… Ⅲ.①互联网—传播媒介—
应用—心理交往—研究—中国 Ⅳ.① C912.1-39

中国版本图书馆 CIP 数据核字（2014）第 191270 号

中国网民社交媒体传播需求研究

策划编辑　孔令钢
责任编辑　黄　琼
出版发行　世界图书出版广东有限公司
地　　址　广州市新港西路大江冲 25 号
http:// www.gdst.com.cn
印　　刷　虎彩印艺股份有限公司
规　　格　710mm × 1000mm　1/16
印　　张　18.5
字　　数　320 千
版　　次　2014 年 8 月第 1 版　2015 年 4 月第 2 次印刷
ISBN　978-7-5100-8469-0/G・1717
定　　价　56.00 元

内容简介

　　互联网社会的发展使得一些原有的概念被赋予了新的含义，如：受众、传播、新媒体、舆论场等；更多层出不穷的新概念应运而生，如：媒介化社会、微博、自媒体、长尾、社交媒体、网民等。正是由于互联网技术的不断进步，推动了媒介平台从电子信箱和门户网站向即时通讯（Instant Messenger）、脸谱（Facebook）、微博（Microblog）、图钉（Pinterest）等社交媒体网络的纵深发展。不断增强受众的体验功能，不断赋予受众自媒体的能力，拓展了受众实现传播的途径。在互联网技术的全球化进程中，我国网民的巨大基数和追新的不懈动力令研究者惊叹其需要和能力的同时，也以此重新审视传播对于人的意义构建和行动介入的影响。

　　在人类传播文明的进程中，法兰克福学派崇尚对文化工业的批判性研究，沿革了马克思在唯物史观下进行阶级化分析的实践论；而5W结构始终是西方功能主义解析媒体传播职能的重要工具。社交媒体传播革命呈现出与工业革命时代和电气化革命时代不同的时代背景。本书立足于"受众中心论"的视角，从我国网民"人"的基本属性出发，探索其"需要"的核心问题。社交媒体传播对"数字人"的使能，使得对于人而言，传播不再是依赖于媒体这个介质让人得以接入到大众文化场中，进而完成结构赋予自身的角色，而是成为一种基于个人的开放式社会关系的基础，传统的"经济人"、"社会人"、"文化人"等人的概念定义，在传播层面发生了融合，社交媒体传播带来的变化就是"数字人"成为原生的基础能力。

　　人的需要受到了"数字人"传播基础能力的拓展，不再受限于客观具象的社会、媒体和组织。传播和行动的并行，呈现人的线上社会和线下社会的同体存在，也改变了人的实践，即满足需要的抽象过程。本书将传播研究上升到了"需要与实践"的系统关系中，探索面向未来的传播价值和人的意义界定。人本主义是本书秉持"受众中心论"的理论起点，马克思对人的研究和功能主义的研究也作为分析工具纳入具体章节，这构成了本书的研究在哲学层次基本定义的基础。

　　中观层面上，本书重点研究网民阶层力量和社交媒体传播体系的重要特征。集中梳理了我国网络传播研究中近期涌现的相关概念，提出以受众思维出发的"多屏化"全媒体环境，赋予受众新的媒体选择权（"多元化传播的媒介选择需求"一章中展开讨论）；提出社交媒体传播的宇宙观和星系传播模型；分析媒介化社会的受众中心，提出了受众认知幅度的时代性扩展（世界观念、社区观念和自我观念在社交媒体时代得以出现并加强），超越"亲缘"和"地缘"范围，打破差序格局，运用传播"选择权"建立社交边界（"网民文化社会认同的需求"一章中展开讨论）。

社交媒体传播的传播"革命"，要么"颠覆"传统大众媒体传播的垄断性架构，要么超越传统大众媒体传播架构，建立起传统传播体外化的信息大循环。SoLoMo 的移动社交媒体传播特征紧抓互联网前沿，阐释了这种超越了"媒体级"的人类体验方式的革命，辅以经济学众包概念来解析传播对生产和需要的介入。既然十年前的公众无法想象今天的移动互联网时代，那么今天我们同样难以清晰描绘十年后的人类传播，语义网技术大门已经展开，超越语言障碍的全人类应用近在眼前。传播革命正在和人类全部先进科技融合，需求就不断创造出新的需求。

研究我国网民的需求理应使用互联网思维，对网络使用者的分析建立了社会阶层的代表性；网民使用行为分析打破了传统网站功能视角，构建了用户媒体整合 CGM 的鲜明的社交媒体传播特征，奠定了移动化社交媒体"公共空间"的新场域，从而将网民受众研究上升到整个传播革命对经济、社会、政治、文化的话语权争夺的战略格局中。

研究我国网民需求结构与分类，分为三个层面展开：①解决技术型的网民社会化信息传播的需求，以及网民信息（特别是非结构化信息）重组织。②建立我国网民需要层次模型及规律，并应用 ERG 理论的受挫回归效应，分析当前网民需要中生存（Existence）、社交（Relatedness）和发展（Growth）的传播矛盾。③在综述了国内网民传播需求的文献基础上，建立起传播关系下我国网民的需要与需求结构。我们认为人的需要是基础，社交传播的需求是中坚，网民互联网使用行为是传统职能化统计，而网民网络传播中的具体需求才是真正呈现给媒介化社会亟待解决的问题。

将网民舆情传播作为网民社交媒体传播需求的最重要问题，建立网民自身需要、舆情对象的外在事件需求、舆情发展的需求的分析架构，为深入研究新闻"四权"巨大的网络传播实践给出了源于需要的系统性解释。

随后，选择互联网反腐和品牌安全庇护这两个标志性的网民具体需求进行研究，并以多元化传播的媒介选择需求进行研究，深度探索网民文化社会认同的需求，对我国网民娱乐的需求进行了专题研究。最后，终章研究中国的未来——青年网民的社交媒体传播需求。

目　　录

CONTENTS

第1章　研究背景与研究问题

互联网正在重塑我们的世界。从全球化的游戏规则到各国政治经济体制，从科技创新到知识经济，从市场交易到每个人的生活方式，都因互联网而改变。

——李良荣《透视人类社会第四次传播革命》

互联网科技的发展使得一些原有的概念被赋予了新的含义，如：受众、传播、新媒体、舆论场等；更多层出不穷的新概念应运而生，如：媒介化社会、微博、自媒体、长尾、社交媒体、网民等。正是由于互联网技术的不断进步，推动了媒介平台从电子信箱和门户网站向影像通讯（Facetime）、脸谱（Facebook）、微博（Microblog）、图钉（Pinterest）等社交媒体网络的纵深发展。不断增强受众的体验功能，赋予受众自媒体的能力，拓展了受众实现传播的途径，这已经超出了媒介工具层次的增长，而需要重新审视传播对于人的意义构建和行动介入的影响。

1.1 我国网民的阶层力量崛起

在我国，网民作为一个"新概念"——以中国互联网信息中心（CNNIC）从1997年第一次开始官方统计算起，在短短十六年间已经成为中国社会的舞台上一股崭新的力量。如果传播也是生产力的一种的话，那么这种生产力在社交媒体时代得到激活，迅速激发并相互作用，产生无穷的能量，积极地融入改变世界、创建人类文明的社会历史进程中。普通民众抬手之间的点击、转发、评论的微小流量竟能形成自组织化的社会力量，尝试推进甚至主导社会变革，网民传播的力量超出了传统社会管理者和传播理论研究者的想象。

网民能够最快速地站在全球化科技、经济、政治和传播的前沿，以一种近乎于革命的速度推行着席卷中国大地的改良力量。以网民主导的网络空间发源，延伸到线下社会媒体环境，在近十年掀起了一波波社会化传播浪潮。通过"孙志刚事件"、"SARS事件"、"彭宇案"、"郭美美事件"等一系列新闻媒体事件，引发了全社会上下的关注与反思，改变了一项项具体的管理程序和制度，成为全体国民对人文理性的探求和现代社会理想的启蒙，参与到推进我国社会、政治、经济体制改革不断深入的历史洪流中。

在中国近现代史的峥嵘岁月中，五四运动作为新民主主义革命的开端，点燃了中国人尤其是中国青年的爱国救国热情，《新青年》等刊物的发行，推动了民主、平等、人权、自由等思想的传播，标志着工人阶级以及一系列社团组织作为独立的社会力量出现在历史舞台，并建构起未来三十年全中国反帝反封建的大趋势。而今，互联网社交崛起也是21世纪第三次工业革命的信号，在全球进入和平发展的时代时，形成一种新的跨越式进步力量，即在传统社会阶层之上，重新划分出一种平等"赋权"的大众力量——网民，以网络传播的全球语境解读，推动自由、平等、民主、人权等思想的传播，并加强了对公平和正义的全民话语解析，自发形成"去中心化"和"自组织"的声音集聚，并参与到社会经济政治活动的公众管理力量中。

以中国互联网信息中心（CNNIC）迄今发布的《第32次中国互联网发展状况统计调查报告》为先导，其对网民的研究报告主要集中在使用行为统计和网民受众属性分析的层面。该调查报告的权威性和客观性已经得到各界广泛的认可，调查结果已经纳入中国政府《中国通信统计年度报告》。然而，此类分析的原理是基于人口、网址的社会管理视角下的受众分析，是一种对通讯信息行为的统计分析报告。时至今日，受众研究仍然是大众传播研究的一个重要领域，随着互联网的迅猛发展，尤其是以微博为代表的社交媒体在世界范围内的快速推进，今天的受众已不再是游走于不同媒介之间的读者、听众或观众，也不再是单纯的信息接受者。如何从心理、经济和社会等维度全面描绘网民的各种行为角色，分析其特征需求和态度，把握其动机与变化规律，已成为受众研究和网络传播研究的一项重要任务。然而，迄今为止，关于网民的研究论著不少，关于网民需求的全景式把握的研究却不多见。本书定位于从我国网民这一"技术使能及赋权"（Empowered by Technology）的社会群体入手，试图更为全面和系统地解构网民社交媒体传播的需求。

通常而言，网络使用者（Net User）是一个最为宽泛的概念，即指所有将其计算机连接上互联网进行网络活动的人。网络受众（Net Audience）则强调网络使用者的特定类型的网络活动，比如信息查询、电子邮件收发行为等。由于"受众"（Audience）

这个词，是从传统的媒介研究中继承过来的，因此难以磨灭其在传统研究中所继承的单向传播特性和被动接受者的影响，这造成"网络受众"概念其实并不完全符合网络研究的要求，而只能是当一个"约定俗成"的概念来使用，研究对象并不能完全用传统媒介研究中"受众"概念的特定含义来理解。相对而言，对于进行特定类型网络传播活动的使用者，这个概念还是具有一定的适用性的。

比如《网络受众心理行为研究》一书就是对"网络信息查询"这一特定网络活动的"网络受众"[1]进行研究的。国外有研究者认为用"网络公民"（Netizen，构词来自 Internet Citizen）这个词才能更好地突出网络对人们社会活动的巨大影响。"Netizen"一词最早由迈克尔·霍本创造。[2] 霍本认为人们理解的"网民"其实有两种概念层次：①泛指任何一位网络使用者，而不管其使用意图和目的；②指称特定的对广大网络社会（或环境）具有强烈关怀意识，并且愿意与其他具有相同网络关怀意识的使用者共同合作，以集体努力的方式建构一个对大家都有好处的网络社会的网络使用者。也就是说，并非所有"网络使用者"或"网络受众"都有资格被称为网民，只有那些其网络活动"具备一定的特征与特质的网络使用者"才可被称为网民，并认为"网民一词具有正面的涵义"。维基百科对网民的定义认为"网民鼓励扩展社会族群的活动，比如传播观点，丰富信息，试图将网络培养为一个知识资源和社会资本的场域，并且为自我组织（Self-assembled）的网络社区做出选择。他们利用并知晓网络的一切（Use and know about the network of networks），通常具有自我赋予（Self-imposed）的责任推动网络的发展，并鼓励言论自由和公开传播"。

网民的定义就是一个引发各方观点的交汇概念，本书尝试深入到需求和动机中来探索行为和意义，从而更好地应对未来社会中网民将成为所有公众属性的社会化特征。

同时，在维基百科对网民的定义中，已经出现显著标识，指出已经与数字公民（Digital Citizen）概念合并，这记录了西方社会对于诞生在互联网经济泡沫中的一大批新名词（如 Netizen）未能全面流行起来的历程，也启发了社会认知对于"网络化"已经进步到对公民"属性"的认同，并暗含了这样的假设：未来社会中，所有公民都将具有数字化的属性，网民即数字公民，将成为未来社会"原生的"

---

[1]　巢乃鹏：《网络受众心理行为研究》，新华出版社 2002 年 12 月版。

[2]　Michael Hauben，Ronda Hauben："Netizens: On the History and Impact of Usenet and the Internet"，Wiley-IEEE Computer Society Press，April 1997.

（Native）公民的权力和能力。这使得传播学科对于网民的"受众研究"增长了无限的可能，进一步向社会学、政治学、心理学、经济学、管理学方向自由延伸及融合。面对着升级的（Upgraded）和使能及赋权的（Empowered）公民（之所以使用"过去式"，是因为 90 代际之后的青年已成为数字公民一代），大众传播和社会管理的整个构架和运行机制都会发生变革。数字媒体（Digital Media）和数字政府（Digital Government）不仅成为一种传统社会形态的延续，而且要接受"原生化"数字传播环境的全面改造。这将成为一种新的使能及赋权过程，在此过程中，网民的使能及赋权是最先实施、最先解放和实现自由传播能力的，也是推动全社会变革的主要阶层。在此意义上，同样可以用马克思的经典话语表达这番趋势，"他们失去的只是锁链，获得的将是整个世界"。

网民主要是一个从网络使用者的行为效果来阐释的概念，并不是所有利用互联网的人就可以被称为网民，而是必须在个体自我意识上、对使用网络的态度上、网络活动的特征上以及网络活动的行为效果上等表现出一定特点的使用者才可以被称为网民。对网民的认识需要经历了一个由表及里的过程，网民不仅具有互联网使用特征，而且具有基于媒介的共同的心理特征和传播特征，正是这些特征以及传播特质，引发了网民的各种需要和需求，汇聚成一条独特的自我建构"公共空间"的道路。

本书研究的客体明确定位于网民，特别是我国网民，也同样关注着时代主题——当代媒介化社会中社交媒体传播异常的灿烂与光辉。

1.2 社交媒体的传播革命

一般认为，如果不把语言的诞生视作人类传播革命（许多研究者更愿意把语言视作人类的起源，正如对人的种属定义中，人是<u>能够说话</u>并<u>使用工具</u>的动物，能够说话并使用工具成为种差，而使被定义概念所反映的对象区别于包含在同一属性中其他种事物的特有的属性或本质属性），人类传播史上有着四次革命，首先是文字的革命，而后是印刷的革命、电波的革命和社交媒体的革命。每一次革命都加速了全人类文明的进程并催生了社会形态的演进。谢耕耕（2009）统计发现，一种新的传播媒体普及 5 000 万人，收音机用三十八年，电视用十三年，互联网用四年，微博只用十四个月。社交媒体的传播革命已不仅仅是公众个人的媒介使用问题，抑或是推进文明扩散的问题，这是一场个人与国家、"自媒体"与"大众媒体"关系的重新定义。它催生了一个全新的传播环境，将人类文明推向更高级的阶段的同时，带来了整个社会的权力结构转变，成为了我们的国家治理所面对的紧迫新课题。（李良荣，2011）

第一次传播革命是文字传播，标志着人类真正进入文明时代。自从有了标准化的文字，人类既可以用它来记载口语、描绘事件、传播信息，也可以通过它反复阅读、慢慢译解那些超越时空的来自远方的信息或早已死去的人留下的信息，并用它来保存和继承人类积累的精神财富和文化遗产，而不必费尽脑汁去铭记，从而将较多的时间用于处理现有信息和为未来制订计划，它使人类的传播冲破了时间的阻隔。

第二次传播革命是印刷传播，孕育了资本主义的萌芽。印刷技术对欧洲的冲击是巨大的，对宗教革命、启蒙运动都产生了重要而深远的影响。此前，圣经以手抄本、羊皮书的形式出现，被少数人垄断了复制和传播的渠道。然而，印刷术发明之后，宗教教义以小册子的形式得以大量复制、自由传播，并由此引发了宗教革命，而新教伦理为资本主义萌芽的产生奠定了基础。自此，人类的传播冲破了空间的阻隔。

第三次传播革命是电波传播，以电报、无线电的发明实现远距离即时传递信息，经济与社会控制能力大幅上升，并打破了时间空间的限制，引发了第二次工业革命，推动人类文明全面进入电气时代。

第四次传播革命是社交媒体网络传播。网络传播实现了多媒体技术的整合，囊括了大众传播、组织传播、人际传播等传播形式，技术上是由多个计算机网络相互连接而成的网络，具有全球互联、信息海量、共有交流等传播特点，实现了从传播的权利（Right）向传播的权力（Power）的转变。

全球化网络中的个人传播迅速崛起，移动互联通讯使得传播全面渗透到人际生活中，当数字公民将全部的现实生活和工作行为在线表达，互联网得以更为彻底地使任何人在任何时候、任何地点，以任何方式发布任何信息，每个人都拥有了自由传播的权力。社交媒体传播革命，深化了互联网传播的本质。

这种由下而上的权力更迭，再造了现代人所处的社区网络，按照拉斯韦尔社会传播的结构与功能中的5W分析法，网民在社交媒体传播中进行着自组织的重新赋权。这种数字公民的原生行为本质上是自由的，不需要政府和其他组织审查（Censored）、签证（Identified）或背书（Endorsed）的，都是基于独立个体的自我表达，从而回归到西语传播"Communication"的"共有和交流"的本意中。公众可以不需要组织化传播，他们更多地依靠社交媒体的生活空间，从而自己解放了自己。

这就对我国传统的传播模式形成了挑战。自 1949 年以来，体制内三种主要的传播模式构成了人们生产生活资讯的全部来源。大众传媒在党报党刊主导下，政府下达指令给媒体，媒体将政府指令传达到公众。组织传播上，各级各类的会议、文件、内刊成为主导模式，各级领导做报告，交付小组讨论，并表决通过领导报告，或者领导做出讲话，各级组织学习并执行讲话精神，指导群众生产生活。人际传播方面，也是上级和下级谈话，下级接受上级的批评和意见建议，执行部署和决定。以上传统模式中，政府和组织及其代表控制了传播的信源、渠道、对象等各个环节和领域，掌握了传播的主导权。

经济体制改革的推进使得政府主导一切的局面被打破。改革开放以来，中国也经历了经济领域放松管制（Deregulation）的过程。互联网经济的到来，不但使得经济快速赶超，实现了许多全球科技发展的传播成果，而且建立起公众舆论和对话表达的新平台。这才形成了自 1997 年后涌现的新生社会力量——网民，迅速占据社交媒体舆论场的话语空间，形成了政府、资本、公众（以网民为话语主体）三方博弈的格局。在此格局中，政府掌握公权力，拥有司法行政等国家机器权力，而人格化对象为具体机关法人和官员个人。资本家拥有资本，在市场经济中成为提供无数产品和服务的厂商，而人格化对象为品牌主和企业家。公众（网民）的优势当然是人多势众，正在成为信息时代重要的受益者和社交媒体时代用户创造内容（User Generate Content）的主导者。在社交媒体上的话语权是人际平等的，公众通过社交媒体，即不通过政府组织和资本组织，实现"无组织化"的联合。他们的话语权得到了显著的加强。传统大众传播总是受到政府、资本和精英控制的，这一点正在发生着变化，在社交媒体如此兴盛并日趋主导的时代，大众传播也时常成为社交媒体的转发器和放大器。社交媒体改变了大众传播（Mass Communication）对大众（Mass Audience）的传统态度和看法。传媒控制权的重构，推动了媒体权利和经营的新机会。政府的力量、资本的力量和公众意见支持，左右着不同媒体的态度和立场。媒体权力和精英权力在传播革命的大格局下也体现了社会三方角力的重组和竞争。

基于此，宪法赋予的公民享有新闻传播的权利，在很大程度上成为了每个网民都拥有的根本传播权利和技能。数字公民即意指这种与生俱来无法剥夺的根本权利。19 世纪末，新闻界在欧美国家已经成为一种被称为"第四等级"（Fouth Estate）的"文明社会中崛起的一股最为强大的力量"。[1] 对应于大众传播媒介第四权的表述，还有西班牙记者（Ignacio Ramonet，2003）提出了"第五权"（Fifth Estate）的新社会公众媒体，意指由互联网及网民组成、对社会和政府的网络监察。[2] 甚至维基解密的阿桑奇和棱镜事件的斯诺登也被认为是极端网络民主主义以个人网络监察反制政府网络监察的一种型态。无数公众聚沙成塔地发帖、转发和评论，行使了信息传播的权力，汇聚成非常巨大的舆论和社会权力，将过去由政府掌握的传播主导权，变更为政府和公众各自掌握一定的传播主导权。网络舆论传播的主导权已经显现，在近十年的网络发源的新闻事件中，新舆论热点、新名词层出不穷，都是由网民公众创造和流行的，或由个别政府人员渎职表述（如"躲猫猫"）引起网民舆论哗然，并占据社会热点和法制专题的主要版块。全新的、来源于网民的舆论压力造成的社会影响，成为对我国的政治经济社会文化的主要影响之一，并有望作为结构性变化主动地融入到改革的时代进程中。

改革开放三十多年来，中国社会结构发生了深刻的变化，新的利益集团阶层诞生，意味着经济体制发展下的结构不平衡问题凸显；新的意见领袖阶层也诞生，意味着互联网传播发展下的社会意见表达体制重构。如同企业商家选择明星代言一样，公众也自发选择信息传播代言人——一些个性张扬且"接地气"，又不具备传统权威特征的精英，获得了大量公众的信息拥戴和信息授权（无论其是否具备传统权威特征）。社交媒体上拥有几百万粉丝的意见领袖逐渐形成，开始具备潜在的社会动员能力。这种能力仍然是社交媒体传播赋予的，也是不需要传统主导力量审核的，形成了一条趋向完整的、传播发端的新遴选程序和社交组织模式。按传播权力分类的我国社会结构中，生成了新的权力阶层，他们是能够代言网民和受网民拥戴的公众传播代表阶层，这将长期持续地对我国社会政治和文化产生深远的影响。

1.3 基于人的传播需求研究

研究网民的社交媒体传播，置身于政治经济社会结构性变革中，可以发现社交媒体上巨大的社会性潜能正在被激发，并通过"数字人"与生俱来的能力愈加彰显，

---

[1]　展江：《导言：作品鉴赏、历史探寻与新闻精神的把握》，载 [美] 沃尔特·李普曼等：《新闻与正义（一）》，中国人民大学出版社 2009 年版，第 7 页。

[2]　Ignacio Ramonet：《第五权》，载《法国世界外交论衡月刊（中文版）》2003.10。

结构性力量正在生成，话语权和主导权也在重置。我们的问题是，网民的能力已然赋予，而对于他们的需要和需求，我们了解多少？

遍览国内对网民需求、传播需求、社交媒体传播需求的文献，发现不是止步于受众行为效果研究中的部分章节，就是以统计调查数据的初步资料表达。还有商业机构、第三方机构正积极地从事主要针对"80后"、"90后"的消费行为研究。在如此宏大的变革面前，我们对网民（数字公民）的传播需求的认识显得贫乏，许多文献研究传播需求仍然以经典的传播社会功能或者消费者需求为立论出发点。对网民社交媒体传播需求的研究滞后，影响到如何认识人的数字化新形态和社交媒体传播新自由。

本书认为传播需求是真实的且实时发生的，网民也是真实的存在。对网民传播需求，特别是社交媒体上的传播需求形成的研究，必须上升到社交体验实现人的全部需求层面。这种真实性体现在"自然人"、"社会人"、"文化人"、"经济人"的基础上，现在还要加上"数字（网络社交）人"的新的原生性。在此基础，重新审视"所有的人类行为均适用于传播"[1]的核心命题。虽然网民作为消费者也会受到广告艾达（AIDA）法则影响，也会产生欲望并寻求"感觉上的真实"作为可满足的需求，但是就长期而言，人的全面的需求对应着全面的发展和解放，这是不可掩盖和不可回避的，传播革命成为了最关键的催化剂。

正如人不能不传播，社会也不能无视网民的需求，仅按大众传播的理论体系分析网民自媒体化传播需求是不合时宜的，也是具有误导性的。网民的传播需求必须展开体系化研究。

（1）需求是分类的，同时有多个需求或多种需求存在。

（2）需求是分层的，有高级需求，也有低级需求。

（3）需求可以按重要和紧急程度划分的，需求存在规律性。

（4）需求具有阶层属性，处于社会上流阶层的需求会与下级阶层需求在表达和反应上呈现差异。

（5）需求有普遍性，部分需求应该能够贯穿所有阶层人的根本认同并能通过适当的反应表达出来。

源于经济学和心理学的"需要－欲望－需求"的反应过程也体现在网民身上，

---

[1] 埃德蒙·利奇：《文化与交流》，上海人民出版社2000年版，第14页。

深受数字赋权影响，所以通过"信息"加权从而呈现新媒体传播的新形态，这就很值得深入研究。

（6）需求是可以被追溯的，是可以溯"事"及"源"的。

纷繁复杂的舆情现象、网络暴力、网络流行语等背后都隐藏着真实的网民需求，而众多需求存在着人的需要的源头。源头指向人性的存在、阶层的利益、环境的影响、语境符号的同化、事件信息的推动、理性的思辨、感性的冲动等等。同时不可否认，传播需求既有大多数人群符合统计学的规律表现，也存在概率和突变的可能，会受到突发重要事件的扭转。这自然也是网络传播学作为人文社会科学研究的魅力所在。

分析网民传播需求，就是重视传播加权的需求（"加持"需求），以及数字赋权的需求、网络化生存等等。数字公民开启了新媒体人文时代，那么传播需求应从传播体验和人的行为需求交集的层面入手来研究问题，作为跨学科的概念整合，有助于丰富和理解由社交媒体所推动的媒介化社会的未来。

需求有商业化的需求，也有大量非商业的需求；有娱乐化需求，也有许多非娱乐的需求；有时事性需求，也有人物性需求。需求作为客观真实的存在，与人的表达行为合并，当然包含新闻"四权"的需求。由于网络传播的碎片化、去中心、无边界、低门槛和富有弹性等特点，造成在其他媒体平台中容易受到控制的需求，这里表现得更为活跃和兴旺发达。这也带来了负面效应，娱乐游戏可以更低级、更色情和更暴力，商业可以低俗炒作和病毒营销；同时也不可避免的是去除组织传播管制的新闻"四权"可以由网民主体更积极自主地建设。纵然有双刃剑效应，也推动了网络民主大幅前进。本书认为，网络舆论场的实际形成正是网民需求的自发实践形成了"倒逼改革"的崭新局面。

从经验层面看，传播对于网民，可以视作一种因人而异（满足程度不同）的参与式体验。以体验式传播为一种分析模式，对社交媒体传播内容和网民需求的满足关系进行研究，探索体验式传播体系中信息对受众产生影响的作用机理。需求通过一系列体验传播节点来满足，这种需求满足是由网民理性分析和感性判断交织而成的。社交媒体上人人得以参与的体验式传播形成了网络微博问政，即全民网络监督的人际传播需求和社会关系满足。微博参政作为网络民主的一种表现形式，部分实现了数字技术禀赋下网民自发的表达权，在此框架下理解网络舆论场，有助于打破"副刊评论"或"乌合之众"等观念束缚，将其上升到权力禀赋，进而讨论各阶层传播需求和传播价值的关系，意见领袖阶层、新利益集团阶层和网民阶层相互距离及传播需求的关系。为建立中国特色社会网络文化的前进方向，深入解读各阶层网络受众的舆情传播观念，推动网民的传播自觉和传播自制，建构向"成熟"社会转型和"成熟"自媒体责任起到引导作用。

从理论层面看，对传播需求和网络阶层的本源研究，已深入到社会价值层面，社交媒体传播的不仅是令人眼花缭乱的舆情和资讯，更有着在社会变革下不同阶层价值标准的"水面下冰山"。需求研究人，归根到底要论述价值，价值就会涉及伦理道德和社会规范。"价值"反映的是客体对作为主体的人的效用，是一种属人关系。这一概念本身同人的主体地位是不可分的。当人们在任何情况下对任何事物（包括人自己）进行价值判断和价值评价的时候，都是以人们自己的尺度作为评价标准的。这个尺度就是人自己的状况、本性、需要、能力等，社会稳定的尺度是与人的价值底线一致的。人是所有实践活动的中心，也是所有实践活动的目的，人具有最高价值。[1]人因为需要而存在，有"人的需要"才是人，当一个人对什么都不需要时，生命也就不存在了。需要是生命和生存本身的内涵，也是人的本性。人需要的内容和实现需要的能力随个体状况的不同而不同，但人总是有自己的需要，并且通过发挥自己的潜能使之成为现实，这一点却是不变的。所以，从一定程度上讲，人的需要和"人性"本身并不是价值，而如何满足人的需要或如何符合人性的尺度才是价值；人类用"价值"来概括自己可以选择、创造和追求的内容时，赋予它的含义正是满足人的需要，这就表明价值的本质在于人和人的主体性，只有人才是人类社会真正的主体。人的主体性是一切价值现象、价值问题上的"普照的光"。因此，价值就是以人为本，人类的一切活动都是围绕人自身的幸福和美好追求而展开的，都是以满足人的需要为终极价值的，人本价值是衡量一切活动的根据、标准和归宿。人是一切价值产生的根据、标准和归宿，因此，人类的一切价值活动理所当然地、自觉地坚持"以人为本"，才是一种清醒的理性行为。[2]人本价值是人类一切活动中最基本的伦理原则和道德规范。维护人的尊严、权利，实现人的价值、潜能，保障公平正义，提倡平等互惠是人类最本源的道德需求和道德存在，这些基本原则和道德规范通过各种社会的、文化的传播沟通，在全社会范围内被设立出来，是具有普遍意义的价值。[3]

---

[1]　[德]恩斯特·卡西尔（Cassirer E.）：《人论》，李化梅译，西苑出版社2009年7月版。

[2]　罗彬：《人本价值是新闻传播多重价值的核心》，载《新闻爱好者》2010年12月（下半月）。

[3]　[德]哈贝马斯：《公共领域的结构转型》，学林出版社1999年版。

　　改革开放经历三十余年，经济先行的中国模式促成了当代物质生活较为丰富的环境，而非管制化和管制化进程交错形成当下社会局面，经济面临着"中等收入陷阱"等问题的严峻挑战。经济体制改革的深层次问题需要经济体制以外的重要因素革新，才能克服险关，顺利向前。新闻传播的舆论场一向被视作国家社会安全的"保驾航船"，社交媒体传播时代的传播需求同样反映着网民社会的改革动力，网络舆论场即是网民社会化传播的"耳目喉舌"。对需求和价值的研究，有助于超越经济领域"成功模式"的视角，超越社会性认知差异，参与并推动体制性改革，探寻新的改革动力，寻找真正价值成为国民精神的压舱石。

第2章 传播从需要到需求

传播学发展得如此迅速，以至于它几乎不能停下来等待对于它的描述。

——W·施拉姆《人与人之间的传播本质》

欧洲起源、三个学派、四个先驱者和作为集大成者的施拉姆，被认为是传播学史的主线。罗杰斯（1995）提出，传播学史本质上是社会科学的历史。1900年左右，当美国五个传统的社会科学（经济学、心理学、政治学、社会学和人类学）建立起来以后，只有极少的新的学术领域能够发展起来。传播学显然发源于多个相关学科的研究，在全球进入社交媒体时代，互联网社交将受众重新武装并推向潮头，本书在试图研究纷繁复杂的网民传播之前，仍然要不懈追问传播的本质。社交媒体赋权的公众传播为什么变革了传统社会传播结构？是否需要重新审视传播的人文社科基础，以看待传播在基本概念层面的统一与融合。为了建立新的受众中心的传播观点，本书尝试将人的本质需要作为传播的一个视角。

2.1 经典传播定义的两个层面

詹姆斯·凯瑞（1992）认为，传播最基本的定义有两种。一是将传播视为一个信息传递过程，可以称为传播的传递观（Transmission view）；另一种统称为传播的仪式观（Ritual view）或结构，也称意义交流。[1]

卡特拉和爱伯格（1988）认为，所有的讯息都是权力和影响的实施。传播就是一种选择，是关乎分析、定性、批评、载誉的选择……传播隐含着对客观事实的"价值判断"。从传播者角度而言，必须选择一种修辞方法，因为这就意味着选择一种影响策略。所以，所有的传播，无论它多么尊重他人、多么富有道德感，其目的都

---

[1] [美]詹姆斯·凯瑞：《作为文化的传播》，丁未译，华夏出版社2005年版。

是为了影响"公众/受众",是为了改变他们的思想和行为,是为了说服他们。

约翰·杜威(John Dewey)认为传播独具特色的同时,带有工具性和终极性的特征。当它把我们从各种事件的重压下解放出来,并使我们生活在有意义的世界里的时候,它是工具性的。当它分享人类共同体所珍视的目标,分享在共同交流中加强、加深、加固的意义时,又具有终极性……传播值得当成工具,因为它是人类生活丰富多彩、制造各种意义的唯一手段。[1]传播也值得看作是终极目的,因为在这样的终极目的里,人们从孤独中解放,并在意义的交流中分享一切。当传播的工具性和终极性功能在生活经验中共存时,会出现一种智慧,它是共同生活的手段,也是共同生活的奖赏。此外,还会出现一个社会,这个社会值得付出感情、敬仰和忠诚。[2]

约翰·菲斯克(1994)也认为传播是一种信息传递过程,也是一个意义协商与交换过程,第一种过程可以导向功能主义的研究路径,而第二种过程还是结构主义的文本、符号、解读者所处文化环境和意义的综合系统。

社交媒体是人类社交的最新形式,传播也是人类社交的基本过程,传播是社会得以形成的基础。传播英文 Communication 与社区 Community 有着共同的词根,这并非偶然。施拉姆认为没有传播,就没有社区;同样,没有社区,也不会有传播。使人类有别于其他动物社会的主要区别就是人类传播的特性。刘昶(2009)认为,Communication 一词源于拉丁语 Communicatio,指"建立关系的行为或状况"[3]。雷蒙·威廉斯(1976)提出可追溯的最早的词源为拉丁文 Communis,意指"普遍",因此,Communicate 是"使普及大众"的意思。约翰·彼得斯(1999)和纳亚·沙姆西(2005)认为传播的另一个拉丁文词源是 Communicare,有"共享和交流"、"建立共同看法"。它的词根是 mun(而不是 uni),表示其在英语中"共享"和"意义"的特殊指代联系。从最简单的含义理解,传播是一种人类关系,涉及两个或更多人,这些人在一起分享、对话、交流,相对于传播在某一时空环境中构成的一种信息交流过程,传播也具有社会和文化的自然统一性。

人类学家爱德华·萨皮尔在《社会科学百科全书》中精辟地写道:虽然我们谈

---

[1] Dewey John, "The Public and Its Problems", Swallow Press, Ohio University Press, 1954.

[2] Dewey John, "The Philosophy of Dewey", edited by John McDemott, The University of Chicago Press, 1999.

[3] 刘昶:《欧洲新闻与传播学名著译丛(序)》,载阿莱克斯·穆奇艾利:《传通影响力:操纵、说服机制研究》,中国传媒大学出版社 2009 年 7 月版。

起社会时往往好像它是一个有传统所限定的静止的结构，但是，从本质上说，根本不是这样，而是各种大小和复杂程度不同的有组织的单位的成员之间部分的或完全的了解所组成的一个极其错综复杂的网状结构。诸如，从一对情人私语到一个家庭到一个若干国家结成的联盟，或者是报纸通过它超越国界的影响所及的人类中越来越多的人都属于这样的网状系统。传播也是构成人类社会网状系统的所有以及唯一方式。

李普曼认为传播具有"反映"的功能，认为媒体有如镜子，反映着周围的世界，并在人们头脑中建立起一个虚拟环境，以此来影响人们的行为。其提出的拟态环境和议程设置都表示了这种媒体为公众构建文化系统的观点。李普曼随后提出，希望通过具有"专业主义"的专家以及职业新闻人的努力，尽力构建一个真实与个体之间的"交流界面"，构建起一个更接近真实的环境，使人们能够认识真正的存在。而杜威（1927）更为重视受众积极性，认为传播是使"大社会"成为"大共同体"的重要条件，要塑造一种有组织的公众，建立在知识和洞察力的基础之上的公众，通过传播统一起来。今天看来，社交媒体传播中的旧组织形式瓦解和"去组织化"的新组织形式形成，造就了公众的一种理性决策能力和感性体验模式的均衡，网民就是一种有组织（社交媒体传播关联）的公众阶层。

对传播的定义体现了工具主义的过程观和结构主义与文化主义的仪式观，传播处在社交媒体挑战传统大众媒体的变革时代，本书尝试使用一个新的研究维度，从传播本体的人的需要角度，审视造成这种变革处于不平衡状态的根源。

2.2 人的基本需要

从网民的具体的需求表征到抽象的人类原始动力，必然存在着理论路径，那就是纷繁复杂的"需求"和动机理论的"欲望"，以及可以用来定义人的基本属性的"需要"。既然尝试撇开传播的权力观，那么传播的工具特征和符号特征也不再是研究起点，而是以追根到人的基本需要来重新展开。

需要是个体对内外环境的客观需求在脑中的反映。它常以一种"缺乏感"体现到人的感知，并以意向、愿望的形式表达出来，最终形成推动人进行活动的动机。需要引发人的思维指向某种东西、条件或活动的结果等，具有周期性，并随着满足需要的具体内容和方式的改变而不断变化和发展。需要是人对某种抽象目标的渴求。

需要是人的行为的动力基础和源泉，是人脑对生理缺乏和社会性缺乏的反映（人们对社会生活中各类事物所提出的要求在大脑中的反映）。

对于需要的研究常见于哲学、社会学、心理学、经济学、政治学领域，需要是一个在社会科学中具有重要意义的概念。心理学、社会学、哲学等学科分别从各自学科的角度对需要概念进行了界定。

心理学认为"需要是人对生理的和社会的客观需求在头脑中的反映，它是有机体内部的某种缺乏或不平衡状态，表现出其生存和发展对于客观条件的依赖性"[1]。经济学对需要的定义是"没有得到某些基本满足的感受状态"。需要存在于人的生理要求和其存在条件之中 [2]（传播在此起到了预先设立和条件判断的作用），外部因素不能使传统的需要变化（但传播却可以）；欲望是指对具体满足物（包括意见）的愿望，很显然，传播在此发挥出巨大效力，通过各种媒介的讯息发布，不同组织不断激发受众形成和再形成种种欲望；需求指对有能力获得并且愿意获得的某个具体产品的欲望。

社会学对需要下的定义是："需要是人生存的一种状态，它表现为人对客观事物的依赖关系。"哲学上对需要的界定有："需要是生物体、个人、社会集团和整个社会对其存在和发展的客观条件的依赖和需求。"需要是人（包括个人、群体、阶级和社会）为维持自身的延续和发展而产生的对外界事物的各种要求。

西方心理学中的各种需要概念，大体上有两种用法。第一种用法重视它的动力性意义，把需要看作是一种力或紧张；第二种用法重视它的非动力性意义，把需要看作个体在某一方面的不足或缺失。其实，按照完形心理学派的解读，个体的不足或缺失，不但意味着性格中存在需要克服的特征缺陷，同样决定了未来行为中试图弥补的巨大努力。

人们生来就有对维持生命所需的某些元素的需要，如食物、水、空气和住所。这些都被称为生理需要（Biogenic needs）。然而，人们还有其他许多非生而有之的需要。心理需要（Psychogenic needs）是我们成为特定文化的成员后产生的，包括对爱、地位、权力和归属感等的需要。需求是指对有能力获得并且愿意获得的某个

---

[1]　[美]理查德·格里格，菲利普·津巴多：《心理学与生活（第16版）》，王垒译，人民邮电出版社 2003 年 10 月版。

[2]　[美]保罗·萨缪尔森，威廉·诺德豪斯：《微观经济学（第16版）》，于健译，华夏出版社 2002 年 11 月版。

具体事物的欲望。以往人们都将这种获得视作购买和交易，而今具有社交媒体传播能力的公众普及，也将传播纳入获得的一种形式，这同样成为一种公众有能力获得（Affordable），可以接触并获得（Accessible and Available）和愿意获得（Willing to Obstain）的需求。这为本书开启网民视角的传播需求研究建立了的新的空间。

人际交往就是传播，社交媒体传播也是数字时代的必然需要，其外部物质条件（基础层）就是遍布全球的网络和个人化移动终端，其他的物质、信息和精神条件，社交媒体传播都可以通过"网络外部性"（Network Externality）自发实现。溢出效应是经济学中的概念，也称外部性，分为正外部性和负外部性，保罗·萨缪尔森（Paul A. Samuelson，1980）定义其为企业或个人向市场之外的其他人所强加的成本或利益。[1] 毫无疑问，这也是网民社交媒体传播中大放异彩的传播影响。此处注明，仅从经济层面理解外部性效应，正如仅从通讯层面分析信息效果一样，是片面的、孤立的和未整合的。如果说生理需要构成了"自然人"的基本条件，那么社会需要和心理需要就是"社会人"和"经济人"的基本条件，社交媒体时代，"数字人"即是"传播人"，在未来，"社会人"、"经济人"和"传播人"是整合的，并且对"自然人"层面的需要充满了社会性表达和人际关怀。

资讯服务存在于互联的内在需要，因为人们生产和使用它们的目的就是更好地收集和交流信息。这种需求的满足程度与网络的规模密切相关。只有一名用户的网络是毫无价值的。当网络中只有少数用户，他们不仅要承担高昂的运营成本，而且只能与数量有限的人交流信息和使用经验。随着用户数量的增加，这种不利于规模经济的情况将不断得到改善，每名用户承担的成本将持续下降，同时信息和经验交流的范围得到扩大，所有用户都可能从网络规模的扩大中获得了更大的价值。社交媒体时代，网络的价值呈几何级数增长[2]，当前著名的社交媒体网站（如人人网、新浪微博）无不经历了这样的过程。在这种情况下，即某种产品对一名用户的价值取决于使用该产品的其他用户的数量。在这个意义上，互联网络诞生了技术，而社交媒体实现了技术、经济和社会的融合。价值必须是超经济层面的，它不仅仅满足了所谓经济效用（Utility），而且满足了传播层面更广泛的需求，创造了价值，实现了人的物质的、信息的和精神的升华。

需要有社会制约性特征。人不仅有先天的生理需要，而且在社会实践中，在接

---

[1]　Paul A. Samuelson，"Economics（11th edition）"，McGraw-Hill，1980.

[2]　Oz Shy："The Economics of Network Industries"，Cambridge University Press，2001.1.

受人类文化教育过程中,发展出许多社会性需要。这些社会需要受时代、历史的影响,又受阶级性的影响。在经济落后、生活水平低下时期,人们需要的是温饱;在经济发展、生活水平提高的时期,人们需要的不仅是丰裕的物质生活,同时也开始需要高雅的精神生活。具有不同的阶级属性的人需要也不一样,资产阶级需要的是私有制、民主政治;工人阶级需要的是自由、民主和消灭剥削。当我们界定不同阶级的需要差别时,使得需要也充满了阶级性。由此可见,人的需要又具有社会性和历史与阶级的制约性。

需要还有独特性特征。人与人之间的需要既有共同性,又有独特性。由于生理因素、遗传因素、环境因素、条件因素不同,每个人的需要都有自己的独特性。年龄不同的人、身体条件不同的人、社会地位不同的人、经济条件不同的人,都会在物质和精神方面有不同的需要。这导致了社交媒体传播中共同体验和每个用户个性体验同时存在于传播中的根本原因。

综上所述,人的需要是指没有得到某些基本满足的感受状态,这种不满足的感受状态是人生存和发展的根本内因、人类文明发展的力量之源。人基本满足的感受状态是相对的、暂时的和有条件的,而人没有得到基本满足的感受状态是绝对的、永恒的和不断打破前提条件的,这才有了建立假设条件的无限空间,并奠定了人类整体发展的动力之源,同时也引发了神性约束和最高律令等关于人类本质的更宏大的问题。

2.3 基于需要和实践的传播

传统理论中,法兰克福学派及其后的批判学派倾向于认为,传播体现了大众媒体对公众的影响、控制,甚至侵占和掠夺。如果存在着这种理论的(批判学派)观点和实践的(社交媒体和大众媒体争夺受众)证据,将这种不平衡视作已经发生的,也是本书的前提假设(Assumption),那么就可以大胆提出一种新的研究假设(Hypothesis):社交媒体时代的传播凸显出了人的新需要,也决定了人的新实践。这种源于个体自发的聚沙成塔的力量,形成了社交媒体上个体到公众到社会的新传播路径和伟大实践。

早在古希腊时代,人们就探索人的各种需要,并据此解释人的行为。例如,柏拉图曾经用人的需要的多样性与个人才能的片面性来解释公社分工。近代以来,古典经济学家亚当·斯密，用需要和才能的矛盾来说明分工和交换都起源于人的天性。而"自然法"理论、"社会契约论"和各种"人性论"等都将需要与人的天赋本性挂钩，用来论证各种人类社会的形成和实质。所有需要体系学说中，最富有代表性的，还是马克思的需要理论以及马斯洛的需要层次理论。无论是马克思关于生存需要、劳动占有需要、全面发展需要的三级阶梯理论，还是马斯洛五层次需要理论（生存需要、生理安全需要、爱与归属需要、尊重与地位需要、自我实现需要），都是对人的本质的反映。

正如马克思在论述需要和劳动的关系时，表述道："人的需要具有历史性，满足需要的劳动和第一个需要本身又会引起新的需要，需要随着生产的提高而不断发展。"马克思认为人通过劳动来满足需要，"人的劳动满足了人的需要，从而使人的本质对象化，又创造了与另一个人的本质的需要相符合的物品"，劳动不仅是满足需要的手段，而且劳动本身也是人内在的必然的需要，马克思认为劳动是个人的自我享受，是天然禀赋和精神目的的实现。姚顺良（2008）认为"自然需要（第一个需要）——劳动（第一个历史活动）——人的（历史形成的）需要（第二个需要）"，这就是马克思主义"需要和实践的辩证法"[1]。由于人的需要在劳动实践基础上形成和发展，这一点决定了人的需要不同于其他动物的需要，决定了人的需要具有社会性和历史性。马克思在《资本论》中强调，人的本性是变化的、社会历史性的。因而，要研究人的需要，就"首先要研究人的一般本性，然后要研究在每个时代历史地发生了变化的人的本性。"

本书认为，现代社会里人流、物流、商流、信息流多流合一，传播作为实践形式的一种，无时无刻不在发生。因此，可以认为传播成为满足需要的手段的一种，传播本身也是人内在的必然的需要。相对于经典的需要理论，这种传播需要又是通过实践联结本体人和客观世界。需要定义为人的心理感受到不平衡的状态。这种不平衡的状态不但发生在社交媒体与传统大众媒体对受众巨大的感知差异上，也存在于新的社会历史下人通过传播去认识表达，试图对抗传统社会通过传播去影响控制人的巨大不平衡。

传播意味着人们能够处理信息，批评和改进他们自己的行为。人们能够设想自己没有经历过的过去，又能设想自己难以身历其境的未来。人们能够理解善、恶、权力、

---

[1] 姚顺良：《论马克思关于人的需要的理论》，载《东南学术》2008.2。

正义等抽象概念。此外，人们运用传播的技巧已到了如此地步，以至于人们能够从需要和目标出发产生从社交网络到真实社会的印象，并把对真实社会的印象及其差异在社交网络中充分地表达，直到印象和观点变成公共舆论，去帮助改变真实社会。同时不断改变的真实社会又改变人们对社交网络传播表达印象的认知。从语言、文字、电波到社交媒体，人的感官越来越远地延伸以掌握更多信息，收授和表达的意见越来越远地延伸以发送联系起更多的人。与以往更关注于人的信息便携性和跨越时空的延伸性所不同的是，社交媒体时代突显了公众对社会的差异化认知和差异化表达。这种需要从未这么具有活力，这么迫切，更是这么清晰地体现出异于传统大众传播社会控制的结构。按照马歇尔·麦克卢汉把媒介比喻为人的延伸的说法，社交媒体使得人的延伸能力更为强大，到了每时每刻可以面对整个网络环境的社会关系的程度。在世界各国对于言论和新闻出版自由的认识存在较大差异的现状面前，社交媒体传播的公众却跳过差异，直面着如何行使这种能力和应对这种问题，并且鲜明地感受到那种强烈的、直接的、不平衡表达的状态。

柏拉图的《理想国》中利用洞穴隐喻，以走出过洞穴的一个人和深处于洞穴面壁中一群人的哲学和社会关系作比。而今，可以描述为，走出了"洞穴"的数字化网民和深处"洞穴"中的大众媒体传播者及传统受众的哲学和社会关系。如果大多数网民都在击鼓传花式地相互传播实践着走出洞穴的社交媒体生存状态，那么传统媒体的洞穴主持者还如何能保持掩耳盗铃的傲慢态度和执拗的旧秩序理解？

在心理的层面上，本书将传播从具有功能主义的工具观，转变为一种需要观。实现新时代"数字人"原生化和"传播需要"次生化的融合。人们具备解读"外在真实"（External Reality）的意识、能力和企图心，这种"外在真实"将真切地与人的实践行为相作用，满足人的需要，这就是传播对于网民受众的意义。传播的本体还是人，从传统传播者转移到"数字公民"中心；传播也是人的自发的认识论，而认识就是人的能力和需要；传播是一种网民自主的社会观察和处理问题的方法，这也是人的需要。认识论和方法论，这种原先停留在精英知识的哲学层面的概念，现在更为普及地成为每个数字公民的概念，尽管他们未必主动意识到这种措辞表达，但是他们在社交媒体的传播实践上，逐渐超出了理论研究者的步伐。本书认为，传播可以视作媒介化社会的公民权利，也可以视作数字赋权的网民需要，并且网民积极地从后一种观点里探索传播的需要满足过程。

社交媒体下的人人传播推动深化了每一个人的需要和实践的过程。需要构成了实践活动的原动力和原目的，所以它通过实践赋予了世界价值和意义。马克思指出："价值这个普遍的概念是从人们对待满足他们需要的外界物的关系中产生出来的。"[1] 正如需要和目的不是直接同一的一样，需要和价值也不是直接同一的，它们都以劳动实践为中介的。但是无论如何，需要总是构成了人的世界的价值的基础。离开了人的需要，世界就只是一种"自在的存在"。所谓世界的意义，正是源于"自在之物"向"为我之物"的转化；所谓价值，就是"为我"（或"为人"）意义上的存在。普罗塔哥拉的"人是万物的尺度"即指明了人赋予事物新的含义，即"人的需要是万物价值的尺度"，而不再仅仅是其原义"人的知觉是万物显现的尺度"。

本书认为传播是人的本能，人是会说话、能使用工具的动物。人的那种本质的传播能力已经从语言使用进化到了社交媒体，和使用工具进行劳动一样，社交媒体时代，传播即是人的重要种差特征。从需要角度理解传播，就是认识人的生理和社会心理不平衡状态的能力。正是通过传播，人才能更接近事实并发现自己的需要（处于何种不平衡之中），并尝试通过劳动和（或）传播等去实现满足需要的平衡。

传播从语言始创到社交媒体，奠定了人的社会性交往的基础；传播从信息收授到感官延伸，奠定了人类认知到不平衡状态的基础；传播从跨地域命令到网络化投票，构成了人的伟大实践。

传播既是一种需要，也是一种实践，传播具有需要和实践的两重性。这使得研究从人的本质层面重新确立了传播的位置，并且在传统本质"需要—实践"辩证论的基础上，再次确认传播驱动的根源。

传播实现了从需要的识别到满足需要途径的识别，传播实现了从需要到具体满足物的具象化，形成了动力的实际欲望。传播起到了重要的推动实现作用，传播既是主动的也是环境互动的过程。是传播帮助主题明确了需要，推动实践也成为实践行动的一部分，实现了需要，实时反馈满足需要的情况，最终又螺旋上升到新层面的需要。

即使在微观个体认知决策层面，聚焦提供具体满足的事物，也是传播为人提供了信息，帮助评估建立需求，指明了需求，清楚表达欲望和需求，推动人实践（购买使用或接收发送）实现需求，衡量需求满足程度，并建立起新的需求。这就意味着，无论从宏观的需要实践层面，还是微观的个体满足行为层面，传播都切实地参与了需要和需求的构成，从认识论和方法论上为受众公开主张自己的需

---

[1]　《马克思恩格斯全集》第19卷，人民出版社1963年版，第406页。

要提供了新的实现路径。

传播是描述信息状况的，认识主体的，建立问题的，也是解决问题的。传播是付诸行动的，最终要提供价值的，包括物质的和非物质的价值。社交媒体传播在当前社会历史条件下是受众自主实现的，如同实践的作用，传播使人实现了对需要（内在心理）和自然（外在环境及社会关系）的统一。

2.4 "受众中心论" 的传播需求

需要和需求是心理学、经济学和社会学的重要理论基石，以往传播学较少论及需要和需求。而今，当每一个人拥有了主动传播者的能力，人的需求和需要就会发生复合性的变化。研究网民受众何以形成发自内心地对社交媒体的渴求和积极表达的欲望，仿佛一种从未享受过的生活和工作方式，占据了他们心灵的主要空间。一定是触及了灵魂深处的某种源泉，激活了一种曾被大众媒体掩盖的高峰体验和贯彻心灵的渴望。本书改变传统的传播权力观，尝试用受众需求观来研究网民社交媒体传播的规律。

根据马斯洛的需要层次理论，人们为了生存，需要衣食住，进而需要安全，爱与归属，受人尊重。这些需要都不是社会和传统传播者所能创造的，是人的原生的基本状态。需要存在于人的生理要求和其存在条件之中，因而外部因素不能使需要变化，前苏联曾宣称"土豆加牛肉就是共产主义"并不能改变普通百姓基本需要得不到满足的状态。如何从原生的需要演化出当代的需求，社会环境及外在传播影响起到了关键的作用。

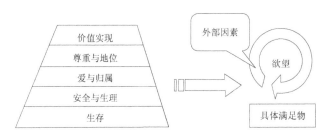

图 2-1 需要、欲望、需求的过程

马克思也曾形象地指出："饥饿总是饥饿，但是用刀叉吃熟肉的饥饿不同于用手、指甲和牙齿啃生肉来解除的饥饿。"这表达了人的需要本身受到了社会历史的制约和改造。欲望是指对具体满足物的愿望。一位市民需要食物，想要得到一个汉堡包、烤肉和鲜榨果汁。在另一个地区，这些欲望用不同的方式来满足。在落后边远山区，饥饿的人们可能需要大豆、面粉。可见具体满足物的欲望受到历史条件、地域条件、社会条件等外界因素的干预影响。在过去的社会历史条件下，单个人所接收到国家、社会、企业、传媒的信息都是无比强大的，甚至带有不容反抗不容置疑的含义，个人必须依赖至少一个有形组织团体，来凝聚和形成新意见，以抗衡大众媒体的强大传播影响力。显然，这个惯性在社交媒体上被打破了。

人的需要并不多，而他们的欲望却是纷繁复杂、各有不同的。各种社会组织，诸如政府、媒体、商业企业、学校和教会利用大众传播的力量，不断激发消费者形成和再形成种种欲望。当今社交媒体时代，在原先的社会组织之外，大量公众评议和意见领袖点评崛起。20世纪50年代，赖特·米尔斯（C.Wright Mills，1951，1956）在对美国社会的激烈批评中，曾经详细描述了面对垄断性传媒业和广告业时，普通民众所表现出的极度依赖和脆弱。在满足人们自我认同和自我实现的基本心理需求方面，传媒被认为具有造成人们对其产生极度依赖的能力。受众的形成方式，决定了他们实际上无力为自己辩解，而传媒却可以将"心理文盲"（Psychological Illiteracy）强加给他们。根据马尔库塞（Marsuse，1964）的观点，大众受众的形成，是控制和同质化过程的一个组成部分，而控制和同质化导致了所谓"单维的社会"（One-dimensional society）。这意味着，在这样的社会中，不同阶级之间阶级利益的真正差别还未消除便被掩盖了。麦奎尔认为，按照批判理论的观点，消费者和受众的需求是一种"虚假需求"（False needs），一种被人为刺激出来的需求，这种需求的满足不过是使占统治地位的资产阶级获利而已。

网民社交媒体传播，揭露了这种外在条件的不平衡，存在着一种抗争的权力，即试图摆脱大众媒体单维社会的努力，尽管他们在过去都是由大众传播、组织传播和有限的人际传播提供信息的，形成"受控制和同质化"的需求。但是当社交媒体创造出公众点评式传播体系之后，他们有了选择自组织的传播信息的权力，这实际上也验证了社交媒体传播能够激发网民创造新需求、能够承载和维护多样性需求的能力。

在传播理论"强大效应"和"有限效应"两大流派的纷争中，受众中心论理应在社交媒体传播时代异军突起。受众中心论本质力图表明，受众研究在传播学中并不是孤立在5W结构的狭小功能区间，它的发展和传播效果理论的发展是互相影响的，甚至是互为因果的。一般地说，传播学者所持有的某种关于受众的认识，与他们的传播效果理论紧密相关。比如，持有"大众传播"理论的学者，就会相信传播媒体的强大效应，如"魔弹论"背后的受众观就是大众传播理论；如果改变角度，提倡积极的受众观，就会引导出"使用与满足"的传播理论，等等。丹尼斯·麦奎尔就认为受众行为应主要依据个体的需求和兴趣来解释。[1] 莫利认为"使用与满足"模式是基于受众个体性的积极观点，而受众的社会经济结构也应该成为积极受众观的基石。[2] 使用满意研究突出了一个重要的事实，即媒介受众的不同成员在"使用"和阐释任一特定节目时，可能会采取一种与广播者所意图的相当不同的方式，采取与其他受众或成员相当不同的方式。

伯明翰学派从广义的大众文化研究入手，提出一个社会本体论的"受众"概念。它假定，受众是因其作为社会本体的存在而具备为"抵抗"所凸显的积极反应的能力的；或者，更可以不无马克思或弗洛伊德地说，受众的"物质性存在"才是其积极抵抗的最终解释。[3] 随着网络汇集技术的发展，受众通过移动网络终端使用Facebook、微博、人人网等形式积极参与文化生产，这种传播的普遍现象足以证明受众积极反馈和参与社会事件的报道和叙述，在社交媒体时代担当起文化生产的责任，并享受着文化生产的成果。这就构成对法兰克福学派"文化工业论"下"消极受众"观点的挑战。

当受众作为社会本体论概念再次得到明确，传播得到社交媒体强化而构建起"数字人"的认识论和方法论，网民传播需求就能延伸出最广阔而又复杂的末端——具体满足物。当一些传播基本权利还在通过立法等形式不断加以明确的时候，网民传播需求已经得到了广泛的流传。

传播可以作为一种需求存在于人的全部需要中。在此基础上，建立起传播的需求观，并发展出传播加权作用于人的全部需求之上的新需求，进一步强化人的需求和需要，丰富人的物质能量和信息基础。对应于信息的物化与非物化，传播在某种意义上，已经发展到可以脱离劳动生产而存在，这就不仅服务于劳动实践改造自然的能力，也更接近于传播的西语 Communicate 原意"共有"和"交换"，提供人与

[1] Dennis McQuail & Sven Windahl, "Communication Models for the Study of Mass Communications", London & New York：Longman，1981.

[2] Devid Morley："Television, Audiences and Cultural Studies"，Routledge，1992.12.

[3] 金惠敏：《积极受众论》，中国社会科学出版社 2010 年 4 月版。

人之间、人与社会之间和人的自我认同的解决方案。本书理论推导演绎了传播从需要到需求的建立过程，未来研究基于网民受众的传播供给同样也可以登场，通过满足各种需求来实现网民的价值。

传播存在价值，不是传播者实现控制所估价的权力的价值，也不是传统受众接受影响的效果的评估，而是人的基础需求的满足的效能和精神。大众传播时代，权力就是施加影响控制的能力，而传播紧密服务于这种权力，或为这种权力所把持。传播的需求观提供了不同于权力观的传播观念，大众传播者的价值与目的是作为传统受众的商品化价值所实现的。网民、数字公民和虚拟人基于传播需求的新价值，自发地建立和维护人与人关系，体现了行政组织传播、传统人际传播和大众传播所无法实现的"软实力"和"巧实力"，包括更为丰富的知识、洞察、创造力和批判能力。更为重要的是，从大众传播强盛时代走来的自媒体传播，在其信息意义上天生是带有价值倾向的，这种价值倾向又独立于经济学明确计量的价值效用，而是对受众形成态度、建立对事实的判断和情感、促使行动表达有着鲜明的导向作用。这种受众效果研究的成果被自觉和不自觉的网民受众继承了，广泛使用在社交媒体传播上。新闻传播价值和经济社会价值在社交媒体上融合，也是促成网民传播需求最大膨胀的重要因素。这种不同领域交汇的多样化多目标表达，不仅使得需求的意义扩充且更为复杂，而且成为整个社交媒体传播时代的媒介化社会特征。

第 3 章　全媒体环境下社交媒体传播与媒介化社会

任意两个人通过最多五个熟人就能被联系起来。

——弗里杰·卡瑞斯《链》

传播跨越时代的发展，突显着受众自为，不但超越了物的使役，而且试图超越人的使役。受众通过传播实现自我，并参与到构筑整个社会关系。全媒体的媒体视野全景体现了媒介融合的战略企图；与此同时，基于人的社交媒体的新传播宇宙已然建立；最终，整个媒介化社会的运行格局终将体现人与社会的媒介统一。这是从"传媒中心"到"受众中心"的传播变革过程。

3.1 全媒体环境的受众选择与创造

"全媒体"是近年来在学界和理论界出现频率很高的一个词汇，实质是媒体视野全景及技术要求，也体现了媒介融合的战略企图。本书检视学者眼中的全媒体概念，探索一个原本就不是从受众出发的概念如何服务于受众无限增长的需求。

3.1.1 全媒体概念的来源

中国人民大学新闻学院彭兰教授（2009）将全媒体定义为一种业务运作的整体模式与策略，即运用所有媒体手段和平台来构建大的报道体系。[1] 该观点关于全媒体的看法，更多地把全媒体看作是一种全新的媒介运营模式，其基本特点是媒介内容生产的融合和媒介形态的融合。

南京政治学院军事新闻传播系周洋（2009）也认为全媒体的概念来自于传媒界的应用层面，是媒体走向融合后尝试"跨媒介"的产物。具体为综合运用各种表现

---

[1]　彭兰：《媒介融合方向下的四个关键变革》，载《青年记者》2009.2。

形式（图文声光电），全方位、立体地展示传播内容，同时通过多种传播手段来传输的一种新的传播形态。

武汉大学新闻系罗鑫（2010）倾向于认同传播形态说，认为在各类传统媒体转型发展的战略中，在"全媒体语境"下，多种媒体形式试图打破传统的单一模式，提供不同的表达方式。全媒体是信息、通讯及网络技术条件下，各种媒介实现深度融合的结果，是媒介形态大变革中最为崭新的传播形态。全媒体是一个开放的、不断兼容并蓄的传播形态，多种超出传统媒体想象的传播形态加入其中，丰富受众的媒体体验。[1]

新华社新闻研究所课题组（2010）在《中国传媒全媒体发展研究报告》中综述了中央和地方报业集团、广电部门和通讯社的新媒体业态发展。主要研究了跨多种媒体渠道中电信、广电、文化、新闻出版等多部门监管的矛盾与问题，根本上从政策层面研究三个主题：①政府；②媒介机构；③用户（市场）的关系。

归纳新闻传播学理论对全媒体的研究，认为相较于业界实践的踊跃探索，目前学术界并未提出具有很强的概括力和描述性的核心定义。通过对全媒体发展实践的观察发现，全媒体概念的出现，是随着近年来信息技术和通讯技术的发展、应用和普及，在以往的"新媒体"、"媒介融合"、"跨媒体"、"多媒体"等概念和实践应用的基础上逐步衍生出来的新形态。全媒体发展，主要指传统媒体的工作者出于对传统媒介形式衰落走势的主动应对，通过媒体流程再造，实现不同媒介间的交融和媒体发布通道的多样性，在全媒体的环境下，使得受众获得更及时、更多角度、更多听觉视觉满足的信息阅读体验。

上海交通大学媒体与设计学院教授姚君喜、刘春娟（2010）指出，人类对传播信息最大限度的需求和现实功利之间的内在统一，其基本的逻辑起点应该是信息接收者的基本需求满足。[2]这对应了本书从受众需求的角度看待全媒体作为一个真实环境的互动情境。

---

[1] 罗鑫：《什么是"全媒体"》，载《中国记者》2010.3。

[2] 姚君喜、刘春娟：《"全媒体"概念辨析》，载《新闻与传播研究》2010.6。

3.1.2　受众在全媒体环境下的行动

全部的媒体环境已经成为人类传播体验的新起点。对应于人类对信息的全方位需求。就人对信息的基本需求而言，与对物质需求的追求相同，人类对信息的需求也是全方位和无止境的，这是由人类的本性所决定的。尽管对大多数人而言，每天通过多种媒介接触到海量信息而产生冗余。但是，人类传播活动的终极目的是最大限度地享有充裕的信息，在信息海洋之中汲取价值。人类的各类信息传播活动，其终极目的也在于不断满足自己和他人对信息的各种需求偏好。因此，在此目的驱动下，人类不断创造各种可能，以实现信息需求满足的最大化。否则，我们应该无法理解，当代受众一边看电视，一边通过无线网络联网的平板电脑使用 App 软件，并随时抓起手机在微博或 QQ 上，对感兴趣的话题积极向好友表达自己的观点。这不仅体现了人为地社会化参与，达到信息饕餮永不满足的程度，而且表达了信手拈来地使用媒体工具的便利需求。报纸、广播、电视、互联网、手机等媒介交叉覆盖，形成了一个立体的媒介传播网络，而这些媒介"并不是历时（Time Sequence）存在的，而是同界面（Coterminous）地存在于现时"[1]。

我们看到，在人类实现信息需求满足的过程中，限制人类传播活动的主要因素是时间和空间。任何传播媒介的发展，首先是对时间和空间限制的突破。显然，现代技术革命无疑极大地突破时空限制，为人类实现信息全方位满足提供了可能。随着媒介化社会的到来，海量信息充斥的日常生活增强了人类信息环境的便利程度，也为个人提炼抽象智慧创造了新的可能。人类信息认知经验和媒介素养大幅增加，全媒体传播实现了人类使用媒介的全方位性，随着人们对信息接触的扩展，特别是"多屏化"生活方式，更多的信息传播途径成为人类获取新闻、资讯的全新体验。全部媒介环境中的全新媒介经验，成为改变着人类对媒介形态变迁和信息传播需求的新动力。因此，全媒体传播引发的人类传播自由，扭转了传统传播者（传媒集团）的信息生产起点和中心，拥戴受众实现对信息内容和传播工具、手段的不同需求，真正成为人类传播活动的逻辑起点。

---

[1]　[美] 马克·波斯特：《信息方式》，商务印书馆 2000 年版，第 14 页。

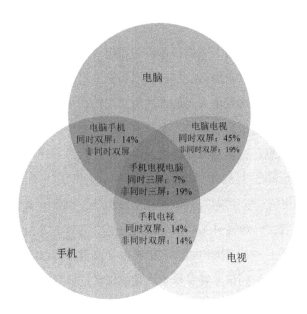

图 3-1　电脑、电视、手机的多屏化使用状况 [1]

著名传媒集团群邑中国 [2] 研究发现，手机、电视和电脑的三屏使用者达到总体人群的 26%，其中有 27% 的人会同时使用三屏。电脑和电视双屏的使用者达总体人群的 64%，其中 70% 的人会同时使用两屏上网。融合不仅发生在屏幕上，在内容上，70% 的三四线城市网民会通过网络观看电视上热播或播过的电视剧。这揭示了传统媒体传播成为敲门砖，而深度信赖和参与感被转移到数字媒体上。

对应于此，本书提出，基于人类基本需求满足的全媒体传播的出现是媒介化社会的必然结果，是源于网民受众需求满足的创造，而不是源于传统传播者的发明。事实上，谷歌（Google）（Larry Page & Sergey Brin, 1998）、脸谱（Facebook）（Mark Zuckerberg, 2004）、推特（Twitter）（Evan Williams, 2006）、苹果（Appstore）（Steve Jobs, 2008）、图钉（Pinterest）（Ben Silbermann, 2011）等都是网络媒体创新者的伟大贡献，而非源于传统传媒集团的产业升级。

2011 年 8 月，《纽约时报》研发实验室推出了互动"魔镜"（Mirror），不仅

---

[1]　群邑智库：《中国纵深市场研究报告 2012 年——山海今》，群邑中国 2012.11.30。

[2]　群邑是世界最大的广告传播集团 WPP 的成员公司，是整合了 MAXUS 迈势、Mediaedge 尚扬、Mediacompany 竞立、MindShare 传立和 Xaxis 邑策五家媒体公司而成立的母公司。群邑的主要业务包括媒介策划及购买、内容创作、体育行销、数字媒体等，在中国的 8 个城市设有分支机构，拥有 1 800 多名员工。群邑是全球最大的媒介投资管理机构，也是中国最大的媒介传播机构。

可以像普通镜子那样照人，还可以提供信息服务、日历、备忘录等功能，人们可以在洗漱时收看《纽约时报》发送的头条新闻、视频、查询天气状况等，镜子也会提醒人们的行程安排。根据人们的衬衫，镜面给出佩戴领带的参考选项。将药品识别码放在镜子前扫描，镜子还可以列出比说明书更便于理解的服用处方和注意事项。魔镜还有语音短信收发和购物功能。[1] 这面神奇的镜子背后是现实增强，射频应用，人脸识别，体感、声控的尖端技术的结合。在未来，这种电子屏幕可以出现在任何社会和生活场景中，随时供个人信息调用，并且是移动互联的。

　　全媒体对受众而言，意味着面临的全部的媒体环境。人们都生活在全媒体环境的媒介空间之中，以受众中心论者视角，全媒体就是受众面临的全部媒体环境。本书提出一个大胆的假设：在受众每一个人面向真实的"多屏"生活时代中，如果四大传统媒体的报纸、杂志、电波、电视一夜之间全部消失，那么受众所处的"多屏"传播环境将能立刻弥补上四大传统媒体的空缺，受众仍然面对着"许多"的媒体选择。特别对那些从小就生活在网络信息时代的"新生代"受众，他们从媒体环境中获得的信息会有多大的损失，是否对其社会生活造成障碍，值得未来开启专题的实验进行研究。本书认为，他们仍然能够获得丰富的新闻资讯和信息环境。这是新时代全部媒体环境提供给受众的选择权，全媒体环境下信息极大丰富且媒介也极大丰富，但是在受众中心论者眼中，这绝不是一种恩赐，而是进步的传媒社会将本该属于受众"人"的全部信息能力"还给"了受众。新生媒体力量的活跃涌现，来自于对受众传播不平衡状态创造性的满足（发明），这些发明者同样来自于受众而非传统媒体，故而是受众自己发明创造服务受众的网络传播媒体。全媒体环境下受众面向极大丰富的媒体选择权，而用具有革命性的网络媒体来建立起全媒体环境的，不是别人，正是受众自己。全媒体环境下，受众还获得了更自由的媒体创造权，研究这段经历，不应该仅把注意力停留在受众在新媒体中的内容创造（User Generate Content）上，而应同步观察面向全部公众的媒体创造——传播路径革新的伟大实践。

　　归纳一下，受众全媒体的选择过程，可以产生这样的前提条件：受众可以不需要传统媒体中的一个或全部，这极大颠覆了传播者视角的立论基础。对全媒体的解读，本书出现的受众中心的观点是与传统传播者的媒介统治沿袭的策略相迥异的。传播

---

[1]　Megan Garber："Mirror，mirror：The New York Times wants to serve you info as you are brushing your teeth"，Nieman Journalism Lab，Aug.31. 2011 http://www.niemanlab.org/2011/08/mirror-mirror-the-new-york-times-wants-to-serve-you-info-as-youre-brushing-your-teeth/.

者观点和受众的观点是如此不同，研究者将本着这样的视角，全面地看待传播全部需求的结构和关联。

3.1.3 媒体思维模式与受众思维模式

受众思维模式与媒体思维模式的分离并不是新现象。然而，随着价值创造过程由简单的信息收授向受众与媒体互动创造或受众自行创造，这种分离在传统媒体与受众的接触点上变得更加明显。在传统媒体与受众的互动点，即接触点上，受众实施选择权并通过与传统媒体的互动共同创造自己的感知。这种感知包括通过资讯了解的事实及价值认知，最终成为受众形成态度和判断的界面依据。

以权威媒体中国中央电视台（CCTV）《新闻联播》为例，尽管存在权威性、跨台联播、国家意志传递等优势，受众的真正价值仍在于一种感知协调的生活性、指南性、直观性和完美性，而不是新闻本身。让我们看看一位大学生假期回家收看CCTV《新闻联播》的情境。如果她需要在长辈陪同就餐的半个小时内间歇地聆听规训（这曾经是传统儒家社会必需的礼仪规范）或者接受长辈过度爱护的关心（这是计划生育后的众星拱月式的新礼仪），如果她一直在屏幕中努力寻找自己或同伴能够亲历的经历，如果她发现新闻中播报的关于国内外的评论具备千篇一律的定势，那么《新闻联播》是在传递一种消极体验。在下一次自己可以主导的场景，她很可能选择不再收看并信赖该时段的新闻栏目。

在这个例子中，受众关心的只是体验的品质。她希望可以方便地获取可以记忆的新鲜体验，而不是承载几十年教科书历史的僵化资讯。她想要有关如下问题的简单而令人满意的答案：在亲切的交谈氛围中，受众自身及亲友如何获取便捷而有用的信息？怎样在屏幕中看到自己真实的生活经历的反映，而不是社会（特别是大众传播控制下）需要反映出的"生活经历"？是否可以便利而简洁地收看具备差异性表达的时事资讯、国内外社会新闻和重要娱乐信息呢？简而言之，受众正在询问：《新闻联播》怎样才能产生一系列"与己有关"的令人高兴的体验呢？

传播需求观的目标即是以受众思维模式为中心，研究其体验与媒体信息生产不平衡的状态，以及受众主动实施媒体选择权，实现传播价值的创造过程。当然，为此有必要开发运用受众思维模式，更好地研究面向未来的传媒模式。

网络加快了世界的改变，网络经济中一个异于工业经济的现象是："普及"比"稀有"价值高。由于产品和服务的不断信息化，信息的传送和复制成本都很低，越是受到欢迎的产品或服务，越能在网络散播，藉由口碑吸引更多的使用者。结果是传播本身的经济成本极大降低。

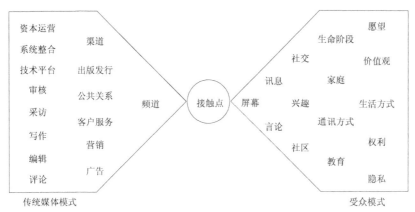

图 3-2　传统媒体思维模式与受众思维模式

面向公众批量生产体制的衰退和受众个性介入网络化生活的兴盛，美国战略地平线 LLP 公司的约瑟夫·派恩和詹姆斯·吉尔默在《欢迎进入体验经济》一文中首次提出：体验是通过个性化的使用来实现自我的方式，因为这种使用过程不是以往那种单向的接受资讯和服务，而是一个互动的过程，通过互动使资讯和服务的提供不是简单的差异化，而是真正实现了个性化。[1]

全面用户体验（Total Customer Experience）是源自于经济领域的概念，首倡者来自于惠普、IBM 等国际跨国公司的管理实践。最初的客户体验服务产生于娱乐领域，之后迅速向所有领域全面推广。体验目的是将游戏、节目的观看者变成参与者，旁观者虽然满足了视听的一些感受，但是始终难以产生挑战后胜利或者梦想成功所带来的自我实现感，从而游离在服务和资讯之外。而参与游戏，从初触规则的紧张和困难，到渐入佳境，最后获得成功，整个过程可能不过短短的几分钟到几十分钟，但是给了人全新的创造感，而这种体验所带来的感觉时间持久，难以忘怀，正是这种令人怀念的感觉产生了信赖和忠诚，更产生了与众不同的唯属于我的价值。

与之相对，传统媒体模式的全媒体战略核心是增加传媒与受众的传播界面，增加受众对媒体的感知，这种感知更多地体现在对于传媒的资讯及信息服务的衡量，试图通过多种媒体途径推动受众需求提升满足。显然，这是典型的传播者中心，受

---

[1]　Pine B. Joseph and James H Gilmore，"Welcome to the Experience Economy"，Harvard Business Review，Vol. 76，No. 4，1998.7.

到传统媒体思维模式的引导，因而提供的是具有丰富资讯但却臆测受众对于媒体价值感知的资讯，本书认为这也是传统媒体价值的局限。被动感知无疑和受众主动体验并不断探索新体验存在巨大的差异。

由市场到网络的转向带来一个截然不同的传播模式。传播者和受众之间的收授关系被受众与受众间的社交关系所取代，权威控制被信息共享所取代。相比公开性和集体信任，狭隘的信息私有化黯然失色。这种专注于公开性而非秘密性的本质有一个重要的前提——网络的附加值并不会贬低个人的价值，相反，每个人的价值都会通过无限社交通讯能力而得到共同的增长。正如同著名趋势学家杰里米·里夫金在第三次工业革命中所述，在后工业时代，网络同市场展开了激烈的竞争，开放性的共同体正在挑战独占性的商业运作。[1]

已知体验必然有受众感知的部分，但是体验从来源上、程序上、导向上和目的上全面超越了感知的边界，体验最早起源于感知，最终超越了感知。并且，全面的传播体验不是从传统媒体的观众中来，而是产生于新时代的管理创新。[2]互联网赋予受众去实现不平衡信息状态的能力，受众的各种体验源自于其实现自我的不同方式，最好的体验模式就是从每一位受众中启发最有才华的受众，让每一位受众的话语都能融入微内容的表达，极大地降低了受众的参与门槛，并且真正让受众来主导媒体内容的走向。这种彻底地源于受众的传播模式是迄今为止对人的能动作用的最高实现。

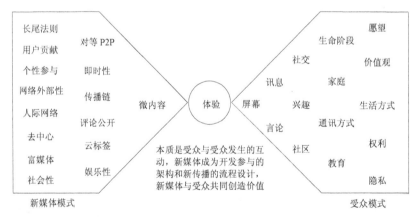

图 3-3　新媒体思维模式与受众思维模式

---

[1]　Jeremy Rifkin，"The Third Industrial Revolution"，Andrew Nurnberg Associated International Limited，2011.

[2]　C K Prahalad & Venkat Ramaswamy，"The Future of Competition：Co-Creating Unique Value with Customers"，Harvard Business School Press，2003.

　　新媒体模式部分来源于 Web2.0 之父蒂姆·奥莱利（Tim O'Reilly，2005）在 *What is Web 2.0* 中表明的特征。[1] 受众思维模式借鉴了密西根商学院教授普拉哈拉德（C.K.Prahalad，2003）在《竞争的未来》（*The Future of Competition*）中对用户的归纳。

　　互联网技术催生的新媒体，自从进入受众编辑内容为主导的 Web2.0 时代，其传播思维开创性与受众思维模式极大接近。更强调平等对话，通过对等 P2P、评论公开、去中心化，乃至长尾法则的应用（经济学最基础的供需模型中，将原先在供需平衡点／盈亏平等点之下，传统经济不可能承担的低值却海量的受众需求实现之）等方式实现；更强调用户分享，通过网络外部性增加了每个受众的价值，延伸到人际网络之中，特别注重传播链的延续，使转发更具大众关注效果；更强调碎片化和个性化，欢迎每个受众的自我解读的云标签，同时为每个受众提供全部受众的标签集合及排序，提供充足的个性参与空间，奖励用户贡献；若要获得富媒体（Rich Media）的跨界符号表现，还需具有相当程度的草根性和娱乐性。新媒体模式对比传统媒体模式，在受众的理解和体验上大大进步了。

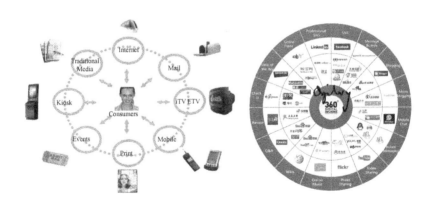

图 3-4　受众的全媒体环境与 2011 年奥美的社交媒体信息图

　　注：左图为传统的受众信息的媒介来源；右图来自于奥美公共关系集团（Ogilvy&Mather）的亚太区总监 Thomas Crampton 于 2011 年 3 月发布的中国社交媒体信息图。

---

　　[1]　Tim O'Reilly，"What is Web 2.0？ Design Patterns and Business Models for the Next Generation of Software"，O'Reilly Media, Inc.，2005.9.30.

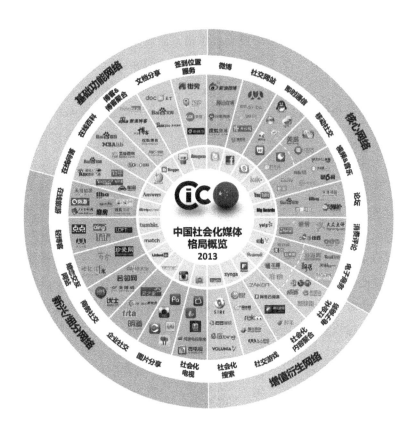

图 3-5　2013 年 CIC 发布的中国社会化媒体格局概览

注：CIC 是 WPP 集团旗下在华的社会化商业资讯提供商，长期研究中国社交媒体市场与品牌关系，曾与奥美、群邑、新浪一起发布过许多研究报告。

如前所述，受众所面临的全部媒体情境曾经是不同屏幕传递的"信息"，是大众媒体及精英编译后希望受众解读到的世界全貌。而今，在中国社交媒体信息图上，受众从影院播放的"屏幕"观看者模式，更改成了大众剧场中不区分演员和观众的"主角"表演模式。没有剧本，没有聚光灯，即便是传播者或企业主，在这个舞台上也只是一个角色，他所需要做的，是更大程度地激励受众（其他角色）积极参与演出，让他们高兴地表演自己，让他们尽情创造内容和意义，让他们即兴发挥出精彩的台词。因为，在社交媒体上，每一个受众也是媒体，每一名受众会去关注周边他人的表达，同时也将自己的表达尽情分享给他人。

3.2 社交媒体传播的新世界

后工业化时代的信息化促使新媒体创新以最快的速度传播到整个世界，以 Facebook 和 Twitter 崛起为代表，社交媒体所创造的全新媒体生态环境成为一种全球同步的传播运用。社交媒体使用者能够在相当大的自主空间内进行个人信息传授，从而摆脱了传统大众媒体的束缚，信息生产和信息传播的主动权回归大众，信息传播的碎片化、去中心化、个性化、内容多样性、互动便捷大大增强，以个人社交网络的社交媒体应用向公众赋权表达，促成草根阶层传播的迅速崛起，推动着网络社会朝向亲和开放的趋势发展，并显示出一种全新的文化社会传播形态。[1]

社交媒体深化了当代中国媒介化社会进程，传播从人类体验的中心向外发散，形成一股强大的力量，对公众日常社会生活的渗透、影响和控制，新媒体重构了人们的日常生活，甚至情感世界和意识思维。社交媒体"使能"公众通过维基、博客、社交网、微博等新技术平台自创和分享内容，从而实现对媒体的生产、发布、管理等过程的参与、主导甚至取代，并赋予公众一种在线的社会化网络关系。社交媒体打破了大众媒体时代对于社会组织和公众信息的垄断，形成了公众改变世界认知途径和体验方式的"逆袭"，社交媒体的影响力与公众参与传播共生，作用于人们的意见并影响社会变化。

社交媒体作为互联网和个人终端整合的强大范式，形成信息的传播网络改变着信息的接受与消费方式，进而深刻影响、改变世界和人的生活方式，从国内外案例来看，社交媒体已经对选举、社会运动等政治活动及传统版权制度形成了挑战。因此，需要从整个人类认识世界层面考察社交媒体是如何改变公众社会关系的。

3.2.1 社交传播的宇宙观

我们已经发现，如果把一种新的传播媒介的出现仅仅理解为多了一个传播通路或平台，就会极大地低估了这种传播技术革命之于经济和社会生活改变的影响。中国人民大学新闻学院喻国明教授（2012）认为，社交媒体改变了外部世界的图景在人们心目中的认知比例。过去世界很大，个人很渺小；现在世界即我，以我为中心的认知空间飞速形成。宏观层面上属于信息维度的提升（例如：由二维平面变成三维立体空间），由传统的电视、广播、报纸和杂志大众媒体向无限信息源的"宇宙化"

---

[1]　周洋：《打造全媒体时代的核心竞争力》，载《新闻前哨》2009.11。

媒体格局变革。①传播者权限大幅度放开，不需要"把关人"设置，使得这种信息洪流的闸门打开，推动传授无限化宇宙的生成。②传播渠道不再固化，无需行政的、商业的、信任的关系，陌生人之间随时可以建构非固定的传播路径关系。③信息资讯的内容是否具有价值洞察，成为其传播能量的主要意义。

从微观上看，主流大众媒体导向转变为微粒群的交互式媒体导向，并含传授同步型的媒体导向，这从根本上改写了传统大面积的、具有功能性的"大媒体"传播。社交媒体将人际间隔由六度[1]分隔降解到零至一度，在数亿受众的星云中，个体可以直接参与"围观"对象，并进行隔空传话。当代受众不满足于电视上观看奥运选手的采访和录制，而主动搜索奥运选手的社交媒体讯息页面，并进行转发、评论和提问，从对象对自我和对别人的互动回应中获得丰富的乐趣和体验。在社交媒体上，传者、受者无需借助传统媒体，直接交流，完成议程设置，采写编评的工作，并形成信息传播和再次传播。特别重要的是，当传者、受者随时可能易位的条件下，每个人都会感知到一种真正属于"我"的传播媒体。这使得每一个自由人的传播能力被极大地解放出来。社交媒体传播赋予了公众以娱乐休闲和生产劳动合一的新体验和新价值。

社交媒体提供了人所能感知到新闻的最高速度（近似于物理学概念"光速"）的媒体传播，推动了媒介化"社会距离"的生成。本书认为，"社会距离"是一种在社交媒体时代孕育的，个体感知的社会文化观点的心理距离。这种距离是由受众中心的传播内容交互来形成的，能够为主体所感知，并且成为主体确认周围环境的测量工具。在受众的全媒体情境中提到受众接收"周边"他人的信息，以及分享信息给周边他人时，研究使用的"周边"不再是一个真实社会的物理空间距离，而是社交媒体传播宇宙中的虚拟距离。虚拟社会上诞生的一系列网民行为集聚的新媒体空间，重建了虚拟社会中一整套"新亲缘"、"新地缘"、"新业缘"，构成网民丰富的数字社会人生。其中，虚拟社会距离开始成为一种受众体验的真实社交距离。受众传播超出了自然界和传统人类社会的认知局限，达到了媒介化社会的新层面。

人人需要重新建立自己的社交"边界"。这种边界的对象在人，即与其他人所建立起来的社交关系，物理联结不再重要，数字虚拟社会的心理联结同样可以让人

---

[1] 传统六度空间理论（*Six Degrees of Separation*），源于数学领域的猜想，认为你和任何一个陌生人之间所间隔的人不会超过六个，也就是说，最多通过六个人你就能够认识任何一个陌生人，也叫小世界理论。美国社会心理学家米尔格拉姆教授在1967年连锁信实验后提出了这个理论。

身临其境地形成"触摸"体验。依据相互关系的强弱不断进行心理价值匹配，构成主体在社交传播宇宙中的关注范围以及控制范围。这种边界是因人而异的、弹性的、如生活场景般变幻的，个体可以快速切换个体距离事件、个人、组织或观点的距离，可以远离，也可以接近。受媒体观点认知的影响，有助于个体形成决策，从而定义个体的社会距离，形成文化社会认同。这是一种由内而外的社会关系再造，也是一次人类体验模式的变革！

3.2.2 六度空间理论的数字化颠覆

如果个体传授信息的速度是很低的，那么其感知的物理距离将做相应的放大，很可能超出个人感知阈值，而其心理空间的感知距离是模糊不清的。换句话说，个体仅以其传播能力所限的社会信息空间作为其认知社会文化的全部来源和归宿。当个体在大众媒体赋予的信息场域中，主要以被动的受众形态接受信息时，个体接受信息效率较高，而缺乏传播信息的手段，其认知的社会文化将是大众媒体设定值范围的，缺乏媒介途径可供个体批判和创造对社会文化的新认知。葛兰西文化霸权理论和经典的大众媒体强大效应都说明了这一点。只有移动社交媒体，真正实现了实时互动式传播手段，个体能够从全部世界的人类信息源快速获得信息。理论上使得个体的认知能力提升到全部人类世界的量级，速度极快，空间极远，而流动性增强。频繁快速认知全世界人类的事物，无疑解放了个体的能力，促使其向全面自由的人类精神实现大的进步。

社交媒体给每一位公众带来的社会化网络关系是什么？传统的六度空间理论认为世界上所有互不相识的人平均只需 6 个人就能建立起联系。在大众传媒时代，六度空间理论已经让人意识到世界之小，如今社交媒体更是将原先六度的传播空间大幅度缩短。公众通过微博"定向"向某 A 加关注，并且直接"@某 A"向其发送信息，都已成为现实。退一步讲，即使某 A 没有实名微博，公众仍然可以通过特征信息进行追踪，对围绕某 A 的社会圈微博号联系和征询，从而极大近似地将信息传播到某 A 周围的实际用户，借助二级传播实现目标。传统理论关于六度空间的人际间隔已经被社交媒体大幅缩减至零至一度，公众交流的欲望被大量激活，并推动其实现信息传授需求，鼓励其表达评论意见，激发其创造信息价值。

传统六度空间理论的主要缺陷之一就是关系的强弱程度问题，及其所引发的传播成本和精力。在社交媒体缩短人际间隔的过程中，讨论的核心是"数字人"之间的信息交际，因此可以脱离真实社会中实物形态的让渡（Delivery）以及货币转移（Currency Transmit）等束缚，也无需耗时耗力的物理位移和严苛的时间同步，实现在信息传播的宇宙空间中遨游。同时，受众确定宇宙中自己的传播"边界"时，其传播影响力的实现也是多层次的，可以依据关注、点赞、评论、对话、参与行动等，一直延伸到线下社会交际圈。

其间，受众的自主性和自由度加强了，主动选择权得到了前所未有的放大。

（1）在社交媒体的人际关系构成中，即使明星人物坚持不回应主体发送的信息，也不妨碍到主体向其表达信息；

（2）即使明星人物不允许主体向其表达信息（包括评论、私信、转发等），也不妨碍到主体关注其发布的信息；

（3）即使明星人物取消"具名主体"的关注，也不妨碍主体使用"匿名关注"或者通过"二次传播关注"到明星。

事实上，面对互联网海量受众，在微博形态的弱关系交际中，明星人物很难逐一控制众多的受众关注。除非物理隔绝般断网，或者彻底关闭社交媒体账户。否则，用户在社交媒体上不论是冷媒体或者热媒体，都具有媒体特征，都是公开出现，其信息是可被关注的。在社交媒体上谁都不能强迫受众来关注，如同谁都不能强迫受众不来关注一样。也因此，社交媒体中的热点聚集到个人时候，极易引发围观，这也是导致人肉搜索等互联网传播伦理问题的原因。媒体技术革命是双刃剑，既带来福利，也带来问题。整体而言，全部社会公众是能力获取的，是更多地获得了从大众传播中的解放的能力。明星作为公众人物，在整备其隐私信息上更加小心的同时，更收获了爆棚人气的巨大关注热情，不用新闻发布会就可以拥有24小时与粉丝受众的生活化信息发布平台，社交媒体对明星人物的光环形象和品牌价值提升仍然显著。而对于每一位普通受众，传播带来的信息能力扩张也是有极大益处的。

无论如何，社交媒体将人与人之间的传播距离大幅度缩短，并将传播速度提升到了极致，这揭示了一个无限社交关系空间的出现。深化了的技术融合和全球范围的媒体创新必将引发信息和知识革命——正如阿尔文·托夫勒（1980）所指的第三次浪潮，这场革命赋予公众使用媒介上史无前例的日益庞大的权力，通过赋予公众超人际的传播能力，将个人面前的网络宇宙缩小了。或者说，将个人重置于网络宇宙的中心位置。人人都这样行动，就开启了社交网络自媒体和去中心化的特征空间。

3.2.3 社交媒体话题的星系传播模型

既然公众已经获得了最快的信息传播速度和最广泛的信息传播空间，那么公众在自身所处传播宇宙中如何运动？本节从社交媒体话题分析着手，探索公众意见认同的规律模型。

以微博为例，数亿账户中，最主要的组成部分是普通用户和舆论领袖，此外还有官方微博、商业微博和"水军"[1] 等。分析微观个体与舆论领袖的传授模式，可以发现一些微博大号（已加 V 认证并具有很大数量粉丝的用户）具有超出寻常的影响力，如果我们以订阅关注而积累的粉丝数作为量化指标，可以建立起一个指数化的"舆论领袖"影响能量级。如同民谣所述：

> 微博粉丝数超过 100 个，就是一本内刊；超过 1 000 个，就是个布告栏；超过 1 万个，就是一本杂志；超过 10 万个，就是一份都市报；超过 100 万个，就是全国大报；超过 1 000 万个，就是省级电视台；超过 1 亿个，就是中央电视台。

这显然将社交媒体中用户和传统媒体影响力能级进行了比拟。

我们将信息比作物质——个体比作星球，通过假设建立起宇宙化的星系模型，既然存在着如同恒星般影响能量级的大号"舆论领袖"，那么一定有大小行星围绕着恒星运转。正是小行星的数量和关系构成了恒星大号的规模和能量级，而小行星也拥有自己的卫星粉丝，这种传播影响力与物质引力是相像的。而微观个体也在信息传播过程中，获得其他人的转发和评论，提升或改变自己的影响能量级。"水军"和"僵尸粉"[2] 的出现会形成一种统计谬误和虚假形象，但它的有效性是受到智能技术限制的，而且表现得不稳定，因而总体是低效的。新浪第一互动（2012）研究显示，在一些知名网络话题传播路径中，水军粉丝转发占所有转发数量的 5%—9%。

---

[1]　"水军"，或称"网络水军"，顾名思义，就是"在网络上'灌水'（频繁地发帖、回帖）的人及其账户"。每成功地发帖或者回帖一次，都会得到一定的报酬。业内通常的报酬标准是发帖一次 0.6—1.0 元左右，回帖一次 0.4 元至 0.8 元不等。发帖的内容由"水军"的组织者提供，一般由专业人士写好，主要是带有广告性质的文章。此外，还可以通过大量发帖，把一些负面信息"顶"下去，这被业内人士称为"沉帖"。"水军"已经是公关行业的网络公关业务的一种形态。

[2]　"僵尸粉"，是微博上的虚假粉丝，指花钱就可以买到"关注"，有名无实的微博粉丝，它们通常是由系统自动产生的恶意注册用户。"僵尸粉"通过关注用户（甚至进行虚假转发和评论），来满足少数用户的虚荣心，用户通过批量购买支付，完成供给"僵尸粉"机构或个人的利益链条。

传播宇宙的新特征在于，社交媒体中的所有对象的物理距离都不遥远，决定距离的是心理认同。在心理认同基础上也会存在波动的心理变化，心理变化是因事因情而异的，所以社交媒体中微观个体都是从不断变化的传播信息中去定位自身与他人的距离。

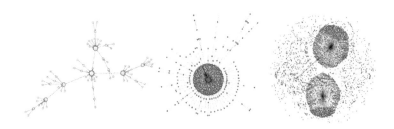

图 3-6　新浪微博中典型转发 70 次、500 次、3 000 次微博的传播链

（来源：新浪微博 @ 社会网络与数据挖掘）

图 3-6 是微博中不同转发次数微博的典型传播链。转发 70 次信息的传播链节点分明，由中心向四方拓展，并因节点好友转发而实现多级传播。转发达 500 次以上的微博建立起较稳定的首次转发圈，凸显了大号所处的核心位置，并向外辐射。转发达 3 000 次的微博在转发中出现一个以上有影响力的转发圈，显示了大号实现多人次的召集作用。

本书认为，社交媒体传播的星系模型重点不是模拟恒定规模的受众圈，而是模拟信息能量传播的网民体验模式，并据此研究信息影响力传播的发生机制。当网络话题发生时，观点极快速地到达受众看板，引起受众对观点以及对发布者的迅速意见表达。依据冰山原理，通常受众转发和评论意见是超出了心理常规阈值范围引发的传播行为，是带有支持或反对的意见倾向性的（这也是通常批评者认为社交媒体易出现情绪化表达的源头）。这就意味着无论受众是支持或反对信息源观点，都能形成自身新的影响力并加大信息源的影响力。

那么，对于传播者的信息发布而言，只要其他大号也参与到这种信息传播场域，无论其表达"支持 / 反对"或"只转不评"，都能依据转发账户自己的影响能量级激发对网络话题的广泛性传播，进而形成相近似能量级的大号阵营，并建立对观点意见相同或相异的大号阵营，无论其观点对某一个体形成支持或反对，均传播了重要的信息影响。从而决定个体对大号、大号对大号、个体对个体相互之间的心理距离，这些信息变化的、追诉的、传播影响能量迁跃的速度和效果，也决定了在此信息观点上，个人对于网络社会关系的认同或反对的心理距离或激烈程度。总之，存在社交订阅关系，只要建立传播表达行为，无论引力和斥力，均能形成影响力。

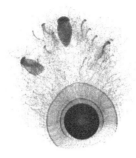

图 3-7　新浪微博 @ 姚晨一条得到 30 000 次转发的微博传播星系

（来源：新浪微博 @ 社会网络与数据挖掘）

图 3-7 为新浪微博第一大号 @ 姚晨（粉丝数 4 968 万，2013 年 7 月 28 日显示）发布微博所形成的传播星系。除了最下方姚晨发布信息受到最多粉丝关注转发的追捧外，还可见还在多次转发过程中，部分大号引发的二级传播和三级传播也是外推式辐射的。在多次信息往复重叠的过程中，个体不仅仅明确了自身和某位"舆论领袖"的心理距离，而且在不断明确自身认同对于周边人际圈朋友的网络关系，以及诸多不同的"舆论领袖"之间的心理距离。经过多次传播事件后，个体能够以事件态度意见为量表进行心理测距，从而在社交媒体传播空间中，将所观察的"舆论领袖"给出空间坐标，观察"舆论领袖"之间形成的一种动态关联阵营及其变化过程，分析在不同类事件上的态度和意见等等。与此同时，不属于大号层级的个人的社交空间位置也可以探索而感知，进一步确定生活距离较近的个人的心理认同。这种社交关系空间感是以社交媒体为主要平台的，并依据个体偏好建立属于自己的感知维度，从而为其本人测量出一个传播宇宙空间。

在此种条件下，社交媒体中个体的自我感知与社会认同得以建立。本书建立社交媒体传播宇宙度量及星系模型，将社交媒体建构的信息社会传播模式进行说明，表述了一个不同于传统社会"亲缘"、"地缘"、"业缘"关系的 SNS 社会化网络新媒体范式，解释了全新的技术、社交平台和受众的传播规律。只有充分认识社交媒体的信息传播模式，才能理解新受众的数字代际需求和文化社会需要。

3.3 媒介化社会风云

当代社会与传统社会一个重大的区别就是社会的媒介化。在这个新的社会形态里，媒介及依赖媒介所进行的信息传播已经成为人类须臾难离的中介，成为社会的基本表达形式，也成为当代人类交往的基本形态。[1] 童兵教授（2011）指出，当今的社会是一个媒介化社会，媒介化社会有如下四个特点：①无处不在；②无所不能；③利弊共存；④潜能无穷。[2]

任何媒介都是身体的延伸。有了报纸，人们的眼睛就延伸了；有了广播，耳朵延伸了；有了电视，人们的眼睛和耳朵同时得到了延伸。既然是身体的延伸，那么在人类认识世界、改造世界的进程中，媒介武装了本体。计算机和互联网就是大脑的延伸，社交媒体是公众群体智慧的延伸，不但进一步武装了本体，而且在认识论和方法论上赋予了本体新的选择自由。批判学者讲"媒体化社会"（Mediated Society）时的本意，是指大众媒体对社会、公民社会、公众日常社会生活的每个细胞的渗透、影响和控制。[3] 这里又显现出一对传统矛盾，从麦克卢汉提出人的延伸以来，究竟是大众媒体影响控制了受众，羁绊了受众；还是进入社交媒体时代，媒体又使能了受众，解放了受众？无论如何，当社会个体的人也成为媒体并活跃地传播，而媒体承载并传播着大量受众创造的内容时，媒介和社会的高度统一暨成趋势。

3.3.1 受众的认知幅度

1 500 年以前的世界文明是割裂的，由地理大发现带来的全球大范围的文明交流推动了人类完整地认识世界。然而，这种认识过程绝不是全球同步的，先发现国家不断扩大优势，率先成为西方发达国家；而被发现国家因资源禀赋的差异而陷入不同程度的受殖民历程，信息传播上也是接受的、被迫的和滞后的。即使进入 21 世纪，处于农业社会的公众，仍然没有机会了解到地球另一端的世界。这种导致信息传播巨大差异的原因是多方面的，但对传播受众造成的结果却是显而易见的，就是对于所处时代社会结构认识在观念维度上的伸展。

---

[1] 林爱珺：《完善媒介化社会的法制管理》，载《媒介化社会与当代中国》，复旦大学出版社 2011 年版。

[2] 童兵：《深化科学研究，推进媒介化社会建设》，载《媒介化社会与当代中国》，复旦大学出版社 2011 年版。

[3] Thomas de Zengotita, "Mediated：How the media shape the world 2005", Bloomsbury Publishing，2005.7.

图 3-8　不同文明时代的公众社会观念拓展

注：社区观念打上斜体，表明其在农业时代未曾出现，工业时代也是在城市化进程中市镇居民逐步形成的社区观念；在信息时代社区观念真正确立，此时乡域观念脱离了邻舍乡里的狭隘层面，上升到超越市镇的省级乡域。

本书从传播学视角纵览农业时代到信息时代的观念变革，突出表达的是公众认知幅度的巨大变化。生活在农业时代的公众，所处的信息环境是相对封闭和落后的，主要关注乡域观念到家庭观念的狭小范围。其生活信息空间决定了对于家国天下的认识局限。生活在工业时代的公众，认知范畴对外拓展到民族国家观念，对内产生了组织观念及部分的个人观念，这就构成了比农业社会更广阔的社会结构认识。在这里，社会指的是人所能认识并建立起稳定心理联系的关系集合。有必要注意的是，从世界文明史来看，现代民族国家（Nation）的确立和形成也是与全球工业化伟大进程对外传播相关的，得到了全世界范围的普及，激发了殖民地各民族追求独立和解放。

对比工业时代，信息时代的认知范畴更为开放。新媒体的技术提速导致了人的信息体验全面的迸发。信息环境改变和认知的社会环境改变，形成可感知的社会结构的广域化，构成"世界皆备于我"的信息宇宙。在此维度上，个人的认知自由度极大地提升。对于世界层面的信息传播开始变得频繁，而且在社交媒体上的个体是多信息来源的。经历三十余年的改革开放后，大量国民出国交流访问，同样传播着生机勃勃的新鲜体验，这些可验证信息都呈开放式增加。因此，世界观念从公众认知到社会结构中都占却据了一席之地，世界层面和全人类的价值凝聚力和吸引力应运而生，就如同工业时代发硎之时国家价值及凝聚力曾经感召过的那样。

此外，社区价值复苏并被赋予了新的含义，个人价值也重新定义，自我发展和自由贡献在更为广阔的社会结构层面得到了丰富和展开。自我观念和自我认知蓬勃兴起，公众在社交媒体宇宙中更是重新建立起协调社会结构认知的能力。

当我们将农业社会、工业社会形态中形成的有效视阈的主流观点放到社交媒体时代，就会出现认同口径的差异。值得注意的是，改革开放以来我国经济持续高速发展和城乡差异水平巨大的地理环境，共同造就了农业时代公众、工业时代公众和信息时代公众并存的现实差异。由信息构面不同而引发的信息爆炸，带来了社会公众认同的差异化，也就容易引起范式冲突、规则冲突、价值冲突、代际冲突等一系列问题。

3.3.2 受众的新社交"边界"

受众传播超出了自然界和传统人类社会的认知局限后，会重新建立自己的社交"边界"。这种边界的对象在人，即与其他人所建立起来的社交关系，这就重新定义了"社会人"的意义。有这样的可能性，即"社会人"不是被社会接受并认可的人，而是主体成为去接受并认可"社会"的人。这里的"社会"，对于主体而言，仍然建立在主体与其他人的关系基础上，如果强调研究对微观个人的解读，那么他成为"社会人"，可以被其表述为"他找到了自己所处的人际关系并对此表示确认"。

本书试图解释，在社交媒体之上，传统的权威力量为何被消解或被戏谑？根源在于，社交媒体传播秩序对于传统的权力信息一体化传播模式的解构，这种对差序格局的削弱，构成了对传统社会关系结构的消解。在社交媒体上，我国传统社会中，礼制的传播是固化在权力结构基础上的。在座次、长幼、辞令、规格、程序、服饰、车驾等各种条件上，均需遵照社会关系的尊卑权力安置，在传播学看来，用这些符号元素来规范人的行为，无疑是强化了权力结构和信息传递关系。即使在今天，这种真实社会具有的差序格局的传播场景依然随处可见。这种权力和传播相互强化的社会运行格局，仍然是建立在"亲缘"、"地缘"和"业缘"基础上的人际关系圈。人要想成为"社会人"，在传统社会中，必须依照已成规则的差序伦理传播来行动及表达，否则就被视作挑战者和异端，不容于社会。而在社交媒体上，个体以"我"为中心的社会心理测距，并未受到传统差距格局的制约。

对比社交媒体的星系传播，可见在社交媒体时代，"社会人"的界定已经不再局限于"亲缘"、"地缘"和"业缘"所及的现实社会。网际传播的社会边界无限扩大，社交媒体信息模式促成与己有关的"关系"体验，个体仅以自身兴趣、愿望、偏好决定自己收授信息源（各种人：包括有名的、无名的、认识的、不认识的），个体的选择自由和网络平等权利完全放大。在互联网上，人们可以不受路程和政治域界的限制自由与他人交往，而其交流主题可任由他们的个人兴趣和偏好来决定。[1]

　　"亲缘"、"地缘"和"业缘"在现实社会中，仍然能起到很大作用甚至决定作用，但是在网络传播宇宙中，个体仍然"有权"选择远离甚至切断联系。

　　人可以自由决定自己的社会边界了！

　　传统的社会接触能力不再构成对受众的限制，因此，差序格局在社交媒体上被大大消解了。无论是基于亲缘的关系，还是地缘的关系，以及权力结构的关系，占据中国社会两千年的封建关系重要表征之"差序格局"受到了动摇。本书认为，只有在等级观念削弱的前提下，公民观念才得以崛起。而现代公民独立属性自然是现代社会观念形成的重要标志。社交媒体促使数字公民获得选择权力，几乎没有遇到什么阻力，这规避了现实社会关系变革的成本和风险。

　　平等化、对等交流成为社交媒体上根深蒂固的观念。随着信息源选择权回到受众身上，一种传播自由也在突显，这种自由可以被描述为：受众可以依据自己的意志决定是否接受某种信息源，更进一步，受众可以依据自己的意志决定收授某种信息源到达何种传播关系层级。此时，传播行为与社会性存在是统一的，并以个人全部的社交传播来确定主体的社交自在和社交自为。

　　这将打破传统权力意志的传播关系，将受众从传统社会差序格局的"角色定位"、"表达到位"、"行事不越位"等关系桎梏中彻底解放出来，受众不再只是国家社会中的沧海一粟。社交媒体"使能并赋权"受众，主体拥有了建立自己传播宇宙的能力。因此，受众可以大声宣布，自己是传播宇宙的主宰，新传播社会边界的制定者。受众每一个人都得到了社交媒体传播构成的"自由王国"，并且永葆自己因传播选择权的独立而处于"自由王国"的中心位置。这就是社交传播宇宙观演绎下的"网络社会的以'我'为中心"，实质是受众的新社交"边界"建立和传播自主下重置的社会关系。

---

　　[1]　Irving Crespi，"The Public Opinion Process: How the People Speak"，Lawrence Erlbaum Associates，Inc，Publisher，1997，P89.

3.3.3 媒介化社会的主体

无数由传播自为武装起来的受众组成了新的媒介化社会，此为区别于传统批评学派视域的媒介化社会。从受众到数字公民，实现了从个人和社会的自我解读和深度传播参与，超越了大众传播的影响层面，使得公民意识得到了显著的增强。对于个人，在国家权威主义转向集体主义，集体主义又转向个人化的自由主义的观念变迁中[1]，新传播的社会化边界使得"一切与己有关的"成为滋养自我意识、建立公共领域认知的基础，使得公民概念得到重生。传统公民教育中，始终秉承着国家至上、集体导向、个人用户的思维模式，"公民"身份更多地体现在选举人大代表、两会召开、建国建党庆祝、申博申奥活动等具体事件中，这些不能称为是一种日常语境，就无法融入数字公民的个人思维意识及行为习惯。

除此之外，个人意识到并积极行使公民权利的表达语境和行动场合是缺乏的，也是很难得到体制社会关系互动认可的。在社会转型期各级政府高度关注"维稳"的情况下，用"公民"作为公众场合标签的表达，竟然成为公权力关注并劝解的对象。王功权在2010年发起"公民承诺"签名活动[2]，口号是"以一个公民的努力，推动和见证中国社会的进步"。传统社会管理制度中，"公民"蕴含了国家意志，理应承担国家寄寓的公民责任和义务，信息时代公民权概念要进入日常话语体系，还需要在深化改革的发展进程中不断完善。

胡泳（2009）的研究提出，在中国社会的转型期，各种非政府组织（NGO）、中介机构、志愿性团体、协会、社区组织、利益团体越来越多，人们的公民意识越来越强。于是近年来出现了这样一幕社会景观："这些从前的受众，在中国也就是从前的'臣民'，习惯于被人差遣、奴役，浸淫于缺乏独立人格的'义务文化'。而在今天，这些受众反击了，他们登堂入室，要占据媒介舞台的中央；这些'臣民'造反了，每位公民树立起权利意识和平等意识，清除'官本位'意识和'官贵民贱'的等级思想，建立起不可或缺的社会责任感，这是从臣民社会到公民社会的必经之路。"[3]

---

[1] 陈映芳：《青年与中国的社会变迁》，社会科学文献出版社2007年10月版。

[2] 周凯莉：《商人公民王功权》，载财新《新世纪》2011.5。

[3] 胡泳：《何以独立？如何另类？》，载胡泳的Blog，2009年4月30日，http://huyongp ku.blog.163.com/blog/static/12435949620097193225351/。

传统社会的差序格局下，个人是很难直接关注到国家和政府的，国家和政府只作为一种形象意志和需要存在于脑海之中。[1] 但是，在新传播边界的受众"自为"后，公共领域被重新激活，社交媒体就是一个典型的公共领域。即使强大如国家机器、传媒集团、中央级报刊，在社交媒体上的表达也可能被简化缩略为一个信息源：一个象征符号。这仅仅是因为个人在社交媒体传播宇宙中重新划定了他所处的"社会边界"和信息授权。前文已经述及，全部党媒在社交媒体上集中发布同一信息（以晚七点 CCTV 联时播报为最强音），和传统媒体不同之处在于，不但不能占据整个舆论时空，反而加强了符号简缩。再多的信息源和信息频道，在社交媒体上，由于"媒体一律"的一个强势音，受众感知只有一个信息源，并且有可能加剧受众对传统大众媒体受控制的疑虑。这里呈现出英国伯明翰学派阐述积极受众对大众媒体影响力的反制过程。[2]

至此，在社交媒体上，个人可及的信息范围由人而定、因人而异，并在社交边界之内获得不同的解读者（同样是受众）重新认识国家、组织、品牌、个人等社会文化符号。同一时间点，历史悠久却内容雷同的一个信息源，可能成为传统和过去，多元表达丰富起来、立体起来，成为了互联网社会的现在和未来。

自由和平等发端的社交媒体思维，大幅推动了公民媒体、公民网络、网络公民社会、媒介化社会的建立。社交媒体原本只是具有社会性人际交往的、一个技术实用的媒体网络，今天却演变成了人人受到媒体赋权，充满了平等和自由意识，开始独立思考公民意志的、崭新的媒介化社会。

数字公民（Digital Citizen）基于社会性交往而产生的公共议题构成了活力增长的"公共领域"。哈贝马斯看来，"公共领域居于公共权力与市场经济体系之间，在这一缓冲地带，其核心机制是由非国家和非经济组织在资源基础上组成的。这样的组织包括教会、文化团体和学会，还包括了独立的传媒、运动和娱乐协会、辩论俱乐部、市民论坛和市民协会，此外还包括职业团体、政治党派、工会和其他组织等"[3]。可见，成熟的公共领域可以保证为市民社会的载体提供机会，

---

[1]　郑卫东：《村落"总体性社会"的形成：实证研究》，上海市社会科学界第九届学术年会论文集（2011）。

[2]　金惠敏：《积极受众论：从霍尔到莫利的伯明翰范式》，中国社会出版社 2010 年 4 月版。

[3]　哈贝马斯：《公共领域的结构转型》，曹卫东等译，学林出版社 1999 年版，第 29 页。

使他们能与作为政治和经济入侵者的传媒力量做对抗，也就是说，使他们能够改变、创意性地拓展和批判性地筛选外界影响的价值、观点和原因。[1]

当前，中国政治现代化的核心是从传统人治政治向现代法治政治的转变，从革命型政党治国模式向法理型政党治国模式的转型，而法理型政治和依法治国观念的形成，则有赖于公民社会基础上的现代公共领域的塑造与提升。[2]公共领域在媒介化社会中呈现为数字公民与媒体社会的互动性表达，而不是自上而下的指令性工程。如同卢梭提及真正的宪法精神不是镌刻在大理石上，也不是浇铸在铜板上，而是铭刻在公民的内心深处，即扎根于公众舆论之中。[3]在蕴含创意功能和批判功能的公共领域里，每位受众都认为他与社交媒体传播所及的公共事务有着利害关系；都有权形成并表达自己的意见。

改革开放三十多年来，随着市场化的推进正在促使我们的社会生活日趋法治化、理性化，国家与社会之间的界限正在日益明细，现代化、全球化以及网络化的浪潮为当代中国公共领域的生长提供了广阔空间和不懈动力。其间，公民社会的生成对于当前中国的建设起着极为重要的作用。陈明明（2001）研究认为，随着从旧体制摆脱出来的新的社会力量和角色群体的发展壮大，在政府行政组织之外开始了民间社会的组织化进程，经济、社会、文化领域的非营利性团体和非行政化的盈利经济组织日益成为国家不能忽视的社会主体。中国市民社会已经不仅仅是一种价值建构，而且是一种实体存在。[4]而社交媒体之上的受众传播成为公共领域最活跃的社会存在。

闵大洪（2011）提出政府和包括公民媒体在内的舆论之间的良性互动，是维护大家共同利益、保障媒体舆论自由的根本所在。公民媒体最显著的特点，不是由政党、商业集团所办，而是由个人或小团体（包括NGO）所办。它发出非主流、反主流，甚至是反现行政策、反现行体制的声音，有的是温和的，有的则是激烈的。公民媒体关注大众传媒不设置的议题，维

[1] David Held, "Models of Democracy", Standord, Calif.: Stanford University Press, 1987, P31.

[2] 史云贵：《论哈贝马斯的"公共领域"理论及其对我国政治现代化的启示》，载《武汉大学学报》（哲学社会科学版）2006.6。

[3] 卢梭：《社会契约论》，商务印书馆2003年版，第70页。

[4] 陈明明：《比较现代化·市民社会·新制度主义——关于20世纪80、90年代中国政治研究的三个理论视角》，载《战略与管理》2001年第4期。

护自身权利，推动社会运动，最大限度地体现包容性、平等性和参与性。[1]
公民媒体的创办、公民记者的活跃及公民新闻传播途径的多样化，使媒介
化社会进入了新阶段。

现代社会与后现代社会的一个重大的区别就是社交媒体后的媒介化社会。在这
个新的社会形态里，社交媒体及由受众创造的信息传播已经成为社会须臾难离的媒
介，成为数字公民社会的基本表达形式，也成为当代人类交往的基本形态。

---

[1]　闵大洪：《中国公民媒体的观察和评析》，载《媒介化社会与当代中国》，复旦大学出版
社 2011 年版。

第 4 章　移动社交媒体传播的前沿和未来

　　三度影响力塑造社会网络的强连接，社会网络传播快乐、宽容和爱，社会网络影响着我们的选择、行为、思想、情绪，甚至是我们的希望。

——尼古拉斯·克里斯塔基斯《大连接》

4.1 社交化、现场化与移动化 SoLoMo

　　群邑智库在研究中发现，中国纵深市场在接入互联网的方式上跳过了一二线市场"台式机—笔记本电脑—手机"的演进顺序，直接使用手机上网的人群增长很快，通过智能手机上网的人群更是呈现爆发性增长。移动互联网在纵深市场发展速度为三年增长 351%，显示了一个全面移动互联应用的未来。CNNIC《第 30 次中国互联网络发展状况统计报告》显示，从全国手机网民的平均使用情况来看，手机即时通讯（83%）、手机搜索（67%）、浏览新闻（58%）、微博（43%）用得最多。前文已经指出，即时通讯和微博都是典型的社交媒体应用，而手机搜索和浏览新闻同属于社交媒体获取信息的接触点。移动化的屏幕终端已经成为线上社会的传播基础，智能手机的普及推广了即时通讯，微博和社会性网络服务（SNS）的移动应用。基于此，更多的革新创造正在衍生。

　　著名风险投资——美国 KPCB 风险投资公司（Kleiner Perkins Caufield & Byers）合伙人约翰·杜伊尔（John Doerr）在 2011 年 2 月的时候第一次提出了"SoLoMo"这个概念。[1] 他把最热的三个关键词整合到了一起：社交（Social）、本地化（Local）和移动（Mobile）。

---

[1]　Michael Boland, "Discovering the Right SoLoMo Formula", Search Engine Watch, March 11, 2011.

从照片分享媒体 Color 到 Facebook，社交化应用 "So" 已经无处不在；而 "Lo" 则代表着以本地服务（LBS，Location Based Service）为基础的各种定位和签到，它是用户地理位置服务网站 Foursquare 或者国内的街旁，也包括谷歌纵横（Google Latitude）、Facebook Places 和微信最新的街景扫描定位；移动化应用 "Mo" 则是基于苹果系统 iOS 和谷歌安卓系统 Andriod 带来的各种移动互联网应用。

联合广场创业投资公司（Union Square Ventures）的弗雷德·威尔逊（Fred Wilson）还为之补充了 Clo 和 Glo，即云内容服务（Cloud）和全球化（Global），个人所需的全部数据、资料，特别是影片和音乐，通过 3G 或 4G 传输速度，可以实现云存储和调用，而无需个人保有及终端存储，便可直接调用。这再次革新了对数据资产的所有权认知。全球化则呈现给了所有的公司和个人，如 Skype、Twitter、Google 这些互联网公司，80% 以上的用户都来自美国以外的地区。在 2013 年 7 月 3 日的腾讯合作伙伴大会上，腾讯总裁刘炽平宣布，微信 WeChat 的海外用户已超 7 000 万。社交媒体上跨越国境的传播正在变得容易，无论是我们的海外传播，还是海外个人或媒体的境内传播，对社交媒体传播而言，国别意义正在消减。

让我们尝试像哲学家一样去思考 SoLoMo 对人的意义，So 表示的社交，其实说的是"我们是谁"，如果每个人都能考虑到人类有史以来一直在以区分"我们"和"他们"的方式寻求同类和安全感，理解社交乃至社会的重要性就很简单；Lo 这个针对地理位置提供的服务显然说的是"我在哪里"（真的站立在哪里？出现在哪里？而且还带有时点标记的），这就立刻为信息流添加了时间坐标和空间坐标；Mo，通过手机和移动互联网，人一直保持在线上（社交媒体），同样，个人的全部社会关系乃至他的传播宇宙也一直保持在线状态，是可以联系呼叫并响应的。这种联系呼叫和响应，有着电话、电子邮件、信函、口语、电波、网页等传播方式所不具备的特点。总之，它更多代表了身份（Identity）并表明了关系（Relationship），每个人获得了"我是谁"这个古老的命题，并乐此不疲地通过移动传播来回应他的社交关系。

表 4-1　六家最具代表性的国际互联网组织的 SoLoMo 呈现

	Google	Facebook	Groupon	Foursquare	Yelp	Zynga
社会化 （Social）	基于个人社会网络内容排序的社会化搜索，用户可以分享他们位置	250 万个网站通过插件按钮 Like 整合进 Fb，并仅凭 Fb 账户一键注册	仅当最小数量人数报名后交易生效，受众会把要约告诉朋友	用户分享位置给朋友，也推荐了特定场所的活动或饮食	活跃社区成员加入精英，身份显示特别勋章并获邀参加特别活动	与 Fb 签署五年战略协议，在游戏中扩展使用 Fb 的奖励积分
现场化 （Local）	为本地组织建立网络存在并提供用户位置的就近响应	通过即景式签到，受众实现属地业务	团购平台为传统本地广告模式提供新选择	企业可以使用平台来提供特别奖励并启动忠诚计划	提供市域和全国性的活动	美国运通允许信用卡会员使用奖励积分购买虚拟物品
移动化 （Mobile）	安卓系统挑战苹果 iOS 地位	拥有 2.5 亿活跃的移动用户	App 可以提供基于位置交易	用手机在场所签到	使用本地商业签到并预留位	并购移动游戏开发商 Newtoy

摩根斯坦利的分析师玛丽·米克（Mary Meeker）2007 年就预言，移动互联网将于五年内超过桌面互联网，2012 年中国和印度的网民使用行为统计都证实了这一点。人们用移动设备接入互联网的时间显著上升，与此相伴，"LBS"位址服务（Location Based Service），即基于用户当时位置的服务也呈蒸蒸日上之势。其核心就在于通过真实的位置服务，线上线下社会完成了统一。个人及其所关联的真实社会环境（他人、街道、商业、政府），实现了与线上身份的同步关联。

人类在真实生活中所产生的位移，以及通过位移所要达到的目的，都可以通过 LBS 应用，体现在虚拟的网络生活中。但"基于位置的服务"中，真正的核心还在服务。虚拟网络通过这些服务，反作用于真实的人类社会。个人和组织可以通过 SoLoMo 的社交媒体传播，打通线上社会和线下社会两个空间，形成线上社会 / 线下社会 Online 2 Offline 的同步存在和同步互动。[1]

所以，在 LBS 应用中，签到只是手段，而非目的。在 LBS 构建出的这个虚拟网络世界里，真实生活的体验更加重要，用户在这里的真正核心是创造、分享和交流，地理位置从无法获得的标记（Mark）变成可接入路径（Approach），单纯的记录并不能创造出任何有价值的东西，传播也只是浅尝辄止，对现实生活很少有触及。在真实世界中获得服务，可以打通线上的虚拟生活的线下价值，重点从人类情感类价值更多转向触手可及的真实产品和服务，及其附加的情感价值。

---

[1]　Thomas Claburn，"Google Defines Social Strategy"，InformationWeek，May 6，2011.

表 4-2 移动互联网时代对生活方式的变革

生活方式	传统	前沿
记录生活方式	传记和展览	Facebook 时间轴 Timeline
新闻和信息流	新闻延迟的报道	实时性覆盖面广的 Twitter 等服务
电视	电视频道数，内容无法控制	通过 YouTube 等按需看各种电视内容
名人出镜	通过电视	通过各种数字化渠道和各层级传播关联
录像带	零售店购买或租赁	利用 YouTube 和 Netflix 等服务
笔记方式	纸和笔	功能强大的 Evernote
绘画	画布和颜料	Paper by Fiftythree 数字化绘画创作
照相	专门的胶卷相机	Instagram 并对照片进行美化和分享
剪贴簿	剪刀、胶水和本子	通过 Pinterest 等服务
杂志	印刷杂志	个性化的 Flipboard 等电子杂志
书籍	纸质书	亚马逊 kindle 和苹果 iBooks
音乐	店内购买音乐专辑和 CD	使用 Spotify 等流媒体音乐服务
艺人 / 演唱会	大屏幕转播	通过 3D 等方式
家庭娱乐	通过电视和电脑娱乐	更多的智能设备和社交网络
对讲	功能有限的专用设备	通过功能更为强大的 Voxer 应用等服务
导航实时路况	纸质地图和交通广播	各种在线地图定位服务和交通应用
体育	通过体育评论员和记者	通过 Bleacher Report 等人人报道评论
打车	排队或电话叫车等候	通过 Uber、滴滴打车等服务一键发送请求
黄页	无评论、难搜索的纸质目录	Yelp 等服务，有评论、照片、推荐且易搜索
优惠券本地化	折扣不大、缺乏个性易丢失	个性化和提供团购等服务的 Groupon 等
收款机	打印发票的老式收款机	通过 Square 等移动支付方式
橱窗购物	实体店橱窗购物	通过 Fab 和 One Kings Lane 等网购
生产制作变革	标准化的大批量生产	通过 Zazzle 个性化定制，3D 打印

续表 4-2

生活方式	传统	前沿
筹资理念传播	通过大喇叭、筹款晚宴等	通过 KickStarter 在线就能完成
借贷方式	申请、漫长审批及高额利息	通过 Lending Club 等服务在线申请贷款
商业协作方式	会议、白板和电话会议系统	通过 Yammer，Salesforce 和 Jive 等团队协作
招聘雇佣方式	招聘会的方式	通过 LinkedIn 等服务
焦点小组	固定时间地点一小群人	通过 Affectiva 实时表情检测分析数据捕捉
签名	扫描、传真电子邮件签名页	使用 DocuSign 就可以实现电子签名
医疗卫生	电话预约，等候看医生	通过 ZocDoc 等服务就能实现网上预约医生
学习方式	通过课堂教学	通过如 iPad 之类的智能设备
互动方式	通过有线设备、摇杆和按钮	使用 Xbox Kinect 等设备声音动作实现控制
奖励和回报	通过人际交往	通过 Klout，Foursquare 和 Zynge 等获得奖励
犯罪警示方式	通过悬挂警示标语等	通过 SFPD 和 CrimeMapping 进行犯罪警示
室内恒温器	通过开关和温度设置等	通过 Nest 等自动恒温器
宠物照看方式	丢失后张贴寻找宠物启事	通过位置追踪设备实时宠物位置

对于用户，仅仅记录到过哪里是不够的，更重要的是 LBS 服务在那里能给"我"带来什么不同。换句话说，是从"基于地理位置信息服务"（Location Based）变成"地理位置信息能扩展出什么服务"（Location Enhanced）。这构成了以商业组织为先导的整个线下社会最紧迫（要在社交媒体时代解决）的问题——重新建构组织对于个人基于位置的 SoLoMo 关联，实现两个社会（线上线下）的同体存在，而个人的两个社会（线上线下）的同体存在已经实现了。

4.2 网络价值实现——众包

4.2.1 传播跨界生产

如果说 SoLoMo 中的定位 Lo 特征，让实体组织发现了"以线下即时服务来响应用户线上需求"的可能，那么，移动互联将受众从实体环境中解放出来的本质也提供了受众参与创造的无限空间。这种参与创造很快从评论（Comments）和闲聊（Buzz）等简单信息传播形态，上升到传播完全融入的研发生产等实践形态。至此，不但众包（Crowdsourcing）脱颖而出，而且传播实践实现了价值创造的能力。

众包原本是一个来源于经济学的概念，但是同长尾理论（Long Tail）一样，它指网络时代的社会化生产，不仅仅是商业变革，或者信息传播革命。众包源于一个平等主义的原则（伴随自由主义的可行性）：每个人都拥有自己的特质，每个"我"都位于众包的中心，这并不是近代以来资本主义社会的思维习惯。自然创造了人类个体的独特性，在人群中形成了多样化。网络社交媒体时代，这种去中心化和差异化却成为常识，也形成每个人的价值。

这种价值并不仅限于信息形态，并局限在每个人传播的感知边界中。由于传播的社交化广泛崛起，信息和价值都是人际间可以交换并相互转化的，社交媒体传播下的受众将信息化的能力掌握在自己手中，可以迅速激发创造出实践层面的生产力，社交媒体传播导向了经济和社会的网络新融合。

生产源于企业需要花钱雇人去做的事，社交媒体上的用户们却很高兴地免费去做。苹果 Appstore 模式就是为第三方软件的提供者提供了方便而又高效的一个软件销售平台。首先，需要指出 App 不是简单的电子商务网站 C2C，而是所有苹果移动终端的软件下载渠道。Appstore 为用户提供了更多的实用程序，良好的用户体验及方便的购买流程，它甚至改变了用户接入移动互联网的入口。无需输入冗长的网址，或者搜索重要字段信息后，小心地避开广告商网址链，费力地寻找真正的地址，而这才完成了信息获取的第一步。App 不需要这些，通过图形点击就可以直接下载软件应用了，这可是乔布斯奉献给全人类的、改变交互传播方式的重大创新。

成为第三方软件的提供者参与其中的积极性空前高涨，截至 2012 年 11 月 19 日苹果发布[1]已有 100 万 App 软件上架供所有用户免费或付费下载，这适应了移动用户们对个性化软件的需求，从而使得移动软件业开始进入了一个高速、自由发展的轨道，是苹果公司把 Appstore 这样的一个商业行为升华到了一个可以人人参与的经营模式。

Appstore 的产业链共涉及三个主体，即苹果公司、开发者、用户，此外还包括第三方支付公司，但只是作为收费渠道，不是产业链的主要参与者。开发者是应用

---

[1]　新浪科技：《苹果 APP Store 提交应用总数超过 100 万款》，2012.11.19。

软件的上传者，其主要的职责包括两点：①负责应用程序的开发；②自主运营平台上自有产品或应用，如自由定价或自主调整价格等。用户则是应用程序的体验者。用户只需要注册登陆 Appstore 并捆绑信用卡即可下载应用程序。

苹果放松了对所有创建 iOS 应用的开发工具的限制，只要最终应用不通过网络下载任何代码即可。这给予开发者足够的灵活性，如同本书在前文提到的全媒体规律，公司、媒体等传统传播者在 App 开发上是滞后的，而受众被激发。总有积极参与的受众，拥有特别创意和技能的受众，不断创造出新的 App 软件，投放到这个全球同步的平台上。对比传统微软系统而言，App 设计和编辑的技术壁垒是很低的。所有人的点滴智慧创新都可以呈现出来，供所有人体验评价。全人类的创造力和福祉都得到了增强。

"生产"与"传播"已成为受众的一项基本权利，并且这一权利的合理性在信息社会中得到了广泛认同。单波（2005）提出，受众有权利在文化消费时成为文化生产者，积极地参与在公共文化中流通的观念、主见与表征的制造与再制造。[1] 在社交媒体中，既然信息获得与分享同步化于个人，那么所有的文化消费和生产也不再界限分明。受众通过社交媒体，克服了广泛分布、无差别、互不相识、缺乏自我意识与自我认同、难以组织和集体行动等缺点。新自由主义工作伦理体现了一种与商业经营不同的文化生产方式，参与性受众以非营利或共享等方式，存在于移动互联网，并形成新的商业模式。

受众从文化消费者到生产者之间的界限消失，受众可以凭借凝聚独特创意的应用来获得关注、回报和自我实现，传统商业组织的规则不再适用，自由职业者（Freelancer）、工作室（Studio）、精品创意店（Boutique）纷纷涌现，最终，其向企业化发展乃至融资上市的道路也是畅通的。

因为整个生产平台是开放的，连同社交媒体都是开放的。因此，无需外包和招标，开放性地欢迎受众参与"众包"。众包的优势不仅在于经济效率，社交媒体在很多情况下，用户们的作品更加出色，用户们的时间和精力几乎是无穷无尽的，而且唯有协同生产有能力伴随长尾无限延伸。参与生产的人就是最关心生产的人，他们最理解自己的需求。[2]

在后福特制的社会环境下，受众消费与工作的界限已经不再明显，业余生活时间和兴趣爱好也成为生产过程。不像"知识劳工"（Knowledge Labor）这类概念只

---

[1] 单波、石义彬：《跨文化传播新论》，武汉大学出版社 2005 年版，第 21 页。

[2] 克里斯·安德森：《长尾理论》，中信出版社 2006 年 12 月版。

是描述了一个精英阶层，"非物质劳动"发现了现代社会更广泛的人群介入劳动的方式。[1] 众包的本质是采用开放源代码的方法生产包括软件在内的产品，社交媒体中数以千计的人才和业余爱好者，不关心国籍和专业资格，崇尚能者为王，唯一重要的就是最后的产品，以及无数等待体验尝试的新产品，并将其评论传播给更广大受众。

社交媒体的用户创造内容 UGC 生产实现了一则关于规模前所未有的群体协作的故事，也是一则关于包罗万象的知识纲要维基百科、有着百万频道的人际网络 Youtube 以及网上都市 Myspace 的故事。它还是一则有关多数人从少数人手中夺取权力并不求回报地相互帮助的故事，一则有关这一切不但将改变世界，还将改变世界变化的方式的故事。[2]

Visionmobile 2013 年发布报告，是什么原因让开发者去开发应用？名声还是财富？为了揭开迷雾，这里根据开发者的预期产出或开发者试图获得的东西对开发者进行了细分，得出了这几类人群：爱好者、探索者、猎手、雇佣兵、产品扩展、数字内容出版社、淘金者和企业 IT 开发者（the Hobbyists, the Explorers, the Hunters, the Guns for Hire, the Product Extenders, the Digital Content Publishers, the Gold Seekers and the enterprise IT developers）。

跟普遍的预期相比，金钱不是移动开发者的唯一驱动。事实上，收入只是 50% 的移动开发者的目标。国外移动互联网研究机构 Visionmobile 2012 年报告提出，53% 的开发者是受创造或成就驱动而进行移动开发。例如：开发 App 的乐趣是 40% 的开发者开发 App 的驱动。

4.2.2 传播跨界需要

为什么众包既有经济的，也有非经济的需求在里面，甚至从价值上同样如此。受众接受了一种非经济的投入产出机制，其投资回报率不是经济性的，人类基本需要层面的新价值增量补偿了大部分成本，如回应智力挑战、清除知识障碍（为自己或他人）后的成就感和智力英雄主义的荣耀感。若仅仅依据古典经济学"经济人"假设，以货币和资本为唯一考量就无法解释这种创造了巨大经济价值的知识创作和共享活动。这一现象必须用到"经济人"之外的基本需要的假设来解释。人的潜力只有真正发自内心的追求才能发掘，并让人感受到最大的幸福满足。

---

[1] [英]蒂莫西·雷纳，飞扬编写：《大众的谱系》，载《国外理论动态》2005.8，第 49 页。

[2] Lev Grossman，"Time's Person of the Year：You"，*Time*，2006.12.13.

这并非马克思研究共产主义社会时探讨的"劳动成为需要",而是在社交媒体时代,受众在获得知识和信息产品创造权力时,能够清晰地认知到他在整个社交媒体场域中的地位与作用。社交传播的宇宙观和星系传播模型作为前提条件(Assumption)存在于受众意识中。当他在参与评论一个舆情事件时,他是能够对一些意见和态度产生强烈的共鸣,即受众清楚地知道,他不是一个人在运转,他和他的社交关系群体在某项意见的传播上是同行的。而且当他做出评论或新意见创造时,对待其传播空间中的各种关系的态度回应是有完全的预期的。

同样,当他创造出改进的 App 时,同样根植于使用者的便利,对于所有使用 App 的受众行为和认识,也是有一个预期的。他能够清晰地描绘,受众会在哪一点上对这款软件产生兴趣,如何使用来获得便利和快乐,他们会在同类软件中给出怎样的评价和推荐。这一切都是建立在开发者自身长期使用的认知基础上。以上内容,不是一个对市场的议价过程,而是受众改良自身使用的社区传播过程。每一位积极受众都在为受众整体的生活福利最大化而努力,而他们是同处于一个社交媒体社会中的。

社交媒体传播世界不但将生产者受众的需要升华到全体受众,而且将文化消费者受众的需要也延伸到更广泛的空间。

在一份字幕组创作和动漫跨国传播的研究中,武汉大学新闻与传播学院副教授杨嫚(2012)发现网络免费文化中的分享和传播意识之强,无论字幕组还是受众,都期待需求不再受到语言、地域与时间阻隔,全球同时传播的动画成为普遍的受众心理选择。[1] 日本动画字幕组的流行反映出新媒介技术发展情境下受众媒介接近权的扩张。

图 4-1 Meeker 提出的"新"人类需要层次

图 4-1 是 Mary Meeker 在 2012 年互联网趋势大会上发布的人类新需要层次,对

---

[1] 杨嫚:《字幕组与日本动画跨国传播:受众主动性的悖论》,载《新闻与传播研究》2012.10。

比马斯洛的生存安全，Meeker 将其分为食物和水，庇护场所两个层次，保留了对世界上欠发达地区生存环境的基本需要。之上的需要，竟用移动终端及互联网一言蔽之。这虽然不是一个严谨的理论论证，但是揭示出对社交媒体传播对传统人的需要的全面融入。全球化的移动互联网接入，使得人的社交传播空间扩大到所有人，个人的安全、归属、尊重、自我实现与全世界人的安全、归属、尊重、自我实现不再隔绝。社交媒体传播可以是具象的事件（反映着不同地区人的需要），也可以是抽象的观念（同样是人的需要的反映）。受众的需要也跨越人际的边界，可以将全世界受众之需要作为参考。从这个意义上说，"国内"、"国外"两个舆论场在受众层面社交媒体传播上也是可融合的，并且充满了受众自感知的对比和更丰富的选择权。

P2P 对等传播和互动共享等传播体现了当代社会网络信息扩散的后现代主义特质。受众在文化产品需求中已经跨越国界，并且无需等候延迟。文化信息通过数字网络工具自由地流动于社交媒体（豆瓣或影音论坛）中，本地环境对生活的约束消失，催生了新的受众主导形态。人类内在的和社会心理的不平衡状态在更广阔的时空内发生，这种超时空的不平衡状态检索能力是源于社交媒体全球传播的创造。受众接触到的文化信息的广度和深度，使得自我认同和社会认同都超出了地域乡土限制，依据线上社会传播交互的信息，飞翔在整个人类传播宇宙中。当然，现实社会中的自身需要仍然重要，但是受众新增了"选择项寄托"，这种需要在社交媒体中能够得到共鸣，并有望在线上社会中得到实现。

4.2.3 网络外部性到网络价值

人类有三种经济组织方式：市场、企业和价值网络。价值网络是介于市场和企业之间的第三种组织，是与网络对应的组织形式。在移动互联网时代，价值网络以线上社会全部受众和社交媒体为载体。众包指的就是价值网络，它强调突破企业的资本专用性边界，跨组织共享信息资源、配置实体资源；同时强调在社区网络的每一个节点上，发挥草根个体的能动性、创造性。在社会发展的高级阶段，表现为人们在生存发展基础上，出于自我实现动机，追求异质性、多样化精神需求的满足。为此，以网络之同，求个体之异。[1]

互联网和移动通讯孕育了社交媒体兴盛的起源，而研究人向外传播的本能冲动

---

[1]　姜奇平：《新媒体众包》，评述于杰夫·豪《众包》，中信出版社 2006 年 12 月版。

的经济学理论，最早源于网络外部性。研究电信服务业的学者 Rohlfs（1974）指出网络外部性是需求方规模经济的源泉。当一种产品对消费者的价值随着其他使用者数量增加而增加时，就说这种产品具有网络外部性。经济学家 Katz & Shapiro 在 1985 年对网络外部性进行了较为正式的定义：随着使用同一产品或服务的用户数量变化，每个用户从消费此产品或服务中所获得效用的变化。网络外部性广泛存在于通讯、航空等领域，是传统经济学中的外部性在网络系统中的表现。

如果网络中有 n 个人，那么网络对于每个人的价值与网络中其他人的数量成正比，这样网络对所有人的总价值与 $n \times (n-1) = n^2 - n$ 成正比。如果网络对网络中每个用户的单项次价值为 1，那么规模 10 倍的网络的总价值为 90，而规模 100 倍的网络的总价值就是 9 900。网络规模增长 10 倍，其网络总价值就增长 100 倍，价值指数保持在规模指数的 2 次方之上。这就是梅特卡夫（互联网创始人之一）法则，可以作为微博中知名博主的影响能量级的计算方法，知名博主下不同规模的粉丝数即形成持续的影响力。

网络上的联网终端越多，每个终端的价值就越大。新技术只有在许多人使用它时才会变得有价值，因而越能吸引更多的人来使用，越能提高整个网络的总价值。信息资源的特殊性不仅在于它是可以被无损耗地消费的（因其可复制性），而且在于社交媒体时代信息的消费过程同时就是信息的生产过程，它所包含的知识或意见在受众那里催生出更多的知识和意见，消费它的人越多，它所包含的资源总量就越大。社交媒体的威力不仅在于它能使信息的消费者数量增加到最大限度（全人类），更在于它是一种传播反馈同时进行的交互式媒介，而且信息更丰富，形式更多样，这成为社交媒体对传统媒体的革命性创造。梅特卡夫曾经断言，随着上网人数的增长，网上资源将呈几何级数增长。基于每一个新联网的用户都因为别人的联网而获得了更多的信息交流机会，网络的用户越多，价值就越大，而网络的需求也越大，由此，梅特卡夫法则指出了从总体上看消费方面存在效用递增，即需求创造了新的需求。

除了新古典经济学的外部性为价值网络提供的理论支持外，交易成本经济学也为后工业时代的虚拟网络组织模式创建了价值空间。这种网络是基于信息价值链的网络和社会关系的网络，显然移动的社交媒体网络加速了这种演进和融合过程。

所谓交易成本，是指随着交易行为的发生所产生的信息收集、谈判、签约、监督实施及对策等各方面的费用。倘若把注意力局限于企业，而不是最终消费者，则这些因素可以根据与签订和执行合同有关的管理成本重新加以确定。交易成本是完成一笔交易所付出的代价。科斯、威廉姆斯等一大批经济学家认为，交易成本正是区分企业内外部的关键因素。

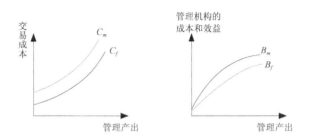

图 4-2　交易成本经济学的基本模型 [1]

C_m 为一特定的以市场为基础的活动的交易成本，C_f 代表由一项特定活动的不完全（如对人力投入而言）或者完全的内在化而引起的管理成本。B_m 描述销售收入超过所有的生产、销售和管理成本的部分，B_f 的定义与 B_m 相当，只是这种同样的活动现在系在公司内部加以组织。

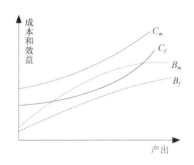

图 4-3　半结合状态的存在

交易成本经济学的研究证实了半结合状态的存在，也为全部 UGC 整合和众包建立空间。在社交化信息产品创造的过程中，正是无数受众盘桓在社交媒体上，促使新闻传播的社会性效应超越了"理性经济人"在市场经济的 ROI 投入产出。最积极的受众事实上承担着社交媒体上创造的交易成本（含金钱、时间、体力，其他为外部单位提供福祉的代价），并获得网络信息传播所能提供的社会化需求满足。社交媒体众包在互联网市场中存在并繁荣，正是得益于传播在人类价值实现上跨越了市场和社会的交易壁垒，网络价值将经济学长尾理论中低于均衡价格的需求全部开发出

---

[1]　迈克尔·迪屈奇：《交易成本经济学》，经济科学出版社 1999 年 3 月版，第 47—160 页。

来，其投入和成长性反过来又激励了社交媒体更多的受众积极参与行动。

未来我们迎来的变革将是巨大而惊人的，现在才刚刚开始。包括：

1）发达国家无处不在的高速无线网络；

2）前所未闻的全球技术创新；

3）移动操作系统和终端的激烈竞争；

4）社交图谱的普及以及信息透明的深入；

5）彼此依赖的无所畏惧的企业家；

6）社交网络成为内容的初始发布渠道；

7）对技术和设计的密切关注；

8）在很短的时间内获得数百万用户的能力；

9）对消费者来说更美观、相关性更强、内容更个性化；

10）更便宜的设备和服务。

在媒介化社会中，以上领域的发展短板可以为受众所共知。缺乏创新动力的不是受众以及受众积极创造的媒体，而是停滞不前的厂商和垄断企业。

2012 年 10 月 29 日，在中国软件开发联盟 CSDN 举办的 2012 移动开发者大会 MDCC 上，李开复分享了他对社交产品的看法，认为当前用户对移动社交产品的需求就是简单、有用、好玩、畅快。同时指出，好的社交产品有以下四个特点：

1）能够直指人心，让人感到温暖和需要；

2）针对可被描述出来一群人，让他们能够沉迷和狂热；

3）希望产品是有持续性的；

4）用户行为要可以沉淀为内容，这样才可以给社交领域带来可持续化的优势。[1]

网络价值实现的根源是服务于受众的，特别是处于传统社会结构中的中低层受众，社交媒体传播服务目的是实现给每一个人便利和福祉，并加深其移动互联的生活化参与。

互联网专家 Matt Murphy 和 Mary Meeker 提出消费者互联网的"空白领域"[2]：耳朵和身体需要更好的设备（无线蓝牙）、服务（Siri，Spotify 和 Soundcloud）和产品；

---

[1] 李开复：《渗透与价值——2012 年的中国移动互联网》，2012MDCC 移动开发者大会，2012.10.19。

[2] Matt Murphy，Mary Meeker，"Relationship Capital：Top Mobile Trends"，2011.2.10，http://www.slideshare.net/kleinerperkins/kpcb-top-10-mobile-trends-feb-2011.

汽车方面，1.44 亿美国人每天在汽车上花 52 分钟，在汽车里的这段时间没有得到很好的开发和利用；电视方面，美国人每天在电视机前花超过 3 个小时的时间，需要更好的电视设备和界面，苹果和谷歌正在这方面加强努力，美国目前已有 5 000 万人拥有互联网电视。受众真实生活的屏幕媒体使用的变化，决定了他们对信息内容的选择，并最终形成对经济、社会、政治和文化的多元选择。

4.3 超越语言障碍：人类再造巴别塔

《圣经·旧约·创世纪》第 11 章宣称，当时人类联合起来兴建希望能通往天堂的高塔；为了阻止人类的计划，上帝让人类说不同的语言，使人类相互之间不能沟通，计划因此失败，人类自此各散东西。该塔则被称为"巴别"，巴别在希伯来语中有"变乱"之意。此故事试图为世上出现不同语言和种族提供解释。

本书引述传播革命，倾向于将语言的诞生认为人类起源的重要标志。当代全球科技革命的前沿，已经将"数字人"的全部传播能力延伸到人类最基础的交流能力上。

2012 年 11 月 8 日，通过视频发布，微软首席研究官瑞克·拉希德 (Rick Rashid) 展示了微软在语音翻译领域取得的重大进展。开始他展示了计算机对英语的语音识别能力，随着演讲进行屏幕上出现识别显示的相应文字。接着，计算机开始像真正的口译员一样将 Rick Rashid 所说的化全部用中文语音说出来，电脑的中文声音不是机械声，而是与其本人音调惊人的一致。

Rick 简单解释了这种技术背后的原理："两年前微软研究院和多伦多大学合作取得了新突破，研究者们利用一种模拟人脑运作机理的技术（名为深度神经网络）开发出了一种识别度远超以前的语音技术。"这套新技术可以将错误率降低 30%，意味着此前 4—5 个词中就会认错一个，而现在 7—8 个词才会错一个。

微软表示通过大量数据分析，已经有能力将英语转换成包括中文普通话在内的 26 种语言，系统可以用发言者本人语音语调形成另一种语言输出，同时又保留个人声音的特点，使得输出的声音不再是自动合成的结果。

Mary Meeker 在 2012 年 5 月举行的全数字化会议 All Things Digital Conference 上发布了《2012 互联网趋势报告》，提出互联网用户交互的下阶段重要变革是从"文字、图形"向"触摸、声音、动作"变革，并且认为电脑真正进入人的生活化场景，是从乔布斯创造的苹果系列新产品的移动互联应用开始普及的。本书归纳提出，自

2006 年起，社交媒体从网络、终端到 SNS 社交网站服务全面打通，形成了图文领衔全媒体表现，并通过 SoLoMo 全程进入受众生活场景，从而在微观层面上使所有受众可接入到社交媒体，形成媒介化社会的现代线上线下社会环境。

第四次传播革命形成了比以往所有时代传播革命都更加激动人心和内容深刻的历史变革，将大规模受众作为信息、内容和价值创造的主体，赋权受众进入传播历史舞台的中心。正是由于传播实践化的社会性推广，使得受众传播融入到社会、经济、政治等全部公共空间的活跃空间中，推动人民群众获得更大的传播主动权和社会主导权。经济学家格罗斯曼认为："与 20 世纪 90 年代后期被过分夸大的网络域名不同……它是一种工具，可以把数百万人的力量集中起来并发挥影响。"虽然 Web2.0 这一术语暗示了一种技术升级，但它其实是一场革命……一次建立新型国际间理解的机会。这种理解不是政客与政客之间的，也不是伟人与伟人之间的，而是公民对公民、个人对个人的。[1] 在这个历史趋势中，有几个方面的特征成为受众传播权力得到解放的标志。

首先是图文交互的传播符号，文字构成了有据为证的文献记录的伟大时代，并且一度成为统治阶级专属重要统治工具。而今，文字更多的成为大众在社交媒体上接受更广阔信息和社会交往资讯的普通工具，即使面临着浅阅读的风险，但来源丰富性、即时性、个性化还是使社会化表达更加多元和精彩。无图无真相，成为受众在社交媒体上对时事新闻和生活场景化的新需求表达，含有地理信息的实时照片加载，极大丰富了文字的立体感和现场感，使得每一受众的自媒体能力全面加强。更加大了受众对新闻宣传虚假配图（甚至运用 PS 数码技术篡改图片，删除或添加人物）的批判性认识，这同样形成了对传统权力机构任意操弄大众传播的巨大嘲讽和抨击。

其次是苹果领衔新系统的触控界面整合。从所言到所得的互联网接入路径，最初都是在搜索引擎输入、网址直接输入和更早更复杂的 IP 地址输入层面。如何才能更便于网民生活化使用呢？乔布斯开创的 iOS 系统推动了伟大创新。通过屏幕指触、完全图形界面、App 开放式社交媒体控件，实现了一键式接入社交媒体，直接输入文字内容，并支持以强大的摄像录音的标准配件，为受众自媒体提供随手可得的全数字媒体体验。受众用手指触碰接入社交媒体，可以用触摸与整个世界交流。从手机、IPAD 到电脑，任一终端后台就是整个数字化的网络社会。数字人的使用门槛降低到

---

[1] Lev Grossman, "Time's Person of the Year：You", *Time*, 13 Dec, 2006.

"触碰 Touch"，成就了媒介化社会中人的选择权的即得掌握。

最终我们仍然期待更加多元和便利的输入形式出现。Meeker 提出"声音将会比视频更加重要，录音会是下一代的键盘"[1]。在受众拥有的传播宇宙中，语音识别是用户输入互联网的崭新方式。过去，劳动使人直立行走，并且将人类的双手解放出来，可以从事工具使用和加工，从事更丰富更广泛的文明行为。未来，语音输入同样可以将手指从接入数字化网络社会，进行频繁社交媒体交流中解放出来。仅凭语音就能实现人机界面全部交流活动，从而使得受众在社交媒体中的存在更加的生活化。这不仅仅是一套语音识别软件，自动将个人声音转化为文字符号录入在电脑屏幕中，而是承载了后台包括了声音识别、转化、翻译、记录、编辑在内的深度神经网络（如微软语），以及语义网 Semantic Web 的互联网人工智能社会化应用。

在社会化阅读和社交音乐 / 电台服务流行之后，个性化视频推荐网站 Plizy 诞生，核心就是做基于社交关系和兴趣图谱的视频推荐，而网民使用得越多也就越能把 Plizy 训练得符合个性化口味，能够记录下个人的社会关系推荐，并通过标签、收藏、点播的运算来"理解"个人兴趣。

语义网 (Semantic Web) 是由互联网之父、万维网 WWW 创始人、现任万维网联盟 W3C 的蒂姆·伯纳在 1998 年最早提出的一个概念[2]，在 2006 年 Web2.0 兴盛之后，其价值重新被世界所认知，并被认为是未来 Web3.0 的基础特征。它的核心是：通过给万维网上的文档（如：HTML）添加能够被计算机所理解的语义（Meta data），从而使整个互联网成为一个通用的信息交换媒介。语义网是一种能理解人类语言的智能网络，它不但能够理解人类的语言，而且还可以使人与电脑之间的交流变得像人与人之间交流一样轻松。

语义网 "不同于现存的万维网，其数据主要供人类使用，新一代 WWW 中将提供也能为计算机所处理的数据，这将使得大量的智能服务成为可能"；语义网研究活动的目标是 "开发一系列计算机可理解和处理的表达语义信息的语言和技术，以支持网络环境下广泛有效的自动推理"[3]。

---

[1]　Mary Meeker，"Internet Trends"，D10 Conference，2012.5.30.

[2]　Tim Berners-Lee，"Semantic Web Road Map"，W3.org，1998.10.14，http://www.w3.org/DesignIssues/Semantic.html.

[3]　[美] 达康塔，奥波斯特、史密斯：《语义网——XML、Web 服务、知识管理的未来》，岳高峰译，中国科学技术出版社 2009 年 3 月版。

语义网识别后的互联网应用能够实现更为强大的智能辅助支持系统。例如，个人需要查询蒂姆·伯纳（Tim Berners，互联网之父）和蒂姆·奥莱利（Tim O'Reilly，Web2.0 社交媒体之父）在公开场合的观点交流，以及文献资料中对两人互联网观点的评述，可接入移动互联网（即进入语义网），输入"查询 Tim Berners 和 Tim O'Reilly 同时出现在公开会场的陈述和对话"，此刻语义网智能检索两人共同参加的所有正式会议和授权空开的私人会议记录，包括所有文字、语音、视频、图片记录，检索同时出现的会议并按默认顺序（重要性）排列，并将两人的对话及观点交流用高亮对比等方式标识出来，并附以会议陈述全文，列印显示。同时，语义网还可以延伸搜索，文献资料中对两人互联网观点的评述。公众不必像现在这样上网查询对照，如索隐钩沉。语义网中的计算机能利用自己的智能软件，在万维网上的海量资源中找到你所需要的信息，从而将一个个现存的信息孤岛发展成一个巨大的数据库。基于人的信息孤岛、基于服务器数据库存储的信息孤岛都能在语义识别基础上智能互联，形成计算机网络的智能开发和应用功能，更自动地服务于人类的需求。

由于语言无障碍转换技术、社交移动互联传播和语义网智能前沿的演进，个人化的人的全部能力将进一步发展。语音输入识别不但能打破个人化跨语言交流国别障碍，而且将双手以及全部肢体从信息输入屏前的操作键盘中解放出来，可以从事更丰富更广泛的劳动创造工作。同样，眼神、表情、行为、动作等人际行为，也可以从社会化人与人的交往表达同步成为互联网可识别的人际化意义输入。辅之以超越时空距离的移动互联传播，更能实现超越地域、国籍、阶层的人类社会表达和交往。从这个意义上说，人类再造了巴别塔，通向全人类的自由和解放。

社交化的媒体传播研究，依稀可见传播融入人类全部能力的解放，还需要置身于同时代革命性科技前沿的背景中。主要包括：①欧洲大型强子对撞机实验重建"大爆炸"之后的宇宙初期形态，2012 年 7 月 4 日欧洲核子研究中心（CERN）宣布，发现了希格斯玻色子（质量 125—126G 电子伏左右出现信号，置信度达到五个标准误差以下），意味着量子场论标准模型中的粒子全部被找到，并且推动研究时空尺度小到普朗克尺度（$1.61624 \times 10 - 35$ 米）之下。②人类基因组计划（Human Genome Project, HGP）的科学探索工程已经完成 92% 的人类基因组测序。在绘制完成人类基因组图谱后，可以辨识其载有的基因及其序列，未来可破译人类遗传信息，并实施基因医疗和遗传干预等。

　　此外，细胞克隆、纳米级应用、DNA 分子计算机等技术发展，都体现了人类正在拥有接近"上帝"的能力，能够更全面地阐释自己和世界的起源以及进化。移动社交媒体传播为人际传播呈现社会化的信息传播宇宙，在文明进程中同样写下浓墨重彩的一笔。

第5章 我国网民的结构与生活方式

我们将在网络中创造一种心灵的文明。但愿她将比你们的政府此前所创造的世界更加人道和公正。

——约翰·P·巴洛《网络空间独立宣言》

5.1 网络的使用者

据中国互联网络信息中心 CNNIC 在 2013 年 7 月发布的《第 32 次中国互联网络发展状况统计报告》，中国大陆网民规模已经达到 5.91 亿人，一年内新增网民 5 296 万人，已超过我国大陆总人口数 13.4 亿（第六次全国人口普查数据）的 44%，其中有 3.3 亿微博用户（占网民总数的 55.8%）以及 2.88 亿社交网站用户（CNNIC 将微博与社交网站分别进行统计），CNNIC 统计的社交网站主要指人人网（校内网）、开心网、豆瓣网、佳缘网等。

我国受过教育程度越高的群体成为网民的比例越高，大专及以上学历人群中互联网使用率达到 96.1%，高中学历人群网民比重也达到 90.9%。互联网在发达地区和具有较高学历背景人群的普及率已经达到了较高水平，互联网普及正在向受教育程度较低的人群及发展相对落后地区居民转化。

来自手机端应用的带动作用明显，基于位置的应用等一些属于手机上网的独特应用正在吸引越来越多的用户。截至 2013 年 6 月底，中国新增网民中使用手机上网的比例高达 70.0%，高于其他设备上网的网民比例，说明手机对互联网普及的促进作用重大，是目前互联网增长的主要来源。

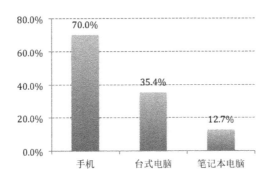

图 5-1　2013 年上半年新增网民上网设备使用

注：本章图表除特别注明以外，均来源于 CNNIC《第 30 次中国互联网络发展状况调查报告》。

总体而言，手机网民的崛起呈现快速追赶的增长态势，近五年网民数量增长了 1.3 倍，而手机网民规模增长了 5.35 倍。

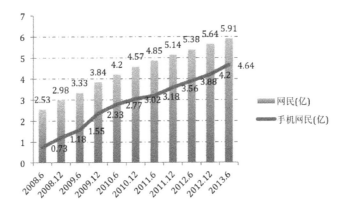

图 5-2　我国网民与手机网民 2008—2013 年规模增长

如图 5-2 所示，2009 年下半年的手机网民高速成长，得益于 3G 牌照发放后移动运营商大幅降低无线网络流量资费；2011 年手机网民的加速增长，得益于智能手机的推广和普及。2012 年手机网民规模超越了台式电脑介入互联网的网民规模，这意味着，在移动化网络应用上，手机与个人电脑终端的网络功能差异已不再显著。随着中国手机网民的增长，这些保有用户开始对周边的非手机上网用户产生巨大的影响，这种现象在目前手机用户的主流人群（学生、上班族及外出打工者）中非常明显。曾经在互联网中上演的梅特卡夫现象，开始在移动互联网中上演。

手机上网快速普及的意义,一方面在于推动了当前移动互联网领域持续不断的创新热潮,以智能手机为主流的智能移动终端,因全新的终端交互方式与用户使用环境和习惯,为互联网从业者提供了广阔的创新空间,2010年至今出现了许多受到用户欢迎的移动应用,吸引越来越多的网民接入移动互联网。另一方面,手机上网的发展为网络接入、终端获取受到限制的人群和地区提供了使用互联网的可能性,包括偏远农村地区居民、农村进城务工人员、低学历低收入群体。使用价格低廉和操作简易的终端,可以满足了这些人员相对初级的上网需求,推动了互联网的进一步普及。随着智能终端价格继续走低,大量低端智能手机被推向市场,同时流量资费日益平民化,这些人群将逐步转化为智能手机用户,移动互联网市场还有巨大的发展潜力,特别是针对这些在传统互联网时代无法接入网络的群体。

在非网民不上网的原因中,"没有时间上网"、"没有电脑上网"和"不感兴趣／不需要"的比例都在下降,特别是选择"不感兴趣／不需要"的下降比例较大(从18.3%下降到11.6%);而"不懂电脑／网络"和"年龄太大／太小"成为互联网使用普及的主要障碍。

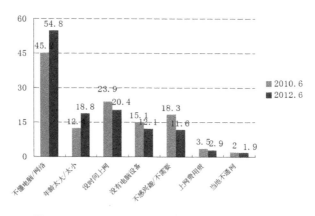

图5-3　2010.6—2012.6非网民不使用互联网的原因

注:由于CNNIC《第32次中国互联网络发展状况统计报告》未列出非网民不使用互联网的原因,故使用2012年7月《第30次中国互联网发展状况统计报告》与2010年7月数据《第26次中国互联网络发展状况统计报告》比对。

我国网民年龄结构调查结果显示,10—39岁人群占到网民总数的78.8%,正是我国社会中的青年群体构成了网民的主要人群。对照全国人口年龄结构,更显示出一股长江后浪推前浪的力量。互联网技术呈现出信息时代数字公民推动社会发展的潜力,象征着网络社会的先进生产力。这种趋势是从2000年后开始显现并持续加强的,有可能成为改革开放三十多年后又一次重要的社会性创新力量。

同时我们也应看到,截至 2013 年 6 月底,中国网民中 30 岁以上各年龄段人群占比均有不同程度的提升,总占比为 46.0%,相比 2012 年底提升了 2.1 个百分点,说明我国互联网的普及逐渐从青少年向成年人扩散,中老年群体是中国网民增长的主要来源。我国互联网上,已经有接近半数的网民是有丰富社会经验和人生阅历的,通过互联网社交媒体传播,媒介社会化的影响力将更深入到不同年龄群体和全部社会阶层之中。

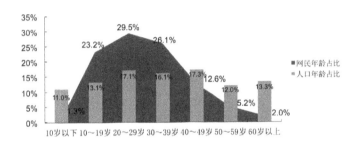

图 5-4　网民年龄结构和全国人口年龄结构比较

注:全国人口年龄结构占比来自于国家统计局发布的中国 2010 年全国人口普查资料。

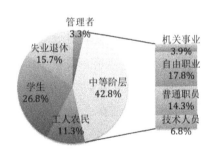

图 5-5　我国网民的职业构成

根据 CNNIC 发布的第 32 次调查报告,对网民职业构成得出图 5-5。我国网民职业结构趋向稳定,我国网民的人口统计学特征表明其具有代表公众意见的基础,其中学生群体占网民数 26.8%。图 5-5 对网民职业结构做了归并:党政机关事业单位领导干部 0.5% 和企业 / 公司管理者 2.8% 并入管理者 3.3%;企业 / 公司一般职员 10.6% 和商业服务业职工 3.7% 并入普通职员 14.3%;以为统计和表述便利。将制造生产型企业工人 3.5%、农村外出务工人员 2.6% 和农林牧渔劳动者 5.2% 并入工人农民 11.3%；无业 / 下岗 / 失业 11.1% 和退休人员 3.3% 并入失业退休类别 14.4%（简便起见，将调查报告中 1.2% 其他类别归入失业退休人员）。此外，还有专业技术人员 6.8%，机关事业单位一般职员 3.9%，企业 / 公司普通职员 14.3%，个体户 / 自由职业者 17.8%。

如图 5-6 中所示，如果将机关事业、自由职业、普通职员和技术人员视作中等职业构成，则可以发现中等阶层网民人数占到 42.8%，进而可以得出高级管理者网民人数占到 3.3%，而低收入阶层合计占比 53.8%。

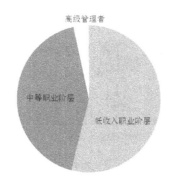

图 5-6　我国网民按职业分类的阶层

社会化网络环境中的使用者构成比较真实地体现了实体社会的公众结构和意见表达。有别于传统观念认为网络媒体信息环境独立于现实社会传播环境，且网民不构成公民主体代表性的观点。本书认为现有网民数量和结构，已经在不同程度上代表不同阶层的民众，值得未来研究媒介化社会的高度关注。

现代西方学者普遍认为区分社会阶层有三大标志：权力、财产和名望。麦克斯·韦伯认为权力是一个人或几个人所拥有的机会，这些机会可以使他们通过集体行为，甚至在他人反对的情况下，实现自己的意志。极权主义和威权主义都倾向于权力决定论。权力拥有者可以通过他受众的权力来获取社会财富和名望。福柯的权力观认为，哪里有权力，哪里就有反抗。如果权力决定一切，就表明这个社会权力不受制衡。权力不受制衡的制度是产生腐败的制度，也是不和谐、不稳定的制度。财富是本人及家族收入的积累，一般说来，财富多的人，地位就比较高。名望或声望，是由人们的成就、身份、家族、风度、教育水平等决定的。

再看网民的收入结构，我国网民月收入在 3 000 元以下的占比超过 74%。图 5-7

为按月收入划分的我国网民比例。

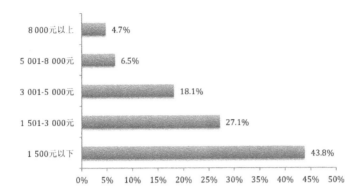

图 5-7　我国网民的收入结构

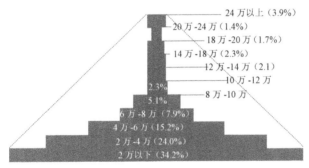

图 5-8　上海家庭收入分层（2008 年）

注：数据来源于 2008 年上海大学社会学系《中国家庭动态调查 CFP：上海》，转引自仇立平：《非同步发展：上海现代化发展水平和社会阶层结构》，载《中国社会科学报》2010.2.23。

由于 CNNIC 调查量表的限制，月收入调查最高选项仅为 8 000 元以上。因而构成了一个下宽而上窄的金字塔形状。从人口比例来看，中国的收入分布情况不是橄榄型，而是金字塔型，而且是一个底座非常庞大的金字塔，低收入人群是整个社会中很大的一个群体。改变这种状况，既要靠经济发展，收入提高，使得低收入人群能够有上升到中等收入群体的机会；也要不断调节收入差距，缩小高收入人群和低收入群之间的收入差距。中共中央党校校委研究室副主任周天勇（2010）[1]和清华大学人文社会科学院院长李强（2011）都撰文提出，现在我国的收入结构是"倒丁字型"。

---

[1]　周天勇：《中国收入结构是倒丁字型》，载《21 世纪经济报道》2010.6.12。

从目前我国许多地区居民收入的分布统计状态看，高收入到中等收入者的分布形成一条竖线，而低收入阶层是下面的一条长横线，这种收入分配状况甚至比金字塔型分布还要糟糕。

社会发展的目标是由金字塔型向中产阶级占比最大的橄榄型社会移动。而金字塔型分布中，中等收入者比我国现状还多一些，也有学者称我国目前社会结构为"两头高，中间低"的哑铃型社会。正是目前我国社会中"倒丁字型"的结构比例体现了贫富差距悬殊，据 2010 年北京大学《中国家庭动态调查报告》，上海和广州的基尼系数已经达到了 0.5 的国际警戒线。2012 年 12 月 9 日西南财经大学中国家庭金融调查在京发布的报告显示，2010 年中国家庭的基尼系数为 0.61，大大高于 0.44 的全球平均水平。[1]

众所周知，中等收入阶层的壮大是最好的社会稳定器，但在现有社会结构中，中等收入阶层人数比例很难增长，他们也面临各种社会压力，稳定器大有失灵之虞。更为重要的是，要从倒丁字型转为橄榄型，任务更加艰巨。中产阶层在政治家眼中被看作是社会稳定的基础，在经济学家笔下则被认定为促进消费和拉动内需的主体，到了文化学者的笔下，更被确认为承载现代文化的主角。社会学家通常认为一个社会应该有 60%—70% 的人口或家庭属于中产阶层，这样的"橄榄型"社会才是稳定的。温家宝总理也曾撰文强调，要提高城乡居民收入，改革分配制度，逐步形成中等收入者占多数的"橄榄型"分配格局。

对于中国网民背景的认识，应该建立在多种维度并立的层面，从而认知该群体的复杂性。互联网作为新生代数字公民的基本能力，在青年人群中达到了较高的普及，并正在向 40 岁以上人群蔓延。网民的网络接触深度也受到了学历、工作、职业的多元相关影响，高学历人群对互联网应用范围更为广泛，而低学历人群的互联网接触快速上升，其网络诉求和上网目的存在着分歧。高学历、中等收入的网民群体，有着较强的网络黏性，网络上更为积极活跃，善于利用网络积极表达自己的观点和态度，将网络视作公共领域的表达空间——市民广场（Agora）。

低学历及低收入人群的网络使用需求与其个人的社会层次性需求相一致，尚未达到积极参与公共事务的认知，并未明确要寄予互联网改变个人地位和生活状况，他们对于社交媒体网络最大的应用是娱乐、信息和沟通。可能对社会及经济状况往往保有简单扩大的批判倾向，还具有一定的网络暴力和低俗倾向，贫富悬殊导致的

---

[1]　《报告称我国家庭基尼系数 0.61，收入差距世所少见》，载《京华时报》2012.12.10。

阶层隔膜在互联网上也开始加剧裂化。

网民群体既然是社会阶层的反映，也包含了小部分新富阶层和权力阶层，他们既具备自身阶层属性的代表性，又在年龄层面和学历层面落入了"数字人"中，并且往往以"二代"形象出现在互联网上，他们的网络使用也是普遍性的社会交往，但他们的出发点却与前两个群体大相径庭。

"网民"，CNNIC 将其定义为过去半年内使用过互联网的 6 周岁及以上的中国公民。在理解和认识我国 5.91 亿网民这一庞大群体时，也应全面理解其阶层性和代表性。在最常上网的人群中，在移动社交媒体中，最活跃表达的人群具有何种属性。这对于认识网民中的"最大公约数"群体，以及尝试描绘一位典型的中国网民态度和行为立场是有帮助的；对于建设网络社会和真实社会中"最大公约数"的社会需求和价值信奉，也有着极为重要的意义。

对网民群体的调查，还有湘潭大学李开盛在 2012 年做的《中国网民的政治与社会认知互联网调查》。通过问卷星网站发布问卷，以互联网邀请和滚雪球传播的调查方式，在 2012 年 4 月 13 日—5 月 13 日的一个月内，获得了样本 4 697 份。样本中月收入在 5 000 元以上的占到 26.78%，2 000—5 000 元的占 34.38%，2 000 元以下的最少，占到 13.58%，无收入者占 25.25%，与样本中的学生比例大致相当。

对于居住在城市、高学历、较高收入的中青年网民群体，他们并不能代表全体网民，更不能代表全体中国公民，但是他们在网络公共领域的行为和表达，已经对现实社会产生了重要的影响。他们具有鲜明的阶层属性，实际上在代表着最需关注的中国社会阶层发表声音，这一类人往往是网络上最为活跃的一个群体，他们的意见与观点往往构成了最突出的舆论。由于这一群体掌握了充分的现代资讯手段，也掌握一定的社会资源，其对政治与社会问题的认知建立在代表了网络社会进行积极行动的阶层力量基础上。由此看来，对他们的社会态度进行分析有助于更好地认识网民对政治与社会问题的看法。

5.2 网民使用行为特征

我国的网络用户日益成长并不断成熟，体现出旺盛的需求和活跃的网上行为能力，为网络社交媒体带来了巨大的主体基础和传播成长空间。尽管前文揭示了网民群体和现实社会同样有着阶层分类，但是互联网高度扁平化的文化和组织架构正在对中国传统权力社会的金字塔结构形成巨大冲击，并倒逼和促进现实层面政治改革，从而对中国的未来政治格局和社会发展命运施加主导性影响。

据 CNNIC《第 32 次网络使用调查报告》，网民人均周上网时长达到 21.7 小时，网络使用深度进一步提升；平均每天超过 3 小时，毫无疑问冲击到广播电视为核心的大众媒体。我国网民中在职人员有 68.9% 仅在业余时间上网（2012 年 CNNIC 数据），表明网络成为公众生活中的主要场所空间之一。在传统国家计划型的组织生活形态解构之后，个人面对的市场空间和公共空间得到了最大化的增长，移动网络化生活已经成为当代社会现实生活的嵌入式情境，也意味着公众在取得网络广场中交流便利与自由。

目前中国网民实现互联网接入的方式呈现出全新格局，从 2012 年起，手机超越台式电脑成为了我国网民的第一大上网终端，通过手机接入互联网的网民数量达到 3.88 亿，相比之下，台式电脑为 3.80 亿。网民通过手机等移动终端上网，有效利用了碎片时间，提升了网民的上网时长；另一方面，网民对一些传统互联网的应用深度不断提升，明显增加了使用时长，比如网络视频：中国互联网数据平台数据显示，2012 年第二季度网络视频用户的人均单日访问时长比一季度增加近 10 分钟，其他如资讯门户、网上购物等网站类型的使用时长也有不同程度的增加。这种网络化社会生活与社会化网络生活同步，成为公众所处的真实情境，并且无缝隙地融合了市场空间的各种元素，提供满足当代人全部生活体验的种种内容。

2013 年上半年，网民人均每周手机上网时长达 11.8 小时，手机网民对上网依赖性较强。根据 CNNIC《2012 年移动互联网发展状况统计报告》，79.9% 的手机网民每天至少使用手机上网一次，其中，近六成手机网民每天使用手机上网多次。主要原因：一方面，手机的便捷性使用户可以在碎片化时间随时随地上网，增加了手机的使用频率；另一方面，手机应用软件的丰富性，几乎覆盖了生活的各个方面，便利了手机网民的工作和生活，增加了手机的使用黏度。

随着 3G、4G 通讯网络和终端的发展和移动互联垄断行业的改革，互联网速度提升和资费下降将持续成为社会趋势。可以想见，基于手机互联网的商务和生活化应用，如手机钱包、小额支付购物、餐饮娱乐服务、游戏、交友和视频、音乐等等服务，都会迎来市场的爆发式增长行情。

我国网民的最大增量体现在农村网民的快速增长，在 2012 年刚开始上网的新网民中，农村网民比例达到 51.8%，这一群体中使用手机上网的比例高达 60.4%，使用台式电脑和笔记本电脑的比例分别只有 45.7% 和 8.7%，而新网民中城镇人口使用手机上网的比例只有 47.2%，这一结果显示出，相比于电脑，手机对农村网民的增长发挥了更加重要的作用，而这种作用是可以传播实现农民工权益增加的（丁末，2010）。中国农民正在建设创新型的互联网新农村，在文化传播、知识共享和价值观输送这样的意义上，互联网对中国农村的改变应具有和经济同等重要的意义。

部分学者（刘滢，2006；倪清燃，2007）直接将网民网络应用行为等同于网民需求进行研究。本书深入研究需求，并不局限于网民网络应用的需求统计分析，在此使用中国互联网络信息中心的归类方式来检视网民的使用行为。一般意义上的网民网络应用行为，主要由信息获取、交流沟通、网络娱乐和商务交易四个大类构成。

5.2.1 信息获取

信息获取包括网络新闻、搜索引擎；搜索引擎使用增加，网民对各种信息的获取更多地诉诸于互联网和搜索引擎；网络成为公众获取新闻资讯的主要媒介。

表 5-1 网民网络新闻与搜索引擎使用行为

应用	排名	2013.6		2011.6		比较	
		用户规模（亿）	使用率	用户规模（亿）	使用率	变化数（亿）	变化率
搜索引擎	2	4.70	79.6%	3.86	79.6%	0.84	0
网络新闻	3	4.61	78.0%	3.62	74.7%	0.99	3.3%

传统的网民信息获取主要通过网络新闻和搜索引擎。数据显示，近两年来，网民使用网络新闻的使用率增长了 3.3%。在 CNNIC 调查的全部 18 项网民网络使用中，所有网络服务平均使用率由 2011 年的 46.7% 提升到 2013 年的 49.8%，对照网民上网时长的增加，印证了网民网络使用的黏性加强。此时的网络新闻使用下降，正是网络新闻通过社交媒体传播的表征。对比网络新闻这类门户新闻网站媒介融合的应用，网民更多地在社交媒体中获取资讯。此外，搜索引擎的信息获取更为宽泛，并不限于对新闻的搜索，由于维基百科，手机二维码等新媒体和技术形式的普及，网民用户对网络信息库的使用呈现出一种入口型的网络访问应用。这同样意味着社交型网络应用的全面跨界和媒体社会化的融合。

5.2.2 交流沟通

交流沟通包括即时通信、微博、电子邮件、博客、社交网站、论坛（BBS），拓宽了网民的人际传播范围。即时通信与手机短信结合构成了明确对象的交互沟通，博客拓展了精英网民的评论和发布能力，社交网站形成了亲友链、兴趣群、全网热点的分层次快速传播通道。

表 5-2　交流沟通型网络应用的网民使用行为

应用	排名	2013.6		2011.6		比较	
		用户规模（亿）	使用率	用户规模（亿）	使用率	用户变化（亿）	变化率
即时通讯	1	4.97	84.2%	3.85	79.4%	1.12	4.8%
博客/个人空间	5	4.01	68.0%	3.18	65.5%	0.83	2.5%
微博	8	3.3	56.0%	1.95	40.2%	1.35	15.8%
社交网站	9	2.88	48.8%	2.30	47.4%	0.58	1.4%
电子邮件	12	2.47	41.8%	2.51	51.9%	− 0.04	− 10.1%
论坛/BBS	15	1.41	23.9%	1.44	29.7%	− 0.03	− 5.8%

微博，即微博客（MicroBlog）的简称，是一个基于用户关系的信息分享、传播以及获取平台，用户可以通过 WEB、WAP 以及各种客户端组建个人社区，以 140 字左右的文字更新信息，并实现即时分享。最早也是最著名的微博是美国的 Twitter，根据巴黎分析公司 Semiocast（2012.7.31）分析报告，截至 2012 年 7 月 1 日，该产品在全球已经拥有 5.17 亿注册用户，其中 72.6% 用户来自于美国以外。世界排名第一的社交网站还是 Facebook。Facebook 是起源于美国的虚拟社交网络服务网站，上线于 2004 年 2 月 4 日，截至 2012 年 9 月，Facebook 拥有超过 10 亿的活跃用户。用户可以建立个人空间页面，添加其他用户为朋友并交流信息，发布和分享照片及视频，自动更新状态并及时通知对方空间。此外用户可以加入各种群组，例如工作、学校等任意兴趣组。由于我国对境外最大的社交网站进行了屏蔽，因此，我国网民访问的主要是国内的社交媒体，以微博、微信和人人网为主。全球仅有中国大陆、朝鲜、古巴、伊朗四个国家/地区的用户未能接入 Facebook。

2009 年 8 月，中国最大的门户网站新浪网推出"新浪微博"内测版，成为门户网站中第一家提供微博服务的网站，微博正式进入中文上网主流人群视野。在短短三年间，微博横亘出世，成为了国内最受关注的社交媒体空间。2006 年后相继成立的国内最大的社交网站有人人网（现有 2 亿用户）和 QQ 空间（Qzone，现有 6 亿用户）。

表 5-3　交流沟通型网络应用的主要特征差异

应用	主要社会化特征
即时通讯 IM	极强的人际传播特征，"微信"挟移动通讯应用强势崛起
博客 / 个人空间	较强的个人化出版空间，既是自媒体又有纸媒的特性
微博	包含全部"强—弱"关系的全社会化媒体
电子邮件	更具有工作特征的组织传播与人际传播关系，具备正式特征
社交网站	"强关系"为主的个人社会关系发布与分享平台
论坛 /BBS	具有地域、行业等主题兴趣特征的传播媒体平台

美国 PEJ（Project of Excellence in Journalism）发布报告 [1] 指出：社交媒体的崛起改变了总的媒介环境属性，传统新闻媒体机构突出故事的发展，而社交媒体使用者更多从个人的角度发自内心的创造。博主：容易被激起情绪的、关心个体或群体权利、引起思想上热情的故事所吸引。人们可以个人化这些故事，然后在社交平台上分享。在 Twitter 上：技术是主要的话题，政治话题较少。所传递重要的信息，那些受众在 Twitter 圈里有统一的或者共同价值。YouTube 使用者较少添加评论或见解，而是从成千上万的视频中选择并分享。观看最多的视频总有意外发现的感觉。刺激的兴趣和好奇心，加上强烈的视觉吸引力。视频可以跨越语言障碍，使用者更加国际融合。

与美国不同，我国网民以微博和社交网站为主，展开了社会化媒体传播的全面应用，这种应用是以个人投入自身及其理解和对话的全部社会关系为基础，其中，以社交网站为"强关系"，以微博为包含全部"强—弱"关系的全面社会性互动。因此，传统交流沟通功能的应用，已经演变为社交媒体化社会关系的全面诠释。在此基础上，即时通讯、博客、论坛、电子邮件等单一型交流沟通工具也提升为社交型传播媒介，成为微博及社交网站的富媒体扩展和传播手段延伸，并生成了新的生命力。

特别值得关注的是，腾讯 QQ 携 6 亿用户的基本盘，开发微博应用（腾讯微博）

---

[1]　PEJ，"Therise of social media has changed the character of the overall media environment"，http://www.journalism.org/nod/35，2012.11.17.

和社交网站应用（QQ 空间），整合了邮件、博客、百科、论坛等媒体形式，外延到 QQ 游戏、QQ 商城、QQ 新闻、QQ 搜索等全部网络应用中。用户的 QQ 号往往作为个人网络身份和强关系社会身份联结的基础，开始成为终身化身份编号，这一点在新生代网民（学生网民群体和农村网民群体）中显得尤为突出。腾讯开发并应用于 QQ 游戏，QQ 商城，以及全部 QQ 虚拟装饰的 Q 币，也成为具备公开兑价和现实购买力的虚拟货币，而加强了这种媒介化社会身份和市场化社会身份的合一。腾讯新开发微信自 2011 年 1 月 21 日上线，作为支持网络快速发送语音、视频、图片和文字的手机聊天软件，至 12 年 11 月 17 日，已有超过 2 亿人使用。这进一步加强了腾讯在社会性人际传播中的地位，建立起关联应用的移动社交媒体平台。

更为重要的是，社交媒体化的网络应用，已经打破了互联网应用之间的藩篱，将不同的新媒体，作为媒介化社会的媒体成员，纳入了整合的轨道。因而，社交媒体不仅是最狭义概念的社交网站和微博，也成为包括网络新闻、网络娱乐和网络商务的全部社会交往的媒体组合。社交媒体推动媒介化社会进入一个面向社会需求的传播设计新阶段。

5.2.3 网络娱乐

网络娱乐包括网络游戏、网络视频、网络文学；构成了网民受众不可分割的重要娱乐途径。中国网民们，尤其是天天在线的年轻人，对虚拟世界倾注了极大的情感，据路透社 2010 年调查，有 61% 的中国网民认可他们拥有一个等同于真实生活的网络生活。

表 5-4　网络娱乐休闲应用类的网民使用行为

应用	排名	2013.6		2011.6		比较	
		用户规模（亿）	使用率	用户规模（亿）	使用率	用户变化（亿）	变化率
网络音乐	4	4.56	77.2%	3.82	78.7%	0.74	－ 1.5%
网络视频	6	3.89	65.8%	3.01	62.1%	0.88	2.9%
网络游戏	7	3.45	58.5%	3.11	64.2%	0.32	－ 5.7%
网络文学	11	2.48	42.1%	1.95	40.2%	0.53	－ 1.9%

由于网络音乐自诞生起就被用户作为冲浪背景音乐使用，网络音乐可以被几乎所有其他网络应用整合。社交媒体也将背景音乐或按需供给的即点即播型网络音乐和网络视频搜罗进来，无论是微博还是社交网站，都可以在文字或照片之余，加载网络音乐及视频，供传播受众点击分享。由于社交媒体的内容开放性，网络音乐（诗歌朗诵）及网络视频，也可以作为主要内容，在社交媒体上广为流传。

以一首神曲"江南 Style"骑马舞红遍全球的 PSY"鸟叔"朴载相，其骑马舞标志性动作的视频在全球最大的视频网站 YouTube 上传 66 天之后点击了已超过 2 亿，争先恐后地被模仿成各种版本，也频频出现在美国各大综艺节目中，表演的骑马舞"江南 Style"更是引得全世界众多明星及受众竞相效仿。

"江南 Style"（江南风格，Gangnam Style）来自韩国俚语，指首都首尔一个富裕和时尚的地区——江南区的豪华生活方式。PSY 在音乐影片中跳着模仿骑马动作的滑稽舞步，取景都在江南区的各处地点，例如桑拿室、马房、旅游巴士等。朴载相本是韩国的"富二代"歌手，但这首歌成为全球白领对于中产阶级向往生活形态的"反讽"。我国网民大都是从微博或社交网站上观看并传播"江南 Style"的MV，网络视频应用已经与社交媒体高度融合。

与之类似，网络文学的受众群体几乎没有增长，相对固定的受众偏好本质上也受到了社交媒体的冲击。相对于浅阅读与"长微博"共生，图文并茂和丰富视频的社交媒体使用，题材类型主要是穿越、悬疑、玄幻、历史、官场的网络文学，仍然保持着长篇化和不断更新的特征，网民用户使用率进入下降通道。这也预示着网民用户将更多的关注从脱离现实的幻境转移到了紧密联系现实社会的社交媒体内容上。

5.2.4　商务交易

商务交易包括网络购物、网上支付、网上银行、网络炒股、旅行预订等，这也在不断增强网民的网络黏性，使互联网对于网民的生活功能和社会属性不断加强。

表 5-5　网络商务类应用的网民使用行为特征

应用	排名	2013.6		2011.6		比较	
		用户规模（亿）	使用率	用户规模（亿）	使用率	用户变化（亿）	变化率
网络购物	10	2.88	48.8%	1.73	35.6%	1.15	13.2%
网上支付	13	2.44	41.4%	1.53	31.6%	0.91	9.8%
网上银行	14	2.41	40.8%	1.5	31.0%	0.89	9.8%
旅行预订	16	1.41	22.4%	0.37	7.6%	1.04	14.8%
团购	17	1.01	17.1%	0.42	8.7%	0.59	8.4%
网络炒股	18	0.33	5.5%	0.56	11.6%	－ 0.23	－ 6.1%

足不出户，网民能够实现其所有生活需要品的市场供给，如网络购物、网上银行、网上支付、团购等，都成为不断增长中的网民应用。随着青年网民不断成熟成长，其网络商务应用作为数字公民一项熟悉的技能，将融入受众的社会生产生活，为其增添便利和网络遨游式购物的乐趣。

完全由网络 B2C（Business to Consumer）和 C2C（Consumer to Consumer）虚拟商务的集大成者——淘宝所创建的节日"11·11购物节"（首创于 2011 年 11 月 11 日，因当日有六个 1 连珠表示日期，被网民称为史上最最光棍节，电子商务平台借机提出"网络购物过节"），在其创立的第二个年头，2012 年 11 月 11 日，当日天猫 B2C（原为淘宝商城，是淘宝新建的品牌供应商对消费者的直营网络旗舰店）和淘宝 C2C（中小网络代理商、零售商和个人卖家向网络消费者的网络商城平台）共实现了 191 亿元的支付宝交易额，比首年多出 2 倍，超过了美国网络大促销节日"网络星期一"而一跃成为全球最大的网购消费节，也震动了线下零售业。这意味着：①中国有着巨大的消费市场，问题在于网络传播成为撬动消费的杠杆。②消费者平时所得的全产品线的优惠促销机会不足，一旦遇到便不会放弃。③品牌厂商具有极大的感召力，社交媒体提前传播天猫 11·11 购物节，已经使得绝大多数网民产生了热切的期待。④电子商务已经引起了零售市场业态的结构性变革，企业纷纷注重网店品牌和网络渠道。⑤实体经济与虚拟经济在用户和组织层面已经加速融合。

在天猫和淘宝带领下，京东、易迅、当当、苏宁等网络电商都在邻近日期进行促销活动，共同推动了网络购物、网络支付、网上银行交易及团购的繁荣，各大电商平台销量都在增长。值得注意的是，CNNIC 第 30 次调查报告中尚未计入 2012 年下半年的数据（下半年包含了暑期、10 月黄金周、11·11 购物节、12·25 圣诞节和年底促销等重要购物节庆），网络交易作为社交媒介化生活的一部分，已经成为全国公众生活的一个重要组成。

电子商务与社交媒体的整合有迹可循，马云 2012 年 11 月 18 日宣布阿里巴巴（淘宝和天猫的控股集团）战略投资新浪微博，占据新浪微博 20% 的股份，新浪微博估值为 20 亿—30 亿美元。这也是淘宝和新浪联手对抗腾讯的一个信号，互联网络中的媒介化社会强势传播集团正在形成。社交媒体持有的用户社会交往的庞大受众基数，支撑了全面的商务、娱乐、新闻、游戏等受众需求的延伸。

网民生活的变化不仅表现在媒体接触时间的变化上，还表现在互联网与移动应用改变了人们的生活、工作、娱乐、学习的方式上，在消费者的生活时钟里，除了看电视、看报纸、行车、逛街、差旅等等传统行为，收邮件、搜索信息、上论坛、写 Blog、收发短信 / 彩信、在线交易等藉由互联网与手机创造的生活方式，亦已成为消费者的生活环节。

还有一些新生的网络服务尚未被 CNNIC 纳入调查统计的范畴。本书所指社交媒体包括微博、社交网站、微信、App、维基、Pinterest、点评等所有以用户创造内容并分享这一社会交往过程为核心传播模式的社会化网络服务的互联网媒体。

社交媒体带来了传统媒体无可取代的全新传播理念——"以生活者为主体的传播"——使用者不仅可以通过网络主动获取信息，还可以作为发布信息的主体，与更多的用户分享信息。由于将生活者也吸引进来的网络工具（如 Blog/Wiki/BBS）的崛起，生活者的行为模式和媒体市场也随之变化。个人 Blog 通过像"Google AdSense"这样的广告定向发布与利益共享机制，不断提高其作为广告媒体的功能，而且各种搜索网站的精度也在不断地得到改进，从而，媒体市场呈现出由扁平式发展逐渐向深度、精准发展的趋势。

互联网生活方式在媒介化社会丰富的网民网络应用下，正在深化并发展成为社交媒体生活方式。对于数字公民的社交媒体生活方式，不应简单化地将网络应用分类等同于网民需求类别。单类别的网络应用需求也在社交媒体中不断跨界和融合，例如微信，不仅仅是即时通讯工具，也是集成了 LBS 地图、商城、游戏、新闻的社交媒体化平台。淘宝、百度、新浪等网络巨头，都在争夺受众的激烈竞争中实施社交媒体化平台战略。大类别的网络应用也随之在社交媒体时代跨界，交流沟通、娱乐应用和商务交易都在整合新闻资讯，提供登录新闻页推送。交流沟通、商务交易和娱乐应用都在展开如火如荼的战略并购和应用合作。这也从一个侧面展现了社交媒体受众的需求也在迅速地社会化，这在本书后续章节的需求分析中将成为重点。

从国际上看，日本移动互联网移动和移动货币化都领先于美国两三年（Meeker，2012），日本电通集团 Dentsu 于 2005 年开发出 AISAS® 用户行为模型作为研究当代网民消费者的圭臬。[1]

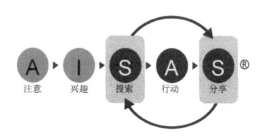

图 5-9　电通集团的 AISAS® 专利的网络使用者行为模型

如图 5-9 所示，对网民行为模型的理解上，显然受众主动信息获取的能力被放大了，查询（Search）意味着网民在网络、专业杂志、展厅、朋友圈等任何可接近方式主动搜索感兴趣的信息，特别是在日本，越来越多的用户查询"消费者生成媒体"（Consumer-Generated Media），包括社交网站、点评网站、BBS 论坛、博客等，而分享则成为用户决策行动后的必要环节，用户对行动（购买品牌、参加活动）的感受和评价，把个人全部意见通过 CGM 与朋友分享（往往也是向大众公开的）。从搜索（Search）到分享（Share）的这个过程，被称为数字口碑传播（Digital Word of Mouth），即在 CGM 中的记录，可以被任何其他人查询和阅读，并产生网络口碑传播。此处并未限制社交媒体的种类和关联，甚至模型并不认为网络搜索和社交媒体分享之间存在着"不同"的网络应用边界，而是更直接地从网民使用者的角度，提出用户生成媒体（CGM），即认为，包含着所有网络搜索、网络新闻的信息获取应用，与各种信息交流应用一起构成了丰富的社交媒体网络使用环境，并形成了网络全部的数字口碑传播，舆论显然是被包含在内的。

5.3　移动化的社交媒体新场域

在全球化的大背景下，信息技术改变了媒介的表现形式和内容。在新技术革命

---

[1]　Kotaro Sugiyama，Tim Andree，"The Dentsu Way：Secrets of Cross Switch Marketing from the World's Most Innovative Advertising Agency"，McGraw Hill，2011.

背景下，媒介技术的进步深刻地改变了人们感受信息的方式。"信息和传播技术的进步不仅决定人们怎样得到接近权，也建构和重构这个过程的结果：人们接近什么信息？何时、何处获得接近权——这影响你所知道的事、你认识的人、你所消费的物品和你所拥有的技能。"[1]

社会性正是社交媒体的实质之一。借助社交媒体，用户群体实现各自人际关系的共享，从而拓展单个用户的人际关系网络，有效改善了陌生朋友间初次交往存在信息盲区的问题。在社交媒体这个便捷的社会网络平台，社会关系得以可视化，好友名单一目了然，而且每个好友的动向也随时更新，朋友之间的联系得到重复与加固，并促进了社群内不同兴趣群的凝聚和社会组织结构自底向上的形成。用户个人可以充分利用这一网络实现对信息获取、信息评价等个人知识管理各个环节的支持。社交媒体的到来使人们从虚拟网络的孤独之中解脱出来，它将网络与真实的社会结合起来，构建基于互联网的社会人际关系网络，这张网络对社会人的各个环节将起到更加可靠和有效的支持作用。

我国手机网民规模超过 4.64 亿人，我国用手机上微博的网民数为 2.30 亿。手机网民使用微博的比例达到 49.5%，微博、微信等社交媒体成为手机网民的主要应用。网民社交媒体使用深度进一步提升，社交网络已经成为主要的公众媒体空间。群邑集团于 2012 年发布的调查研究显示，智能手机用户平均每 6 分钟查看一次手机，38% 的智能手机用户每天使用超过 5 个小时，手机已如香烟一样让人上瘾。用户在工作、生活和娱乐中，自觉地使用互联网媒介并保持其资讯环境以及个人动态持续更新。研究者眼中属于创新的社交媒体（如微博、人人、微信等）已经成为以青年人为代表的广大人民群众最常用媒体工具（喻国民，2011），这种社会化传播推广和应用的速度可谓惊人，同样也不能忽视媒介化社会带给全部阶层受众的自我意识和文化认同的变化。

对于许多公众而言，当他们最常使用的媒介环境已经转移到社交媒体（接入终端包括可移动的智能手机和平板电脑，便携式的上网本和笔记本电脑，以及家用电脑等）时，公众就已经适应了去中心化、个性化、内容精彩，最重要的是进入一个他们所喜爱的且有社会关系互动的真实环境。社交媒体具备了使公众脱离大众媒体控制的潜在能力。在社交媒体之上，用户可以实现他的全部社会化传播需求，其至

---

[1]　[英] 史蒂文·拉克斯：《尴尬的接近权》，新华出版社 2004 年版，第 3 页。

得到更大的知情权、表达权、参与权和监督权。

以"80后"和"90后"为代表的新生代群体，他们从出生起就经历了改革开放的经济成就，并享受到不同程度的物质环境、全球化无限制的网络信息。因而，他们对于传统儒家伦理道德和革命战争年代"阶级化"语境都非常生疏，他们自我认同并已根深蒂固的文化环境就是移动社交媒体环境。这就容易引发认同障碍，社交媒介时代带来网络新闻及议题引发的传播效果深刻影响到社会价值传播和文化社会认同，这已不仅是媒体间争夺眼球的战争，而是延伸到了社会阶层冲突以及代际文化沟壑。

1990后出生的大学生从2012年起开始毕业，并纷纷进入职场。最快速反应的永远是企业和市场，各大公司企业纷纷开始讨论如何接纳和管理"90后"新员工。多数500强企业以及中小型企业纷纷将应对"90后"新员工作为一项崭新的课题。他们出生和成长于更彻底的改革开放浪潮中，从小伴随着电子媒介和丰富的市场产品长大，从青少年开始，就已经是移动通讯终端和互联网的忠实用户，他们的思维方式、意识形态、认识能力、社会观点、学习态度都深深地受到了媒介化社会的影响，并且积极参与到移动社交媒体的传授活动中。总之，"90后"青年的线下社会生活模式在很大程度上是受线上社会生活方式影响的。

媒介技术深刻影响着它直接关涉信息主体的信息接近权。虽然这一状况并不表明大众传播媒介可以左右社会视听，或者说受众就会盲信或盲从媒介，但这至少告诉了我们关于当代社会媒介与社会之间关系的两个基本现象，即所谓的"媒介的社会化"（Socialization of the Media）和"社会的媒介化"（Mediation of the Society）。[1] 对于当代最活跃的网民受众，他们并不会注意到社交媒介或者媒介化的社会这样的问题。他们所关注的，是已经亲身经历并热忱投入的一种浪潮：将自我和交际圈的生活行为和讨论在"媒体网络"中分享出来，并以社交媒体为人的延伸，触及他所能认知到的全部社会范围，在接受信息和影响的同时，传播他的信息和影响。

此等传播互动过程，可以比作对话的复兴和"电子咖啡馆"[2] 的来临，或者倡议

---

[1] 鲁曙明、洪浚浩：《西方人文社科前沿述评·传播学》，中国人民大学出版社2007年版，第64页。

[2] Connery B., "IMHO Authority and Egalitarian Rhetoric in the Virtual Coffee house", Porter ed., Internet Culture, London: Routledge，1997.

虚拟社区的霍华德·莱恩古德提出的"电子会场"[1]，以及数字化的超级市场。威廉·米切尔也曾断言，由于全球化的计算机网络破坏、取代和彻底改写了我们关于集会场所、社区和城市生活的概念，电子会场在 21 世纪的城市中发挥同样关键性的作用。[2]

哈贝马斯提出，"公共领域"起源于古雅典会场 Agora 的公共集会，通过活动和演说，自由市民可以追求隽永的美德。[3]古希腊城市的会场 Agora，是城市公共场所的原型，根据亚里士多德在《政治学》中的记载，总是处于城市的中心，是一个开放的供人们开展公共生活的地方。

在中国近现代风云际会的历史时空里，多少次看见这种实物形态的市镇公共场所在三千年未有之巨变中涌现和湮没。传统的时空场景呈现出碎片化的记忆，每隔三十年划时代的新传统出现，不断更改着公共场所的规则和活动秩序，最终公共生活中的传统场所已经渐行渐远。早在 20 世纪 30 年代，美国社会学家布鲁默就指出，当过去行之有效的习俗、传统、制度和社会组织都不再适用，集体行为出现的机会就会大增。[4]而互联网正孕育了一个与过去不同的"满足大众聚集和群众抒发情感等需要的"新型公共空间。[5]Postmes 和 Brunsting（2002）指出互联网使人们能够用比过去任何时候都更强大更精密的方式来进行组织和联合，并在原本异质化的群体中形成身份认同，而在网民看来，虚拟的网上行动的效果可在一定程度上等同于现实的网下行动。[6]

然而，社交媒体环境重构了跨越代际和国别的公共场所空间。在言行中表明自己是谁、积极地展现个性，已经无需阿伦特笔下古典城邦竞技的空间来培育，网民

---

[1]　[美] Rheingold Howard，"Virtual Community"，London: Vintage，1993.

[2]　[美] 威廉·米切尔：《比特之城：空间·场所·信息高速公路》，范海燕译，生活·读书·新知三联书店 1999 年版。

[3]　Habermas, J.，"The Structural Transformation of the Public Sphere"，Cambridge, MA: MIT Press, 1989, P52.

[4]　Blumer H G："The field of collective behavior" (1936), in J Goodwin and J M Jasper (Eds) Social Movements: Critical Concepts in Sociology"，Vol. I: Crowd Behavior and Psychological Perspectives. London and New York: Routledge，2007.

[5]　Chu D，"Collective behavior in YouTube: a case study of 'Bus Uncle' online videos"，*Asian Journal of Communication* (2009), 19(3), PP337–353.

[6]　Tom Postmes and Suzanne Brunsting, "Collective action in the age of the Internet: Mass communication and online mobilization"，*Social Science Computer Review*, 2002. Vol.20, No.3, PP290‐301.

受众冲破了实体公共场所缺乏的桎梏，超越了实名实体单位化管理的表达困境，形成一种新的道德重构和政治上平等而社群化意见主导的竞技型表达平台。"意见竞技"成为一种自由平等的受众表达，支持每一个网民活跃在社交媒体的社会公共空间。移动终端作为第一接入方式的互联网应用，又使得这种公共场所的个人呈现如虎添翼，对于每6分钟查看一次智能手机（包含移动社交媒体服务）的受众而言，他们一直在这个公共空间里，从未远离。

我们预测一下传统传媒管理和社会管理所遇到的问题，将受众统一到统治意志的大众传播逐步失效，传统将个人束缚于单位组织层面进行管理一切个人及家庭生活的组织传播方式业已崩塌。传统传播者对于社会的诠释和划分，对于媒体的控制和包装，对于受众的界定和配给，对于公共场所的管制和限定，均不再对网民受众构成限制。或者从技术上说，在现实社会的实物形态中遇到阻碍的网民，可以轻易地在网络上、各种社交型的网络媒体中，创建或跟随传播路径，完成其对公共议题的理解。网民公众在实现人类直接交往的过程中，实现了他所认知的传播宇宙和媒介化社会（以个人为中心，"所能认知的"和"所需要认知的"）。不可否认，与传统媒体相比，互联网是我国网民能够畅所欲言地谈论社会、经济、政治、军事问题的场所。[1]

在所有媒介门类中，报纸、广播、电视等传统媒介在长期的社会化过程中，渐渐被纳入可控制的体制性传播管道，其中流通的信息基本被控制在"把关人"所允许的范围内；但是Internet网以其特有的技术优势，传播内容和形式不容易被把关人所掌控，或者说，即便要控制的话，其控制成本也非常高。正如尼葛洛庞帝所说："在互联网时代，每一个拥有互联网的人都有可能成为一个没有执照的电视台。"[2]

以大众媒介为代表的传统传播者，几乎是对网络社交媒体刮目相看，并且最终回过头来全面将社交媒体的公共空间突出议题纳入大众媒体议题，进行纸媒和电波媒介的话题精炼和公开的社会性传播，由被动到主动地打破虚拟空间和真实社会的间隔。诸多传统媒体记者也开始积极在社交媒体上寻找新闻热点，在即时通讯工具中获得调查新闻来源。企业和公共组织注意到了这种媒介化社会（特别是社交媒介化）的趋势，和大众媒体二次传播放大网络公共议题到整个社会（毕竟还有56%的非网

---

[1] 郭良：《2005年中国五城市互联网使用状况及影响调查报告》，中国社科院社会发展研究中心，2005.7.7。

[2] [美]尼葛洛庞帝：《数字化生存》，海南出版社1996年版，第205页。

民，而这一比例在不断减少）的能力，以更为公开和更好服务的姿态呈现在公众面前。甚至政府也将网络舆情形成内参，直接转化为公共管理议题进行关注和讨论。

这一切都只源于公众所面临的移动化的社交媒体环境。公众自发的网络社会性传播行为，形成了去中心化、碎片化、自媒体化、公共关切、参与讨论式的全面公共交流空间。在公共认知中的核心需要和紧急命题，可以得到最广泛受众的传播和支持，而其他各种层次的议题和兴趣议题，也在受众不同传播半径（层级）的传播圈中形成持续的意见往来和互动。以社会交往为手段和目的的新媒体行为，最终实现了媒体化（全部参与者）、移动化（随时随地到场发布）、公开化（跨越时空此照留存）的社会总和。大众媒体、媒介化社会、传播集团、政府机构，都重新建构自身在受众中心观的媒介化社会中的角色与地位，也要认知在社交媒体中自身定位的能力和意愿，而这都建立在真正认识网民公众社会性的需要和需求基础上。

现代社会人际交流方式更加间接，网络作为媒体和交流工具填补了人们在日常生活中信息和社会交流的空缺。充分体现在公众权利的扩张，主要是知情权和表达权。在智威汤逊 2008 年一项关于美国和中国大陆青年网络行为的调查中显示，73% 的中国青年认为其可以在网络上自由地做任何事情，说任何他们不能在现实生活中所说的话，而这个数字在美国青年中只有不到 32%。这说明对我国青年网民而言，网络自主、匿名释放及虚拟环境开放性要显著高于网下真实社会环境中的个体认知，也高于美国青年对于网络自由的认知。正是由于网络已经成为我国网民生活中的重要组成，网络舆情对于网民好比水和鱼的关系，其不但反应了受众的需求，甚至于网络舆情本身也成为网民的需求。

香港学者邱林川通过大量的统计数据和现象分析，提出"中国的社会信息化过程已由 90 年代精英垄断的局面进入到更广社会内信息中下阶层和中低端信息传播技术紧密结合的新阶段"；在他看来，中国社会的"信息中下层（Information have-less)"（被其认为同样是社会分层中的中下阶层，只是前者更强调这一群体与中低端 ICT 的紧密结合）在大量的信息传播技术实践过程中已经"不是无知的'信息匮乏者'，而是主动采用信息科技、利用现有社会网络资源解决各自问题的实践者"。邱林川发现了社会中最无助的一个群体通过 ICT 结成一个坚固的跨地域的社会网络。在中国社会"制度环境缺乏稳定、组织机构急速变迁、个体流动性大幅提升"的大背景下，认为信息中下层出于对最基本的、与生存相关的信息的需求而普遍使用中低端信息传播技术产品和服务。[1]此外，不断有新的研究[2]启示新媒体从而不仅受制于社会结构，而且可以重塑阶级或阶层。

本书持积极受众论的观点研究社交媒体化的网民需求，无疑是上述理论和观念的支持者，并越发相信，在这种深刻改变的需求背后，是数字公民的需要和实践的新互动过程，社交媒体传播参与到了人的改造过程中，对其社会化的形成作用尤其。真实的受众生活方式已经进入了以社交媒体为主要传播途径的媒介化社会，受众以外的全部社会组织和媒介，也需要在社交媒体中维持并改善其与受众的互动社会关系。

---

[1] 邱林川：《信息"社会"：理论、现实、模式与反思》，载《传播与社会学刊》2008（5）。

[2] 周葆华：《新媒体使用与阶层认同：理论阐释与实证检验》，载《媒介化社会与当代中国》2010.7。

第6章　我国网民的需求结构与分类

媒体是人的延伸。

——马歇尔·麦克卢汉《理解媒介》

曾参与早期哥伦比亚传播研究的伊莱休·卡茨（1974）在"使用与满足"研究中设定的条件为受众是主动的，人是理性的，知道自己的需要，并知道使用什么媒介来满足这种需要。因此，使用和满足理论认为"个人在一个拥有多种来源的环境中，使用媒介以满足他们的需求和实现他们的目标"。在此，受众是否了解他们的需求，并付诸实践，成为使用满足理论的前提假设（Assumption）。

传播学之父威尔伯·施拉姆提出"媒介选择公式＝回报期望值／必需的努力"[1]，从中可见人们选择使用一种媒介的决定性因素是使用这种媒介给他们带来的回报期望值，强化的"理性人"通过评估和选择来决策信息获取、消费、传播和使用。通过媒体传播功能的认知来满足受众建立人际关系网络的需求，这是结构功能主义观念上的受众传播效率论。

经典的媒介功能说认为媒介具有监视环境、联系社会、传递社会遗产和提供娱乐的功能。英国传播学家丹尼斯·麦奎尔在调查各类节目的基础上归纳了媒体节目所提供"满足"的不同特点，认为媒介具有心绪转换、建构人际关系、自我确认和环境监视的作用。[2]

在当代传播理论流派中，对受众"需求"的研究总是位列"效果"的理论研究之后，本书研究试图展开我国网民需求结构，特别是对基于社交媒体传播的需求进行归纳和分类。

---

[1]　[美]斯坦利·巴兰、丹尼斯·戴维斯：《大众传播理论：基础、争鸣与未来》，曹书乐译，清华大学出版社 2004 年版，第 256 页。

[2]　[英]丹尼斯·麦奎尔、斯文·温尔德：《大众传播模式论》，祝建华译，上海译文出版社 1987 年版。

6.1 我国网民社会化信息传播的需求

6.1.1 信息获取需求的放大

互联网在社会化之前，网民获取信息内容的方式是访问各大门户网站、论坛以及通过搜索引擎，网民们需要主动访问来获取自己所需的资讯内容。一般类门户网站和垂直类行业网站聚集了传统信息分类的新鲜资讯，网民自动向网站汇集。此时网站的竞争优势是内容及渠道，控制了这两个要素，就基本上掌握了网民资源。

在 SNS 网站（人人网），微博和快速信息聚合 RSS 兴起之后，网民获取信息的方式发生了改变，网民只需关注感兴趣的信息源，就可以接收各类信息。网民无需为信息而奔波，只需设置好信息源，就可以坐等信息源源不断地出现在自己的屏幕前。从网民被动的围绕信息而行动，到信息围绕网民而组织，这是信息获取方式重大的进化。

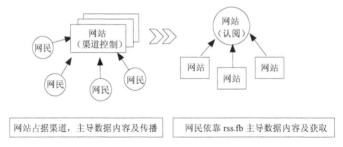

图 6-1　网民信息获取方式的变革

两种信息获取方式在现阶段并存，在社交媒体传播浪潮的推动下，更多的受众接受"自媒体订阅"后"推送式"的实时信息获取作为网络信息获取的主要方式。信息获取方式，本质上是传播过程中个人"耳目"功能的延伸，没有人会怀疑自己的眼睛和耳朵，回顾麦克卢汉对于"媒介是人的延伸"观点，可见数字网络时代，数字公民也倾向于信任自己"选择订阅"的信息获取渠道。特别有趣的是，社交媒体使得个人媒介权力中的选择权，在信息获取上呈现为信息渠道选择权，由组织变成个人，越来越多的人在建立"自媒体"的同时，就是在选择他人"自媒体"的信息订阅，传播信源从传统的、官方的、权威的媒体，向个人的、民间的、碎片化"自媒体"转移，具象表达为实名的个人。受众作为传播者与传统传播者是不同的，在于他们产出"原生态的内容"而不是"专业的内容",所谓原生态的内容,就是"思想的直接反映"[1]。

其次,这种信息收阅的选择权,是具有无固定投票期限的。如同政治选举一样,受众个人可以将信息订阅视作一种票选,而且"选票"是随时可撤销的。当受众决定对某实名个人进行"信息订阅"(在社交媒体上极其简便地表现为"关注"某人)时,意味着,他产生了一种传播"授权"及"信任投票",个人授权接收具体实名对象的信息为"可接收的"。虽然此时并不会导向对新传播者所有信息的态度认同,但是这种"可行性关联"被建立起来了。然而,受众同时还保持了信息收阅选择权的可撤销性,即当受众因任何原因(自己的、传播者的、第三方的),希望取消这种自媒体传播"授权"和"信任投票"时,他可以随时决定对该传播者取消"信息订阅"(同样极其简便地表现为"取消关注")。在这一点上,社交媒体传播使得受众扩大了其能够主动选择的信息获取需求,将重点从有限选择的媒体转向无限社会化的个人。

6.1.2　受众社交参与的加强

美国西北大学新闻学院与凯洛格商学院双聘教授鲍比·卡德(2008)研究提出了参与体验理论[2],该理论针对大众传媒向互联网和移动传媒变更,提出了如何在当代媒体环境中保持沟通优势,指出传媒沟通的工作不仅仅是想方设法传递信息,还要让受众参与投入,让受众感觉到生活环境息息相关,从而向企业机构和媒体展示了一个生活方式营销的未来。

社交媒体催生的媒介化社会,网民是信息的生产者、传播者和使用者,达到了三位一体的地位。在一条讯息出现后,网民对其的解读有自己的角度,并可能以评论或转发的形式予以表现,所以一条信息传播的参与程度及其影响效果,可以用点击观看数、转发数、评论数、转发加评论数、引起二次转发和评论数来观察。这些观点不同的阐释和解读信息,评注于源信息之下,与源信息对照形成会话式观点交互。原始资讯就是一个引子,引出之后长长的信息链条对资讯进行扩展衍生。对于网民来说,其看到的是包含这条原始资讯的信息讨论专区,在社交媒体上,此类信息讨论专区具备优秀的可复制性和扩展性,可以很快地跨专题、跨媒体形成专题讨论的

---

[1]　魏武挥:《新媒体启示录之一:定义》,2007.10.28,http://weiwuhui.com/92.html。

[2]　Bobby J. Calder, "Media Engagement and advertising effects", Kellogg on Advertising & Media, John Wiley & Son's Inc, 2008.

传播生态系统。

通过社会化搜索引擎，网民可以搜索到该条信息及评论的信息源（往往是实名作者），当网民不满足于现有的信息时，还可以找到作者进行深度交流，获得更多的信息。特别值得关注的是，在社交媒体传播链上，任一信息讨论在时间轴维度之上，还可以清晰地观察到观点间的关系链。社会性关系网络在社交媒体短短一个微博议题中也能体现微观话题的人际传播链和观点异同。

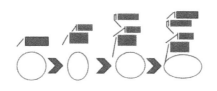

网民在转发传播中加入自己的评论，多角度解释

图 6-2　社交媒体传播链上信息讨论的生成

美国广告研究基金会 ARF（2006）定义的体验："参与是通过媒体环境使事物理念加强的途径。"早在 1966 年，马克曾把参与感定义为"如果一本杂志不再出版人们会多么失望"，而这个观点得到了当代部分学者对互联网建立起依赖型受众的实证支持。参与体验理论的另一位创立者马尔特豪斯（2007）将体验定位为"网民受众意识到的生活中发生的事"[1]。从 CNNIC 的调查中可知，国内 75% 的网民认同互联网成为他们一个必不可少的信息来源。可见互联网已成为中国网民的一种生活方式。

参与体验理论从媒体深度对体验进行分类，包括参与感、共同体验和特性体验三个部分。特性体验是指个体体验生成的特殊性，包括故事、情感、个人经历、隐性知识、不同理解等；共同体验是指群体受众的通用体验，不同个体的特殊体验的整体水平；而参与感无需具体的体验内容，指谈论和分享的体验。这三个部分组成一个体验系统，连接了不同受众，组成了受众信息接受和传播互动的核心过程。如图 6-3 所示。

---

[1] Malthouse, Edward, Bobby Calder and Ajit Tamhane, "The Effects of Media Context Experiences on Advertising Effectiveness", Journal of Advertising，36(3)，2007，PP7-18.

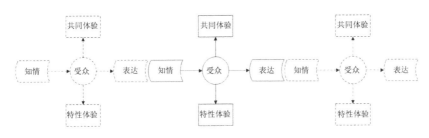

图 6-3　参与体验理论下的媒体受众传播

在强大的新媒体环境下，受众实际上成为了"参与众"（即使某些受众不在这一媒体上表达，也会在其他媒体上实现传播），每个人都拥有传播的过程，在个体的纵向内容层面，析出了共同体验和特性体验，使得传播内容独具个性和经历更丰富多彩；而共同体验又确保受众群的议题观点相一致，多数议题会出现一边倒的受众意见，只有少数议题由两到三个受众群寡头垄断。图 6-3 中的横向连接示意了参与性传播过程，受众从媒体途径知情信息与议题，并积极给予自己的内容表达，将其体验内容与议题发送到媒体上，给予后续受众。可以发现这是一种"多对一，一对多"的关系，形成的传播系统比链式反应更迅猛。由于新媒体的广泛性，种类繁多，图文并茂，并且具备向传统媒体延伸的操作能力和资源优势，因此，参与体验理论解释了社交媒体的参与成为个人传播活动与社会交往及公共活动的结合。

6.1.3　网民信息重组织

社会化提供了多个角度的信息，并且信息能够自动展示到网民屏幕前，最终展现的是网民可以便捷地获取大量相关联的信息。这些信息是围绕着网民重组织。组织，在我国传承延续着工业化时代社会管理模式的概念，而网络引发的后工业时代无组织的传播态势，在微观层面呈现给网民个体的是重组织过程。在数字人觉醒的传播历史过程中，传统组织传播力的解构影响了网民"自媒体"、"自组织"程度的加强。对于"组织"而言，在群众集会活动中保留着传统习惯对网民线下活动的询问句"你们是谁组织的？"，只能得到"无组织"网民及网络信息传播的简单结论，却掩盖了社交媒体时代网民信息重组织的深层次需求。

2012 年 4 月 29 日，在《人民日报》甘肃分社社长林治波发布否认大饥荒的微博之后，短短 2 天的时间，有关其他信息接踵而至，内容包括：毛泽东批语（源自《毛泽东选集》）、党史第二卷相关资料、中国统计年鉴人口数变化、地方志、记者的调查、后人的回忆、学者的研究结论，而林治波的卡宴豪车、饭店、婚姻、学术造假，与政府高官的表态等关联的信息在社交媒体上不断推送，形成一种"无影灯"效应。喻国明（2008）提出，传统上我们一直相信只有训练有素的专业精英才能将重大的信息报道好、解读好，但在互联网面前，这种理念已经受到了根本性的颠覆。一个人所提供的资讯也许是不可靠的、一个人的意见和主张很可能是不靠谱的，但是，无数人的资讯、意见的提供所组成的总体却能在结构上形成一种"无影灯"效应，便可以使真相毕露、使真理脱颖而出。[1]受众甚至无需主动搜索这些信息，该系列的信息仍然保持更新，其实受众在收阅的过程中，也在表达着意见。社会各地各个阶层的人员，以其对事物所知，向信息讨论专题贡献信息（资料、证言、观点等），形成一种大众化的社会性信息重组织。

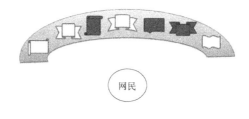

网民

网民占主导地位的相关联数据的综合展示

图 6-4　信息推送

信息重组织是我国网民面临的多元化需求，不仅是对传统媒体和官方报道，而且对于商业、广告、网络购物等区分功能的社会形态信息，也存在信息重组织的需求。新生的社交媒体蘑菇街，通过应用内置的拍照功能让受众分享服饰及其他。一张图片，将相关的商品信息、价格、评论等信息聚合在一起，以较好的信息浏览方式展示给用户，形成以"轻时尚"为主题的社区，但女性分享导购社区（蘑菇街）本身并不向用户售卖物品，它既不是 B2C，也不是 C2C。同蘑菇街一样，国外的 Pinterest 和 Instagram，也实现了以读图为主的信息重组织模式。受众不断寻求新的信息陈列方式，有趣的、灵活变化的、便利的、自组织的社交媒体也在持续创新着信息重组织的空间。

因而，传统传播者不能再垄断社交媒体传播渠道，信息路径价值下移，个人终端的信息表达成为网民传播订阅的基本单位。从传统媒体到网络社交媒体、从专业组织到个人信息，微观层面的网民需求以个人的社会化传播生活为基础，实现着网

---

[1]　喻国明：《网络"放大镜"与民意"无影灯"》，《人民网·大地》，2008.7.29，http://leaders.people.com.cn/GB/7580537.html.

民自我的信息管理和体验需求，并持续作用于网民人际及社会互动传播方式的创新。

6.2 我国网民层次需要模型

深入分析网民受众的内在属性，研究其不因事件变化的基本需要，本书回归到心理和行为科学奠基的马斯洛需要层次理论。该理论把人类需要分成生存需要、安全需要、社交需要、尊重需要和自我价值实现五类，依次由较低层次到较高层次排列，如图 6-5 所示。本书应用马斯洛理论展开对网民受众基础需要层次的分析。

图 6-5　马斯洛的五层次需要理论

6.2.1 互联网受众的需要层次模型

之所以有必要对网民受众建立需要层次模型，因为网络舆情也产生于网民层次需要。党领导的改革开放已经历三十多年，经济体制改革不断深入，在整体生活水平不断上升的当代社会，网民受众的需要层次愈加明确。同时，由于互联网支持着网民受众的活跃表达能力，所以需要层次也愈加凸显和活跃。本书将马斯洛需要层次理论应用于当代网民受众，归纳出我国网民的需要层次模型如图 6-6。

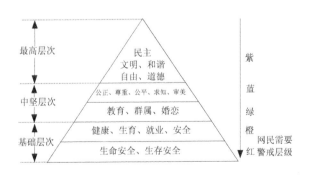

图 6-6　网民的需要层次模型

最基础的是生命安全和生存安全。我国社会整体渡过温饱阶段后，生命权和生存权成为最宝贵的需要。这不仅是网民对于自身生存权的争取，而且扩大到了对所有人。由于需要层次理论具有从低到高满足的特性，所以当同时出现多个不同层次的需要事件时，生存安全需求总是处在最重要和最紧迫的位置，成为一种最突出的、所有人对所有人的关怀。在社交网络上，对人的生命安全和生存安全关注是自发的、不受限制的、普遍的和统一的。

仅次于生命权的是包括健康保障、职位保障、家庭安全、资源和财产等方面的需要。特别是当信息发达、人民整体进入小康生活之后，注重生命体健康和持续发展随之成为公众的基本需要，并构成食品安全、医疗安全的人民群众基本诉求和渴望。在生存安全有保障的前提下，对于安全需求的重视等级高于其他需要。由于公共食品安全很容易引发生命健康威胁，公共卫生安全事件容易引发生存状况忧虑。因此，其特别容易成为区域性公共危机话题和引发群体性事件，根源在于人民群众对于安全需求的重视等级高过了法律法规的执行标准。

处于第三层次的需求来源于爱与归属，主要体现在家庭关爱、群属友爱和婚恋等方面的需要。在小康社会中，子女教育和婚恋需要成为网络受众两个突出的方向，值得关注的是群属友爱和分阶层内部关爱的需要，互联网拉近了人与人的距离，社会公众的群属类别和阶层差异在互联网上得到集聚。群属内相互关怀和友爱构成了新的需要，人都有一种归属于一个群体的感情，并相互关心和照顾（从中可以理解《蜗居》电视剧形成部分群体强烈共鸣的关键）。传统户籍管理制度、初级教育和高等教育问题也都是社交网络中常规争议议程，较易引发冲突话题。根源在于人的爱与归属需要的不满足状态，以及造成这种状况的历史的、制度的和阶层选择的原因，主要是计划经济模式下户籍行政管理制度不再适应经济发展水平和人民群众需求。

第四层需要是尊重与地位，对应于现阶段的网民受众主要体现为公正、尊重、公平，人都希望自我尊重、有信心和成就、对他人尊重及被他人尊重、拥有稳定的社会地位。我国社会正由小康向富裕水平发展，受过高等教育的白领中坚阶层（也是图 5-4 的中等阶层）成为关注高级精神需求的社会力量，也包括媒体从业者。他们更为积极地表达对于公正、尊重、公平的需求。正是由于许多低层次需要的矛盾是由特权（包含地位不平等和不尊重）造成的，所以对于尊重和地位的需要也能得到广泛的响应和关注。此外，中坚阶层还提出求知和审美的需要，以抗拒部分网络内容的庸俗和媚俗取向。

本书认为我国网民受众所寄予的最高层次需要，不是西方理论中实现个人理想、抱负，发挥最大能力的自我实现，而是五千年传统文化积淀的仁爱公义价值观和个人理想的统一，包括民主、文明、和谐、自由和道德等，蕴含了我国社会主义初级阶段基本路线的主要目标[1]，中共十七大修订社会主义初级阶段基本路线的建设目标为"富强、民主、文明、和谐"。

由于绝大部分受众在现实生活中和网络上，都在追求满足之前几个层次需要的状态，因此这一层次的需要更多地表达在价值观念上，隐含于对低层实际需要的论述中。只有小部分网民会在人民网"强国论坛"等媒介上对此进行专题探讨。自十八大新一届领导集体上任以来，突出表现为对"宪政"问题的争鸣，现实舆论场（特别是传统的组织传播媒体，如《求是》等）与网络舆论场对此问题同步关注，其主流意见汇聚一致。如果不与低层次需要的具体事件联系在一起，最高需要一般不会单独发展成为主要的网络舆情。

6.2.2 受众需要层次的规律

互联网受众需要层次的提出，有助于对舆情议题的网民受众背景进行简单分类和基础排序，从而进行有效划分，加深认识受众的根本利益和价值期望。进一步总结网民需要的规律如下。

一个国家或地区多数人的需要层次结构是同这个国家或地区的经济发展水平、科技发展水平、文化和人民受教育的程度直接相关的。在发达国家，高级需要占主导的人数比例较大，生存和安全需要占主导的人数比例较少。在发展中国家，则刚好相反。网民按自身社会状况的不同，向下兼容地关注了不同需要层次。较低需要层次的网民对高需要层次的内容不敏感，而较高需要层次的网民对于低需要层次的内容则给予更强烈的关注。同时存在着少数富裕阶层网民沉溺优越环境，易于忽视甚至漠视他人的基础需要和中间需要，从而造成新的社会矛盾。由于公众所处的时代影响到社会认知结构，存在着不同阶层受众（甚至同一阶层受众）对需要层次结构的认知差异。

随着社会的发展和文明程度的提高，对全社会而言，基础需要是已经满足了的

---

[1]　社会主义初级阶段基本路线——领导和团结全国各族人民，以经济建设为核心，坚持四项基本原则，坚持改革开放，自力更生，艰苦创业，为把我国建设成为富强，民主，文明，和谐的社会主义现代化国家而奋斗。

099

需求，是一种保障性需要，而不再是激励需要。在任何时点，当有人的基础需要得不到保障或受到威胁时，网民受众对其反应是最强烈的，并极力争取解救生命和消除灾难。2008年汶川地震后，中央政府调动一切资源救济灾区和拯救生命时，受到全体网民最普遍的拥护。在许多公共事件中，众多发表意见的网民并不是事件的直接干系人，他们是以公民的身份站在公正的立场上发表议论，是一种普遍的社会关怀。（陶文昭，2009）

大多数人的需要结构很复杂，多种需要同时存在，总有一种需要占支配地位，对行为起决定作用。网民需要层次模型本身是稳定的，而纷繁复杂的物质需求、信息需求和精神需求是不断变化的。一般来说，某一层次的需要相对满足了，就会向高一层次发展，追求更高一层次的需要就成为驱使行为的动力。相应的，获得基本满足的需要就不再是一股激励力量。同时，满足较高层次需要的途径多于满足较低层次需求的途径。然而，当住房、教育、健康等供给过于昂贵时，满足该需要付出的代价巨大，以至于影响了受众下层需要。需要具有不可替代性（同层次其他需要对其无法替代），畸高的房价，还有教育和医疗问题，都会对下一层需要产生严重的挤出效应（经济学术语，原指政府支出增加所引起的私人消费或投资降低的效果；这里指同一市场上，由于需求有新的增加，导致部分资金从原来的预算中挤出，而流入到新增加部分，该效应对于预先的收入分配而言是一种损失）。由于受众的收入约束，上层需要挤压了低层需要，影响到受众对低层需要的满足程度，造成了福利损失和社会不满。

最后，受众可以根据生活状况、职业种类、收入水平等因素分为不同阶层，不同阶层的基本权利与需要也会不同。不同社会阶层地位人群基于自己利益的出发，可能侵害其他阶层群体利益，处于不同代际群体的差异化认知能力可能限制了时代理解和社会需要层次认知。这也造成了对权利和需要表达和理解的不同，或者表现为对同一权利和需要的价值判断和行为选择截然不同。正是这些基本权利和需要构成了网民社交媒体传播的心理准备及受众基础。

网民层次需要基础的建立，打破了传统研究网民需求局限于网络搜索、电子邮件等行为需求层面，而是深入到受众的社会人原型，可以说即便没有网络，受众仍然存在这些基础需要。但是，正是由于网络社会的飞速发展，特别是进入社交媒体时代，赋予了网民数字人的媒介化社会存在和行动，所有基于人的真实需要，都在社交媒体传播的公共空间真实呈现出来。这种公共空间的真实呈现是极具传播属性的，其存在行动和传播实践在形态上是同构的。而且在网络社交人际关系上，所有人的传播行动构成了个人的公共存在环境，个人的传播介入的是社会公共的存在和需要，从公共需要反馈中获得自己的满足或不满足，并转化成行动，继续在网络社交空间传播和回响。

6.2.3 ERG 理论的受挫回归效应

美国耶鲁大学的克雷顿·奥尔德弗（Clayton Alderfer）在马斯洛提出的需要层次理论的基础上，提出了一种新的人本主义的 ERG 需要理论。奥尔德弗认为，人们共存在三种核心的需要，即生存（Existence）的需要、相互关系（Relatedness）的需要和成长发展（Growth）的需要，因而这一理论被称为 ERG 理论。

生存需要仍然是最基础的需要。相互关系 Relatedness 则体现了人际关系（人与社会环境）的和谐依存，这种社会和地位的需要的满足是在社会环境存在（Being）中通过不断交流而达成的，与马斯洛的社会需要和自尊需要分类的外在部分相适应。第三是成长发展的需要，奥尔德弗把成长发展的需要独立出来，它表示个人谋求发展的内在愿望，包括马斯洛的自尊需要分类中的内在部分和自我实现层次中所包含的特征，即个人自我发展和自我完善的需求，这种需求通过创造性地发展个人的潜力和才能、完成挑战性的工作得到满足，这相当于马斯洛理论中第四、第五层次的需求。

奥尔德弗的 ERG 理论还表明，人在同一时间可能有不止一种需要起作用；如果较高层次需要的满足受到抑制的话，那么人们对较低层次的需要的渴望会变得更加强烈。这是 ERG 理论独有的"受挫—回归"观点。

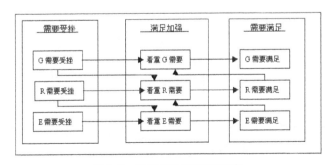

图 6-7　ERG 理论的受挫与回归

当前，公务员和官员处在社会收入和权力的中高阶层，其中部分人简单认为基层实施"和谐社会"，就是要让老百姓吃饱。政府做到这个承诺，民众就没有理由闹事，社会自然和谐。还有官员批评老百姓"端起碗吃肉，放下碗骂娘"等。这种缘于封建特征和集体主义时代特征的治理观念完全脱离了现代社会媒介化的时代背景。透过 ERG 理论，可以发现，机械地将社会底层需要限定在生存需要是不顾历史发展的，也是非人道的。每一个人都平等地拥有生存、相互关系、成长发展的需要，尽管其实现条件和具体满足受各种因素影响而不同。

生存需要之余，人都会思考，其所处真实的社会阶层地位是什么？与社会其他阶层地位的差距有多大？是什么原因造成了这种差异？网络社交关系的需要，为每一个人提供了衡量社会阶层的准则尺度，任何数据统计的缺失或掩盖，均不能改变现代中国巨大贫富差距的现实，并且通过社会阶层表现为所有受众感知。据世界银行统计，中国基尼系数已经超越 0.5 的国际警戒线，这一数据来自《中国统计年鉴 2012》。

因此，不是"少数网民在吃饱闹事"，而是大量公众处于真实的金字塔收入的底端。《2012 中国省级地方政府效率研究报告》把中国的收入层次形象地描述为金字塔型，收入金字塔的顶端高居着占总人口的 10% 的高收入者，拥有几乎占全国份额 50% 的私人财富；这座金字塔的底座的绝大多数人收入较少，甚至有些在积累着债务。[1] 依据《2000—2012 年中国统计年鉴》的数据报告，我国基尼系数在不断放大，收入差距的扩大必然导致社会阶层化明显，高低阶层之间的对立情绪也在增长。邓小平"南巡讲话"二十年来，全国人民接受的宣传教育中明确指出社会主义的本质是："社会主义本质是解放生产力、发展生产力、消灭剥削、消除两极分化，最终达到共同富裕。"而 1949 年后毛泽东时代单一公有制、高度集中管理手段、平均主义分配形式以及工农翻身当家作主的思想意识仍然是民众记忆中重要的社会文化传统。这两种最高层次传播信息和当下社会真实现状间的重大差异，使得部分受众产生了深切的不平衡感，这在百姓街头巷议和网民舆情传播中成为难以弥合的心理差距，特权表现和贫富差距成为网络社交传播事件中最能激起广泛关注的社会性话题，持之愈久，伤口越深。相互关系（Relatedness）及人际关系和社会关系，在社交媒体传播时代，网民信息传播的需求满足过程中，能够得到足以建立起自我认知和社会阶层认知的信息，并使之形成对现今所处人际关系和社会关系的不平衡认知。世界上的经

---

[1] 北京师范大学管理学院，北京师范大学政府管理研究院：《2012 中国省级地方政府效率研究报告——消除社会鸿沟》，北京：北京师范大学出版社 2012 年 10 月版。

验也表明，只有纺锤型（中等收入人群比例最大，极富和极贫两端人群比例较小）的社会阶层状况才是一个稳定的社会结构。我国当前收入差距过大，社会结构不平衡，必然影响到网民群体的基本认知，与部分官员停留在"吃饱问题"的态度相比，网民易产生出对特权阶层明显的不信任和社会疏离。此外，社交媒体传播中"抱团取暖"、"仇官仇富"都成为社会关系互动中，对不同阶层归属者的行动选择。

ERG 理论还将成长发展作为每个人的需要。网民每个人都有着成长发展的需要，不仅仅是个人生命周期的发展和延续，而且是个人凭借才能和知识获得发展的可能，是全社会合理阶层流动的标志。如果总是接收到国民经济差异性繁荣的资讯，例如：政府财政税收 2008 － 2012 年增长率在 25% 以上，全国国内生产总值 GDP 围绕 8% 增长，而国民人均收入的增长幅度却在 5% 左右，那么大多数受众（低于平均收入增长比例的人群）的成长发展需要长期得不到满足，也会加剧对现任政府公共治理水平的不信任和社会疏离。

需要就是激发动机的原始驱动力，一个人如果没有什么需要，也就没有什么动力与活力可言了。反之，一个人只要有需要，就表示存在着激励因素。需要不仅是传播的动力，也不仅是实践的动力，需要是人的动机。与其在政府宣传中积极鼓舞群众认同党和国家取得的巨大成就，不如着手建设从宏观上和微观上实现每位受众需要满足的体制和制度，校准改革目标从专注效率扩大差距到缩小社会阶层差异。

依据"受挫—回归"观点，网民受众在包括马斯洛需要层次及 ERG 需要理论中的高阶需要上长期受挫，就会回归到低层次需要，并加倍实践以获得较低层次需要的满足。无论是社交媒体传播中大量的怨言和舆情，还是社会中充斥着拜金主义、享乐主义的现象，以及具有犬儒主义色彩的"屌丝"文化出现，都证实了这个效应的存在。

6.3 传播关系下网民的需求结构

6.3.1 国内主要的研究网民受众需求的文献

对传播需求的相关研究表现在许多层面上，反映了受众的心理需求的研究最多。周灿华和蔡浩明（2007）从心理需求和动机角度出发，概括网民受众普遍拥有交流心理、好奇心理、求知心理、娱乐心理、移情心理、补偿心理、逃避心理、逆反心理等。[1]刘滢、吴长伟（2006）预测到互联网即将开启人的感官盛宴，体会前所未有的便捷。娱乐需求、猎奇需求和实用性需求形成新媒体生命周期，方便快捷是网民需求的重要原因，人际交流需求是现代"社会人"关系建立的必须。[2]

彭兰（2009）在研究网络社区对个体影响时认为包括以下几个方向：个体特定功能性诉求、个体心理调节、个体环境认知、个体社会关系建立、个别意见与态度、个体长期价值观、个体社会归属感与文化归属感[3]，并认为网民对社区的需求和社区对网民的影响交互存在，如瑞恩高德（2000）所说的社会聚合。[4]国外有研究者通过四种人类基本需要研究网络交流，包括兴趣(Interest)、关系(Relation)、幻想(Fantasy)、交易（Transaction），并认为这是社交化网民通往强关系的基础。[5]美国学者卡茨、格里维奇和赫斯（1973）在研究大众媒体时就将受众需要分成五类：认知的需要、情感的需要、个人整合需要、社会的需要以及舒缓压力的需要。赵云龙（2011）分析全媒体时代受众需求，归纳了参与需求、分享需求、个性需求是主要的网民需求特征。[6]

理查德·巴特尔从网民属性角度研究传播需求和动机，划分了追求成就者（Achiever）、探索者（Explorer）、社交活动者（Socializer）和恶作剧者（Killer）。[7]彭兰（2009）研究我国网民也给出了沉默者、意见领袖、追随者、反对者的分类，并建议依据社会网络分析方法进行测量。廖善恩（2009）归纳了五种典型的网民角色及心理需求，包括求学者、猎奇者、贡献者、好胜者、监管者。[8]

刘京林也提出媒体内容可以归属到马斯洛需求理论，而媒体形式上新媒体的便

---

[1] 周灿华、蔡浩明：《网络受众的构成状况及心理需求刍议》，载《现代视听》2007.7。

[2] 刘滢、吴长伟：《寻找新媒体的受众和需求》，载《中国记者》2006.11。

[3] 彭兰：《网络社区对网民的影响及其作用机制研究》，载《湘潭大学学报》（哲学社会科学版），Vol.33，No.4，2009.7。

[4] Howard Rheingold, "The Virtual Community: Homestanding on the Electronic Frontier", MIT Press, 2000.10.

[5] [美]约翰·哈格尔，阿瑟·阿姆斯特朗：《网络利益——通过虚拟社会扩大市场》，新华出版社1998年版。

[6] 赵云龙：《全媒体时代受众需求特点及其传播对策探析》，载《赤峰学院学报》（自然科学版）2011.5。

[7] [美]理查德·巴特尔：《设计虚拟世界》，北京希望电子出版社2005年版。

[8] 廖善恩：《维基百科与维客的受众需求》，载《今传媒》2009.7。

捷需求优势明显。[1] 胡会娜、李杰（2010）参照使用满足理论和马斯洛的需要层次理论，分析了如何通过信息实现微博对于受众的安全需求、满足受众的社会需求、尊重需求和自我实现需求。[2]

宏观层面，姚林青（2008）在沿袭结构功能主义观点基础上，认为传播对社会需求的影响是通过改变个体的次生性需要（Secondary Need）来实现的。包括认识阶段需求改变、价值观阶段需求改变及行为阶段需求改变。[3] 胡翼青（1999）从大众传播角度论及传播的生产功能、分配功能、交换功能和消费功能。[4]

从个人心理需求到社会化传播需求，现有文献论及的需求可谓多样化。但是极少触及到原生能力下的传播赋权对需求结构的改变。本书秉持受众中心论的立场，展开对社交媒体环境下的数字公民的需求建构。

6.3.2 网民需求研究的分野

首先，分离出社会性交往需求。社交媒体传播的本质是社会交往、社会分享、社会参与、社会创造，各种形式的社会互动不仅使得受众个人紧密与社会联结在一起，帮助其建立社会关系，而且使得个人有可能参与到社会事件的意见和态度中，并为各种行动预留了延展空间。这些传播需求是社交媒体关联到受众的本质，甚至交往、联系、参与、分享、评论、转发、创造，所有社交媒体及社会性网络服务 SNS 的主要信息传播模式，都呈现了并服务于受众的社交需求。这也是衡量新媒体具有社交媒体属性的检验标准，但是社会性交往需求却不是网民需求的根源，而是作为一种传播革命所创造出的最高级媒介形态，"社会人"和"数字人"合一，"传播人"和自媒体合一，构成了受众层面的媒介化社会，成为网民社会构成的中坚，也就具备了争取文化空间、经济空间和政治空间的动力。

其次，受众个体有娱乐需求、新闻搜索需求、交流通讯需求、电子商务需求四类对应于传统互联网使用行为的需求。之所以称为"传统使用行为"，是由于这种分类方式沿袭了 1997 年以来中国互联网络信息中心的网站归类及问题设计方法，不能完全反映 2006 年社交媒体迅速崛起以后的网民习惯趋势。互联网新媒体中，传统

---

[1] 刘京林：《浅析网民的心理生活空间》，第九届全国心理学学术会议文摘选集 (2001)。

[2] 胡会娜、李杰：《从需求理论看微博对受众需求的满足》，载《新闻世界》2010.8。

[3] 姚林青：《大众传播的经济功能和社会需求》，载《现代传播》，Vol.153, 2008.4。

[4] 胡翼青：《论传播的经济功能》，载《江苏社会科学》1999.2。

的按行为区分的媒体分类已经过时，新的需要实现呈现出与社会高度融合的传播特质。娱乐、新闻及搜索、电子商务都正在或已经被整合进社交媒体传播。虽然这种以网站功能对应受众需求的分类模式不再成为主流，但是，网民受众的娱乐需求、新闻需求、商务需求和交流需求仍然存在，并且在社会性交往需求基础上，呈现出跨界和整合的趋势。

再次，是对人的需要角度的研究，受众在人本主义层面上分析其满足需要和发展的各个层次。从中研究传播，特别是具体某种新媒体对于需要的满足和实现。这一方向虽然缺少文献，却是极为重要，也更为接近人的本质。之所以谈数字公民的传播赋权，是指社交媒体传播为受众带来了不同于大众传播时代的<u>需要认知和实践行动路径</u>。受众对各种不平衡状态（需要）有着更广阔的视野和更明确的诉求。本书在这一层面做了许多的铺垫，并尝试将社交媒体时代的传播纳入到需要和实践的互动关系中进行研究。

最后，是传播的社会化需求研究，在结构主义和功能主义的视域下有着许多扩展。并对应到受众的需求，其核心仍然可以建立在<u>监视环境、协调社会关系、文化教育传承、提供娱乐</u>四大领域。

此外，一些研究还将个性心理和情绪层面的因素纳入到需求研究视野，包括好奇、炫耀、怜悯、喜悦、贪婪、恐惧、性、善良、愤怒等。还有一些研究开始向引发社会关注的更具体的网民需求问题展开，包括网络舆情、网民媒介选择、文化社会认同、网络消费、网络交友等。

6.3.3 网民需要与需求的结构

人的需要仍然是研究网民需要与需求的发端。在社交媒体传播时代，人的需要作为一种初始化的不平衡状态，受到了同样作为"数字人"原生能力的影响，从而对自身生理心理和社会心理的不平衡的认识更为全面。在这个具体的环境检视和个体状况不平衡的发现过程中，社交媒体传播发挥出了极大的作用，突破了既有的"亲缘"、"地缘"和"业缘"社会关系，而上升到信息传播宇宙所面对的阶层化差异、国别化差异、文化社群差异中。最终使得受众增强了对自身需要（不平衡状态）的社会化认识，在社会语境中理解个体需要的原因和障碍，并通过信息交流和确认，迅速融入到所属的社会群体中，从而将受众个体的层次化需要上升为社会层次化需要（如 6.2.1 所述）。

世界五大传播集团电通公司 Dentsu 近年发现全球范围人的社会性交往需求在社交媒体时代得到了显著加强，经研究于 2011 年发表了社交媒体数字化交往行为的 SIPS 模型（Sympathize 共鸣；Identify 确认；Participate 参与；Share& Spread 共享与扩散）。该模型是东京电通株式会社对 2005 年提出的"AISAS 模型"（Attention 注意；Interest 兴趣；Search 进行搜索；Action 购买行动；Share 反馈分享）的延伸，深入解剖了数字平台消费者行为："Search-Action-Share"三个环节形成口碑的内在规律。

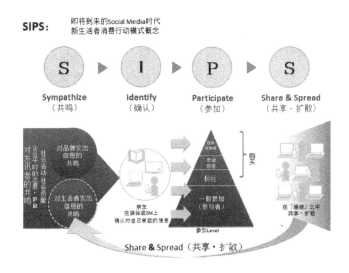

图 6-8　电通集团社交媒体时代 SIPS 交往行为模型

受众的交往、分享、参与、创造都融入到社交媒体中，形成了强大的社会化传播的交往、分享、参与、创造。就网民的传播需求而言，因其强大的社会化传播影响，凸显出一系列新的具体满足过程，可以称为需求。

（1）共鸣（Sympathize），或称移情，是一种强烈的情感贯注，在社会化传播中，共鸣成为一种社会化认知和满足的强化过程，往往表达了网民对事件产生第一关注的缘由。

（2）确认（Identify），是一种心理情感印记，个体主观对事件标签化（设立一些鲜明的关键词），形成信息记忆归类，在许多情况下，可以根据社交媒体不断传来信息源及负载信息中的标签，进行确认归类。这个过程中受众同样能获得爱与归属感的满足。

（3）参与（Paticipate），是受众投入时间、精力、成本和才智主动介入到事件传播中去，绝大多数情况下是没有经济回报的，受众通过参与可以获得（确认）自己的存在、地位与自尊，甚至达成一些个人化实现，这也是一种传播导致的满足。

（4）分享（Share & Spread），是网民在参与之外的主动性暴露，主观上也有分享和传播扩散的意愿，并通过分享扩散形成一种具名化的信息表达和意向号召，给强弱关系下的所有信息接收群体。更有趣的是，即使网民否认自己的意思添加，仅仅是一个转发、评论或关注的数字增加，也是增加了所关注议题在整个社交媒体中的分享量级，受众在为自己的意愿而投票。他们清楚地知道自己握有社交媒体传播对所有事项的选择权，这种便捷的、碎片化的数字权力的使用，可以使受众感到满足。

社交传播需求无疑是网民社交媒体需求的核心。它的过程虽然极为简单，却足以主宰网民的情绪、态度、评价，从而形成对社会和自我的认知。社交传播需求当然作用于需要，使得受众增添了对社会各阶层需要全景的把握，也加强了对自身需要和具体需求的洞察。

实践是检验真理的唯一标准。正因为需要构成了实践活动的原动力和原目的，所以它通过实践赋予世界以价值和意义。当人们从价值论的角度引用普罗塔格拉的名句"人是万物的尺度"的时候，实际上已经赋予它以新的含义，即"人的需要是万物价值的尺度"，而不再仅仅是其原义"人的知觉是万物显现（在古希腊人看来，显现＝存在）的尺度"了。[1]对个人，实践也是"自在之物"向"为我之物"的转化，据此形成"为我"（或"为人"）意义上的存在。在这个意义上，实践化的行为表现在社交传播属性上，也就形成了抽象的具体满足过程。

有两个层面的实践值得关注：

（1）传统的新闻传播权力，包括知情、参与、表达、监督。事实上网民成为"数字人"后，在社交媒体上获得了极大的便利和自由，传统政治权力对其框架定义和适用条件滞后于网民受众日益增长的要求和使用习惯。甚至，我们可以说这是"数字人"时代原生的实践层面的需求。我们正在走向一个基本民主化的世界，因为人们一旦拥有了互联网，就不可能再继续把他们限制在农场上。[2]使用社交媒体的网民都能明显地感觉到，公众已经不能接受任何人（包括媒体和政府）关闭社交媒体（特别是在新浪微博"内测版"尚未被许可为正式版的前后），社交媒体传播赋权的实践成为"数字人"不可剥夺的需求。

---

[1] 姚顺良：《论马克思关于人的需要的理论》，载《东南学术》2008.2。

[2] Paul Krugman，"Understanding Globalization"，Washington Monthly，1999.6.

至此，本书发现了一种新的路径关联"社交媒体中个人需要—社交需要—发展"，社交化传播使得人先天地处在社会化媒体场域之中，其信息获取带有了完全的社会传播性，从而重构了个人需要的认识程序，并且在社交媒体中不断参与和分享自身的需要，全面融入并促成社会交流的需要，最终实现发展的新需要。此时，社交媒体传播下的网民实践需求具备导向行动，将个人发展与社会发展同步。

（2）实践性传播需求的另一个层面，就是具体问题和事件，包括娱乐、消费、舆情事件、媒体选择等等。正因为社交媒介传播驱动受众建立"需要—实践"系统，包含了媒介化社会和受众发展的过程，所有的具体事物形成了社交媒体中此起彼伏的议题，对具体事物和问题的传播实践，也为网民提供了具体满足。

互联网昭示着后国家政治形式的前景，因为互联网的影响已触及国家政治的内部构造，在时间和空间、人类与机器、身体与心智、对象与想象、文化与现实之间，社交媒体的影响无处不在。尽管可能出现印刷与电视媒介领域常见的情形——网络媒介与民族国家制度和全球化经济和谐共处——新媒体也提供了建构普适性政治主体的可能性，网民将是那些星罗棋布、形态繁杂、水月镜花般的知识"汇集点"。它们可能既不像公民身份的自主代表，铭刻着印刷文化的标记，也不像后现代公民装饰广告文化的文身。网民的政治模式即将成型，如果海德格尔在天有灵，他也许会说，人类既然不能保持自然本性，那么也一样无法保持其机器特性；而且，如果人类不能保持地域性本土身份，也就不可能单单拥有电子通讯空间的数字身份。[1]

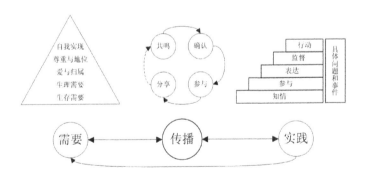

图 6-9　社交媒体中传播使能的"需要—实践"系统

这些推测的重要意义，不在于它宣布了网中人类交往之理想国的存在，甚至不

———————
[1]　[美] 马克·波斯特：《公民、数字媒介与全球化》，陈定家译，载《江西社会科学》2008.1。

是说网络使得改善人类条件的前景得到了极大改观。它只是提醒注意确立全球交往的可能性，这种全球交往几乎散布于整个世界，而不只是局限于先前的系统。它是一种双向互动而且能超越既存政治结构束缚的新型交往。它提醒我们，有必要反思我们对于公民概念的理解，公民这个概念，导源于书本、期刊、绘画等信息机制组成的文化世界，如今已经显得不合时宜。网民传播的需要与需求结构呈现出数字公民的媒介化社会"建设道路"。

6.4 网民需求的合理性和合法性

从辩证法的视角，绝对意义上的自由是不存在的。人处于"社会人"的环境中，必然需要接受社会规范，包括法律法规和道德伦理对行为的约束。网民的需求也受到公共管理者合理性与合法性存疑。

正如人性有善恶之说，需求理论在最早被经济学所定义之时，就被述及负面需求和有害需求等存在。在规则混乱的完全市场条件下，不良需求成为一些人"走捷径"、"发横财"的上升通道。对应社会上某些行业、某些阶层或者某些人的不良需求，有人开发出一些所谓的新产品或者新服务。如：供加油站使用的加油机，通过软件程序的设定可以任意调动指数，使得供油时克扣斤两轻而易举且难以察觉；供青少年阅读的"青春文学 App"，将一些淫秽和暴力的内容刊载其中，令那些尚未成年的学生对这些精神鸦片逐渐"上瘾"而浑然不觉；一些声讯台若明若暗地将色情内容融进其服务之中，而某些网站推出的所谓"在线陪聊"实际上就是赤裸裸的色情服务，等等。

早在 1948 年，拉扎斯维尔德在《大众传播、大众鉴赏力和有组织的社会行动》中提出传播的三功能：①授予地位的功能；②重申社会准则功能；③麻醉精神的功能失调。各种各样的传播媒介为人们提供了形形色色的大量信息，人们沉醉在这些信息之中，减少了直接参予社会活动的热情和可能，结果只会满足于被动的知识积累，丧失了社会活动能力，与社会的关系越来越疏远冷漠。根据北京团市委调查显示，网络已成当前青少年最主要的娱乐方式。数字娱乐中虚拟属性的误用，导致"匿名效应"；青少年过度参与，形成依赖甚至成瘾。

类似的例子无需多加列举，种种迹象表明，只要社会上的人存在着不良需求，就有一些满足于不良需求的产品和服务，危害着社会，这成为一种暗流。只讲需求，不讲规则，就可能助长不良需求的产生和满足。此类需求的实现有两种情况：①迎合人们的阴暗心理，满足其不良需求，藉此推出产品和服务；②以产品的潜在功能，诱导和加剧人们的不良欲望，从而使人们的不良企图变成不良行为，因而又激发了更多人的不良欲望和企图。无论是哪种情况，都使社会问题增多，令越来越多的人从事不良的甚至是违法和犯罪的行为。尽管后果严重，但是个中蕴含的"商机"还是令一些不法商人趋之若鹜，这又反过来促进了上述开发利用不良需求的生产经营活动，使之日趋红火。这种不良需求作为一种时弊，同时也在互联网上受到揭露和批判。既然线下社会的不良需求对社会总福利造成了损失，那么线上社会的不良需求同样以一些不同的形式存在，蕴含着破坏个人的身心健康，对社会群体事件起到推波助澜的负面影响，同样需要制约和规范。否则，也会削弱网民社交媒体传播的正当需求。

如何界定"正当"需求及不良需求，特别是网民社交媒体传播中的需求的正义性？对互联网色情和暴力的控制，是一律屏蔽消灭（事实上很难做到彻底革除），还是实行分级权限管理。对社会公众的网络需求的服务管理标准由谁来制定？这些都是从当代社会管理到网络社会管理中的复杂问题。

2012 年 12 月 15 日，日本共同社报道，国际电信联盟（ITU）为修订"国际电信规则"在迪拜召开的大会于 14 日闭幕。由于会上通过的新规则允许国家对互联网的管制，欧美各国和日本代表拒绝签字。

本次会议就修订 1988 年制定的"国际电信规则"展开了讨论。俄罗斯和中东地区的新兴市场国家等建议加强政府对网络的管制，美国和欧洲各国则对此表达了反对意见。新出台的规则反映了在本次会议上占多数的新兴市场国家方面的主张。新规则于 13 日投票通过，并将于 2015 年生效，但拒绝签字的国家仍将沿用此前的规定。据日本政府有关人士透露，超过 50 个国家并未签字。对于一贯重视全体一致的 ITU 而言，本次会议产生了很大分歧。新规则在序言部分写道："国家拥有使用国际通信服务的权利"，明确认可了国家对网络的介入。条文中还包括国家可采取措施阻止垃圾邮件流通等内容。

对传播自主的扶持和对不良信息的控制，始终是当代传播革命中难以回避的话题。在移动互联网社会环境下，由谁来主持网络传播规则的制订和监督？政府、国际组织、行业协会、媒体、数字公民如何达成共识，这都能引发出许多问题。无论如何，网民的需求应该得到一个与时代特征相符合的规则基准，并在技术发展和传播能力开放的过程中，不断修正和完善。研究者对网民低层次需求，特别是庸俗、恶俗、媚俗的传播需求，不分等级的性与暴力内容的传播需求，"怀疑一切、批判一切、打倒一切"的民粹化传播需求，是高度重视和戒备的。但限于知识和能力所限，未能在本书中展开叙述，期待在未来的研究中补足。

同时，"虚假需求"也是法兰克福学派理论家马尔库塞用来批判发达工业社会的一个概念。"虚假需求"是造成个人批判能力丧失的主要原因。虚假需求之所以虚假，不是因为它们不现实，而是因为它们是作为更根本的自由（如非异化的劳动）的替代品而强加给消费者的；不是因为人们不喜欢它们的内容，而是因为它们是由统治阶级的利益培养起来的，不是人们自由自在地产生的。相反，真实需求则是从现存社会秩序中解放出来的需求，是通过批判的分析的个人的斗争来实现的需求。判定某种需求是真实的还是虚假的，要看它是不是由个人自由自主地产生的，这是只有当事人才能确定的，而且只有当他们摆脱了外部操纵和压力时才能确定的。但是，当人们的生活被那些着眼于利润的社会控制，而不是着眼于自由的利益所支配时，人们是不可能把握真实需求的。甚至现代资本主义的自由民主，也只是在个人身上引起了一种个人自主的幻想，实质上是对个人的欺骗，使个人意识不到自己的生活是被控制的。

与之同步，社交媒体网络繁荣的自由民主，在娱乐化外衣、暴力化手段和极端民主主义包装下，也能促成网络民粹主义的虚假需求。信息时代的黄色新闻（如干露露系列事件）和网络"扒粪"事件，是数字公民在实践社交媒体传播满足途径的歪门邪路，并且压制了网民受众求知和审美的真正需求。即使是公共广场，为了确保理性声音和公共福利，必须建立起符合社交媒体"全新"公共领域的规则，限制非理性因素、不良需求、虚假需求的传播，避免走向勒庞提出"乌合之众"和网络群体的极化效应。

特别是网络舆情的非理性，容易助长民意表达中的非理性力量，一致出现一种有违于民主精神的暴力倾向。在贵州瓮安事件中，一个中学生的湖水身亡，被网络谣言绑架后，很快酿成了两万群众参与其中的群体性事件，其中一些人砸县委、县政府办公楼，烧毁多辆警车设备，国内外网络舆论纷纷口诛笔伐，给国家财产特别是党和政府公信力、威信造成了非常坏的影响，教训是非常深刻的。非理性需求的难控性还表现在幕后操纵者。在社交媒体时代，在网站"把关人"之外，"网络推手"开始各展所长，利用互联网的匿名性、隐蔽性进行无限制、无控制的"自由"传播，推动网络水军置顶、转帖，发酵、放大和变形，改变社会公众参与网络舆情的正常过程。2009 年"奥巴马女郎"事件中，专业策划公司从女郎"红色外套"设计、"演讲现场拍摄角度"机位安排、"勾人眼神"跃动词汇，事后有节奏曝光交大女生信息等，全方位策划了网络传播，将美国总统堂堂的政府首脑，作为传播场景的"道具"借位上升。这种具有其他目的炒作的操纵性意图令人警惕，并给政府公共管理对网络舆论的引导和控制带来困难和挑战。稍不留意，一个网络新闻就会在数小时内形成社交媒体传播风暴，从而造成燎原的议题影响，给相关的政府机构和执政者带来巨大的压力。

近年来，全球极端网络民主不断涌现，维基解密的阿桑奇和"棱镜门"的斯诺登都是代表人物。他们所影响到的已经不是一国政府的网络监管，而是将网络民主置于全球政治经济局势之上。

朱利安·阿桑奇（Julian Paul Assange），1971 年出生于澳大利亚东北海岸的汤斯维尔市。作为"维基解密"的创始人，他被称为"黑客罗宾汉"。他曾在多个国家居住，没有一个固定的住所，偶尔也在公共场合露面，就新闻自由、审查制度与调查性新闻工作阐述自己的看法。自创办至今，维基解密公布了各国政府大量的机密文件。

2006 年，阿桑奇创建了"维基解密"，在他看来，信息的透明和自由交流会有效地阻止非法治理。政府和大机构隐藏了太多秘密，阿桑奇说，自己无意损害任何一个国家的利益。至今为止，"维基泄密"卷入了大约 100 场官司，有人指责阿桑奇打着自由的旗号损害国家利益，也有民众视其为敢与强权斗争的勇士。

"维基解密"是一个以揭秘为职业的网站，致力于揭露政府、企业腐败行为，每天贴出 30 份以上机密文件。网站声称，在这里，检举人、新闻记者可以揭发各种腐败行为，而不用担心雇主和政府的报复。

2013 年 6 月，前中情局（CIA）职员爱德华·斯诺登将两份绝密资料交给英国《卫报》和美国《华盛顿邮报》，并告之媒体何时发表。按照设定的计划，2013 年 6 月 5 日，英国《卫报》先扔出了第一颗舆论炸弹：美国国家安全局有一项代号为"棱镜"的秘密项目，要求电信巨头威瑞森公司必须每天上交数百万用户的通话记录。6 月 6 日，美国《华盛顿邮报》披露称，过去六年间，美国国家安全局和联邦调查局通过进入微软、谷歌、苹果、雅虎等九大网络巨头的服务器，监控美国公民的电子邮件、聊天记录、视频及照片等秘密资料。美国舆论随之哗然。

这项代号为"棱镜"（PRISM）的高度机密行动此前从未对外公开。《华盛顿邮报》获得的文件显示，美国总统的日常简报内容部分来源于此项目，该工具被称作是获得此类信息的最全面方式。一份文件指出，"国家安全局的报告越来越依赖'棱镜'项目。该项目是其原始材料的主要来源"。报道刊出后外界哗然。保护公民隐私组织予以强烈谴责，表示不管奥巴马政府如何以反恐之名进行申辩，不管多少国会议员或政府部门支持监视民众，这些项目都侵犯了公民基本权利。这是一起美国有史以来最大的监控事件，其侵犯的人群之广、程度之深让人咋舌。

"良知不容美政府侵犯全球民众隐私"——爱德华·斯诺登斯诺登在香港接受了《卫报》记者的采访。斯诺登说："我愿意牺牲一切的原因是，良心上无法允许美国政府侵犯全球民众隐私、互联网自由……我的唯一动机是告知公众以保护他们的名义所做的事以及针对他们所做的事情。

美国最具影响力的民权组织——美国公民自由联盟于2013年6月11日正式起诉联邦政府，指认后者开展秘密情报监视项目"棱镜"侵犯言论自由和公民隐私权和违反宪法，请求联邦法院下令中止这一监视项目。

对网络社交传播需求的合理性和合法性的问题，将长期持续下去。值得注意的是，在社交媒体传播需求的网络"公俗"与国家各级管理制度"公法"的博弈过程中，个人需求绝非微不足道。

第7章　网民舆情传播的需求

新闻是永远不能完成的历史的草稿，它书写着一个我们永远不能完全理解的世界。

——《华盛顿邮报》前总裁菲利普·格雷厄母

我国现阶段网络舆情的超常发展已经不是媒体"眼球"竞争，新媒体融合带来网络议题引发的传播效果深刻影响到社会权力格局。公众在工作、生活和娱乐中，自觉地使用持续更新的互联网媒介，社交媒体（包括微博、社交网站 SNS、即时通讯 IM 群等）能够在较短的时间内，推动受众的认知和行为向某个焦点集中，积聚巨大的能量，对经济、社会、文化和政治产生强大的影响力。正如美国传媒学者约瑟夫（2002）提出，在从过去的大众媒体向网络交互的新媒体转移这个过程中，受众的权力是递增的。中国当代的互联网受众正在享有网络舆情的便利和自由，并且积极地从网络舆情带来的权力中受益。（人民网舆情监测室，2010）

新的社交媒体形态不断涌现，推动了大众传播向分众化、个人化方向发展，个体面临的媒体选择空间应该是越来越大，而网络舆情（特别在互联网上焦点议题上）又形成了一种新的信息垄断。这种垄断权力来自于网络受众的共同创造和媒介聚类的集中传播。因此，传统媒体独领风骚的时代已经远去，传媒必须要适应新形式，适应未来媒体受众的行为习惯。受众，英语为 Audience，字面解释是"接受的大众"。这里"接受"的原意强化了被动性，容易造成一种来者不拒的误导。实际上，互联网受众绝不是消极被动的接受者，而是网络传播活动中最活跃的驱动力量，直接决定了网络舆情传播能量。如今，无论是从传播学理论出发，还是考察现实网络舆情，受众的主体性都已得到重视。用户需求在市场领域已经受到长期的关注，只有作为主体才会能动地实现需求。在网络传播学研究中,以互联网受众或网民需求出发的研究尚不多见。当网民超越了政府或媒体,成为网络舆情传播中的主体,那么对于互联网受众的需求进行追根溯源的理论研究就极为必要。本章试图回答是什么原因使得网民受众对网络舆情传播产生了强烈的需求,这种需求能否被传播者清楚地认识,进行分析解构和评价,是整个媒介化社会提升服务受众能力的基础。

7.1 社交媒体中的网络舆情

广义的舆情是由个人以及各种社会群体构成的公众,在一定的历史阶段和社会空间内,对自己关心或与自身利益紧密相关的各种公共事务所持有的多种情绪、意愿、态度和意见交错的总和。一种激进观点认为,舆情本身并不是对民意规律的简单概括,而是对"民意及其作用于执政者及其政治取向规律"的一种描述。本书从传媒和受众的角度出发,选择广义的舆情观点作为基准点,研究公众感知和态度的产生、发展和变化规律,其行为过程本身并不存在政治性判断;而对于政府机构而言,检测民意走势对于政治取向的影响,是促进服务型政府改革的一个重要手段,从属于舆情信息模式研究的大范围中。

舆情必须依赖于媒介传播(人际传播也是媒体),正是由于互联网时代打破了传统媒体垄断格局,才使得网络成为一种更广阔的媒体空间。网络舆情是对舆情的新特征的综合和强化,也直接指向舆情在网络中的新问题和新挑战。首先,网络对舆情传播有明显的增强和扩散,将束缚于传统媒介"一对多"形式的信息解放出来,进入"多对多"的广义信息平台,由于网络媒体的平台包容性和内容包容性,传统媒体传播能力得以另一种形式在网络空间存在(包含网络杂志、网络广播、网络电视,或者内容剪辑后的其他途径等)。其次,网络已经成为舆情的主要空间场所,只有在社交媒体上畅通无阻的全民化信息交流,才能产生出更为强大的公众情绪和意愿,这一点即使在早期互联网时代仍然受到限制,社交媒体出现之前的主要新媒体工具表现为门户网站、搜索引擎和电子邮件。最后,网络舆情深刻影响了公众认知,网络虚拟空间与现实社会存在高度结合,以社交媒体 SNS 网络服务为核心的新媒体不但完成了自身工具的整合运用,而且引领了传统媒体的整合传播,从而具备主导公众舆论和关注信息的能力。总而言之,网络舆情并不是与其他媒体传播所并列的特殊舆情,而是颠覆以往任何传媒能力,并决定了未来社会结构的公众沟通方式。

研究舆情问题需要溯源到互联网受众（虽然已经具备了很强的主动传播能力，但出于习惯和方便仍称为受众），也就是网民。当网民的民意表达集中和集聚时，即为网络舆情。网络舆情是由网民在互联网媒介上对其利益相关或关心的各种公共事务所持有的多种情绪、意愿、态度和意见交错的综合。简言之，是网民触景生情。舆情对于网民而言存在着价值，能够给网民带来满足需求的效用体验。科学认识网民产生舆情，并不是第二社会中虚拟人借助互联网技术的喧哗，而是来源于在现实社会中需求的行为反应。网民把这种现实需求自发地在网上表达，形成满足需求的意愿，就产生了网络舆情。网络舆情并不是网民直接满足需求的途径，但是当网络舆情通过传播效应放大后，确实有改变现实社会行为的能力。本质上，网络舆情的传播就是受需求驱使的受众行为，也是网络赋予网民更大的能力。

网络舆情在社交媒体上真正发展成影响媒介化社会的重要事物，关于社交媒体的价值和意义现在比较普遍的说法是它为用户带来了真正的个性化、去中心化和信息自主权。自 2000 年以来，新媒体已经从精英掌握的高端资源向多数人具备的基本能力转变，人们不再讨论"某个 SNS 诞生了"，而是交流"某个 SNS 有多流行"。全社会公众已经能够感知，网络媒体平台在不断创新中升级，目前处于以微博、SNS（人人网）、点评类网站（如豆瓣、大众点评）、标签、RSS、维基百科等社交网络综合应用为核心的阶段，社交媒体正在俘获更多的移动互联网受众。图 7-1 分析了社交媒体时代新媒体运行结构。

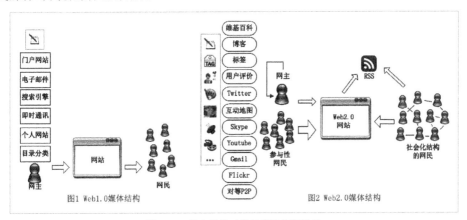

图 7-1　社交媒体时代的媒体运行结构

注：SNS，全称 Social Networking Services，即社会性网络服务，专指旨在帮助人们建立社会性网络的互联网应用服务。

RSS 是站点用来和其他站点之间共享内容的一种简易方式（也叫聚合内容），最初源自浏览器"新闻频道"的技术，现在通常被用于新闻和议题按顺序排列的网站。

Wiki 是一种多人协作的写作工具。Wiki 站点可以由任何人维护，每个人都可以发表自己的意见，或者对共同的主题进行扩展或者探讨。

Tag 的出现是为了区别于传统的目录分类，本书称为"标签"，是由用户自行定义的标示词用以显示和突出搜寻的重点，以便为自己和他人更好地索引和指示浏览。

需要指出的是，以上的前沿新媒体并非相互独立，而是以社会化网络服务为核心，社交媒体整合了微博、标签、SNS、RSS、维基百科等媒介，并以互联网为平台，接受通讯网和电视网的内容及工具支持（比如短信、视频和 SNS 的结合）。从微观层面上看，社会化融合充分体现在网络媒介合流提供服务；宏观层面的三网融合，推动了传播媒介在网络社会和现实社会的融合，由于互联网、通讯网、电视网都具有实时性和互动性，因此社会网络基础的综合性传播服务已然成型，并具备高度的真实性和可操作性。

分析网民的网络行为，能够造成网络舆情的主要有：发动议题行为种类，如帖子、博客日记、音频视频、图片、短信、链接、评论等等；此外还有许多网络媒介支持了网络舆情：电子邮件、搜索引擎、社会性服务、维基百科、标签、Twitter、互动地图、新闻、即时通讯等；网络游戏和在线音乐等少数媒介对网络舆情也存在着边缘性影响。网络舆情是如何激发最广泛的评论和线下行动，还需要在交互式的行为主体、链式反应的传播模式、多样化受众的广泛参与及回馈方面做深入研究。

我国公众上网意识较为积极。网民受众更能依靠其网络经验，将网络作为其社会交流，表达个人意见的关键场所。随着社会经济的发展，人们的生活水平不断提高，对物质的需要达到一定满足后，社会交流和信息获取成为了精神生活的重要成分。现代社会人际交流方式更加间接，网络作为媒体和交流工具填补了人们在日常生活中信息和社会交流的空缺。充分体现在公众权利的扩张，主要是知情权和表达权。将近 25% 的中国网民称，其每天都必须使用网络，无法离开网络这样一个环境。

7.2　社会性网络信息传播的模型演绎

7.2.1　社交媒体主导的社会性网络环境

受到参与体验理论的推动，传播学对于网络舆情成因理解得到了深化，本书进而对社会性网络信息传播的模式深入分析。社会性网络信息传播是本书建立的一个概念，是与网络信息最密切的媒介融合，包含了新媒体与传统媒体。此定义也不同于社会性服务 SNS，在媒介融合的趋势下，本书认为不但单一种类社交媒体的受众形成社会性网络应用，而且所有媒体间也形成了社会性网络，实现媒体跨界并向受众提供社会性服务，最终向所有受众提供了一个全媒体情境的社会性信息传播平台，网络是物质基础也是社会交往关系的形态。之所以研究社会型网络信息传播，是为了更好地理解网络舆情。图 7-2 展现了网络舆情视角和媒体视角下的互动关联。

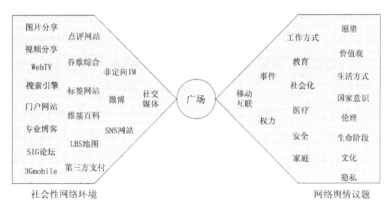

图 7-2　网络舆情议题与社会性网络环境形成数字公民广场

以社交媒体为核心的互联网媒体结构已经完成了社会性网络整合，形成了信息跨媒体传播调用的网络基础，进而可以迅速将信息从互联网媒体传向移动通讯、有线电视、IPTV、广播电视、报纸、杂志等，从而在最广泛程度上实现传播信息的覆盖和议题的扩散。

网络舆情议题也实现了个人需要、群体需要和社会需要的关联，依靠强大的移动互联接入和社交媒体关联，推动舆情背景由所有人的需要转化为每个人的需要，并通过参与舆情事件的传播实现个人需求。在此过程中，受众借助社交媒体，个人保持移动互联的在线状态，并通过声音持续地交头接耳传播话题。属于数字公民的广场（包含最广泛多数的独立个人、无边际聚合的关联空间、高度社会性和需要性的信息内容）得以建立，并永不落幕。在这个广场中，受众享受的自由权利是超越现实社会的，限制条件来自于法律、能力、意愿、隐私等，这种自由传播是对未来社会描绘的一种即时性实现，"每个人自由发展是一切人自由发展的条件"（《共产党宣言》），即使这种"实现"是网络虚拟的，但是并不妨碍其为网民提供足够的满足感。

7.2.2 参与体验理论对受众舆情的解释

传统传媒理论经历了"枪弹论"、适度效果理论、教养理论等，这些理论指导着传媒对于受众的影响效果，传媒研究的变量、结构和过程不断从简单向复杂深入。信息科技日新月异，释放了人类交流的能力，社会文明的高度发展滋养着公民意识。当代传媒理论在新媒体的体验环境下取得了新的进展，美国西北大学新闻学院教授鲍比·卡德（2008）研究提出了参与体验理论（详见"6.1.2 受众社交参与的加强"）。

在参与体验理论下，大众媒体传播演化为一种建立和保持参与行为，创造参与感满足的体验过程，媒体受众经历了未知—注意—兴趣—认同—欲望—介入（Invole）—行动（消费）—重复行动—活跃客户—推荐朋友—鼓吹者（Advocator）的过程。传统媒体作用难以延伸到行动之后，正是由于互动式新媒体的广泛应用，使得行动后过程作为完整媒体受众体验的重要环节纳入研究范围。在拓宽的媒体能力范围中，媒介目标是推动受众有效参与到互动体验中，以整合的多种媒介创造开放于受众的体验场，以至于媒介无需提供内容，而是让参与受众自主创造，当媒介场中的受众达到上百万，社会性原理证明总会有激动人心的议题诞生。在参与体验理论框架下，传媒功能成就了众人发布、治理、享有的网络空间。由于大众参与到传播过程，即使同一议题的传播内容也不再是单源和固定的，而是经过了多人多次的加工而显得丰富多样，任一受众在体验前后接受的议题信息是不断进步的，如同体验深入情境，不断演进并深入的议题信息。参与性特征在为受众创造全程化体验的同时，也为议题信息和传媒效能创新了体验。这个过程整合了经典的 AIDA 模型及消费者演化模型，体现了新媒体受众深度介入的体验步骤。

7.2.3 网络议题升级模型

本书将网络议题升级分为媒体升级、受众升级和舆情阶段升级三块内容展开研究。基于社会性网络信息传播的核心是互联网媒体，为简化问题，研究设定网络舆情从互联网媒体起源，经历跨媒体、交互媒体、社会化网络服务，最终完全进入社会媒体平台。除了媒体介入的不断深入，基于议题参与主体网络受众的行为分析也值得研究，可以发现存在着一个显著的受众升级过程。

在网络社区上，某主题内容发布后受众即产生，并成为主题的客户，通过回帖讨论等行为，客户群发展扩大，受众主观或客观地参与主题，进而再讨论最积极的受众成为活跃受众，并有推荐者出现将主题扩散到各个社区板块，激起新的受众升级。之后比推荐者更活跃的鼓吹者开始出现，鼓吹者除了推荐主题，还主动地邀请受众讨论，积极引发关注，不断将主题从内容、层次、理论或道德上扩大化。随着主题的结构化，议题得到媒体的确认，并正式设立议程，兼备抽象表述和情绪感召的意见领袖开始出现。当议题下的受众进入社会行动状态时，受众完成了虚拟网络传递到真实社会行动的跨越，领导者将从行动受众中诞生。

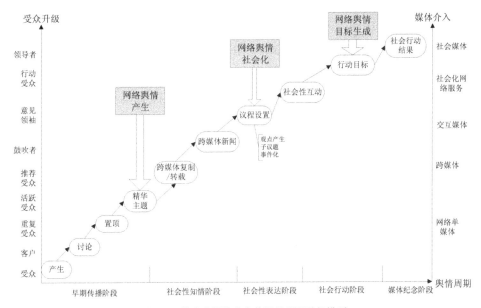

图 7-3　社会化网络信息传播的议题升级模型

媒体升级和受众升级具备正相关性，同步推动了舆情阶段的升级，结合先前理论模型的演绎和网络议题的归纳，本书提出了网络议题升级模型，如图 7-3 所示。

图 7-3 将复杂的网络舆情形成和社会化网络信息传播模式有机结合，抽象得出以议题发展为核心的升级过程。任一个主题帖都有可能发展成具有社会行动结果的网络舆情，从舆情周期上看，网络舆情可以经历五个阶段：首先是早期传播阶段，这一时期完成了从帖子／主题到热烈讨论，再到置顶主题和精华主题的网络舆情产生过程；当精化主题被推荐受众或媒体自动转载到其他网络媒体，主题就进入社会性知情阶段，一般跨媒体转载后进入跨媒体新闻榜的更有希望成为影响力继续扩大的议题。在社会性表达阶段，议题被媒体作为议程设置醒目出现，标志着该议题下网络舆情的社会化，通常一个议程设置有若干个观点产生，并形成几个子议题，议题的事件化推动受众不断加深认知及情感投入，从而完成了舆情的线上准备。最充分的社会表达会激起社会性互动，从而推动网络舆情向行动目标转化，当行动目标在议题中确立时，网络舆情就完成了目标化，至此进入社会行动阶段。最终全部媒体对社会行动进行跟踪报道，并形成最终的记录。如果出现了社会行动结果，舆情就进入媒体纪念阶段。网络媒体受众的认同度和参与度决定了议题从原形到产生发展的步步升级，并且成为了网络舆情质和量的累积，最终有可能成为社会行动，并产生结果。此外，舆情周期也可能在运动中反复并再次形成新的行动目标。

由于网络媒体的即时公众互动特征，使得网络舆情的飞速发展，几乎以"天"或以"小时"来计算舆情阶段。传统媒体在一次性传播效率上具有优势，但是存在传播时间特定化、传播工具固定化和缺乏立体反馈的劣势，而网络舆情的滚雪球优势是任何其他媒体不能抗衡的。由于网络媒体间隔、影响者间隔和行动间隔都很小，传播学标准的广告艾达（AIDA）效应过程被大幅缩短了。其次，跨媒体反应推动了网络讨论的社会化，对于迅速崛起的网络议题，微博、SNS、RSS、IM，甚至门户网站新闻都添加链接并主动转载，使得网上链式反应不断放大并加强，无形中形成跨媒体整合传播的态势。QQ 推送、微信页面弹出、短信 SMS、手机视频、电视媒体的跟进更将这种声音传播到全部社会媒体渠道，最后报纸杂志也会在后续对舆情事件进行回顾和深度报道。这种社会化过程及力量已经强大到足以影响现实权力格局和利益结构，形成虚拟世界向第二社会转化。第二社会是在新经济浪潮的影响之下，以互联网为核心，以虚拟应用为基础形成的一个完整社会形态。其具备了多样化的经济、文化和政治贡献，有着分工明确的管理者、制造者和消费者，具备一切现实社会所具备的组成元素。最后，真实受众应对舆情的线下行动及反馈是网络舆情最具力量的表现，这种行动往往是集体性的，而且具备积聚性（在网上完成了组织程序，目标程序和情绪累积）以及突发性，应对单位如果疏于对网络舆情的了解且应急处置程序拖沓，往往就会处于被动并举止失措，对比其无知和软弱则更显示网络舆情的强大力量。

目前来看，社交媒体的网络关系发展已经大大缩短了图 7-3 基于论坛的舆情传播周期。在社会结构的阶层化需要和矛盾的基础上，社交网络的舆情产生只要两步：网民媒体爆料，而后，媒体公共账户或自媒体大 V 微博账户转发；如果媒体公共账户或自媒体大 V 微博账户本人爆料，一步即可形成网络舆情产生。极大地增强了舆情预控和预防的难度，现实的社会问题和社交媒体使能构成了传统组织网络管理的巨大压力。

通过网络议题升级模型，本书将网络舆情的产生和发展到行动化程序，在周期分段说明，并引入受众的参与体验和媒体的参与推动来归纳其行为模式，为网络舆情的管理措施和控制建议提供了重要的理论依据。

7.3 网民受众的舆情需求

网络舆情能够反映网民受众的真实需求，现有研究主要通过传统的传播学理论分析公众需求的网络生成和转化，比如使用满足理论来解释对新媒体的使用动机和获得，也有人用议程设置理论分析网络受众热点话题创造需求。传播学应用公众的心理需要和期望带有社会性，是人们在社会生活中自发产生的并相互影响的反应，是促使其选择和参与何种社会文化活动的前提。需求产生动机，动机付诸行为，行为满足需求，这构成完整的使用与满足的过程。对需求的原始假设客观上构成了传播学强大效应理论派别和有限效应理论派别的起源差异之一。

本书认为人类的各种需要和欲望是思想及行为的出发点。互联网受众需求的起点也来自网民的需要和欲望。要研究互联网受众需求生成，以及网络舆情因何成为受众需求，就需要阐明网民受众自组织的认知—传播模式中需求的由来。本书继承经济学、心理学和传播学的研究成果，尝试建立"需要（前需求）—触发—参与"的三阶段受众舆情需求模型，如图 7-4，分析受众需求的构成及其性质，解构网络舆情问题的受众需求本源。

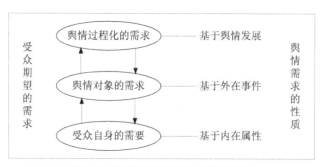

图7-4 舆情受众需求的构成及其性质

7.3.1 前需求（需要）阶段

前需求阶段指的是网民需要层面，前文6.2节"我国网民层次需要模型"已经详述；而6.3.3节"网民需要与需求的结构"再次明确了"个人需要"的初始阶段。需要阶段也是受众准备阶段或受众背景阶段，在承认了数字公民"原生"的社交媒体信息环境能力后，成为舆情出现之前已经具备的受众的内在属性。一些著名网络舆情的事件本身就具备了重大的话题性，能够激发受众感情的强烈共鸣，从而导致传播效果的最大化。这意味着在网络舆情产生前，已经具备了相当程度的受众需要作为基础。作为受众自身的需要，即使不存在网络条件，也会通过别的媒介和方式表达出来。而网络提供了一种最为便捷和自由的途径，并加速了暴露的进程（特别是社交媒体的诞生，更是实现了星系传播量级的信息反应爆炸）。有学者将受众基础需求的研究仅限于社会关注的负面问题上，如仇富、哄客等现象。本书认为，定位于存有争议的社会观点、给网民群体需求贴上标签、过早划分网民群体类别，都会掩盖真正需求的发掘。

需要阶段对于网民受众群体是一致的，即所有网民都具备这样的心理基础，而不同人感受区别可以用需要层次来体现。心理学对需要研究突出了基本状态和不变性。本书称前需求为受众自身的需要，人类的需要是指没有得到某些基本满足的感受状态，需要构成了受众网络舆情的内因。这些需要都是与生俱来的，不是传播者或政府所能创造的。需要存在于人的生理要求和其存在条件之中，此处不再重复赘述。

7.3.2 舆情触发阶段的需求

舆情触发阶段也是需求形成阶段，外在事件通过网络媒体将信息传递到了受众，舆情外因形成并作用于受众内因，从而触发了需求。由于网络舆情在早期表现为一种现象或行为描述（而不是一种论断），这就使得受众对舆情对象的需求（表象）直接指向了舆情事件的内涵（实质），从而使得需求具备了真实性和问题性，也为最后阶段将舆情需求展开，求得受众期待的现实开启了空间。

需求触发是指对受众将网络舆情视为了一种具体满足物。在前需求阶段，人的需要并不多，而受众的舆情需求却是纷繁复杂、各有不同的。各种机构和各种社会力量（受众之外的外部因素），诸如政府、学校、媒体、社区和企业发生的事件总会蕴含矛盾，不断激发受众形成各种舆情需求。人所处的外在环境不同，其能认识到和渴望得到的事物是不同的，网民所处的第二社会却具有很强的同质性。当网络新闻和搜索引擎联动，当网民跨群体社会性交流在网上畅通无阻，主流的互联网受众能够认识和渴望知晓的事物已高度趋同。这就不难理解网络舆情即使在现实人际传播中仍然呈现出较高暴露频次和较强参与效应。

在日趋复杂的互联网应用中网民到底需要什么？花哨的界面还是更快速的响应？能充分表现自我的多彩空间，还是自言自语的隐私花园？作为互联网媒介的使用受众多具有"被动接受、主动获取"的特性。（胡宝祥，2009）也就是说，他们在获取信息时是即需即查的，当他们需要信息时才会主动去浏览、获取，在一般情况下他们都是被动接受信息。因此，从个体事件上升到网民集体的舆情需求必然是被动接受和主动获取的双向触发。

本书认为受众接受的被动性体现在舆情事件客观发生，而受众获取信息和参与的主动性体现在将舆情事件对应到自身的需要层次中来。网民一天未曾主动点击而能收阅的信息可达上百条，但真正让网民搜索查询来主动获取，即为触发个体需求的仅有几项。每一项信息事件涉及的信息量、层次、主体、分类皆有差异。本书视外界环境对于舆情事件的输入条件值为一种刺激，作用于不同受众的内在需要层次上，经受众的价值反应过程，形成个体当下有效激发与否的决策。当一项信息事件得到多数网民的激发响应，初步形成了网络舆情。开发网民形成具体舆情需求的价值形成，如图 7-5。

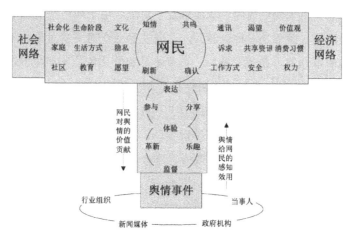

图 7-5　网络舆情事件触发需求的价值结构

研究发现网民舆情需求的形成结构包含横向、纵向和内在三个维度。横向维度是网民群体所处社会经济网络空间；纵向维度是对网民和舆情事件主轴的深入演绎，包括网民对舆情的价值贡献，通过社交媒体的转发、评论、关注、创造以及舆情等给网民的感知效用，通过监督、革新、乐趣形成体验的情感满足；内在维度是基于网民对舆情自我介入的内生价值。在这里，价值首先是一种满足。

7.3.2.1 舆情事件对应于网民所在经济社会空间中的价值

舆情起源事件一般都很个别也很具体，但是普遍涉及受众所处的经济社会空间。通过互联网的高效模式对事件信息的披露，大幅度消除了信息不对称性，也增强了网民对客观世界的认知。由此，展开在网民面前的真实有序的客观世界表象，可供受众进行选择、关注和分析。网民在真实世界中所处经济社会网络中各种具体内容构成了受众360°的日常生活，也是其思想和行为的源泉。网民从舆情事件中触景生情，通过互联网形成了现实世界经济社会生活内容和网络舆情的映射，即任何一个网络舆情都可以使受众个体在现实世界中找到相类似的社会生活写照，并且深刻激发了网民基础需要层次中的核心诉求。网络平台展示舆情事件，使得网民接受和获取舆情信息的效率和有效性大大提高，从而为受众创造了很高的价值。

横向维度价值指情感属性上的舆情需求形成因素和影响因素。将受众思维模式和资讯模式中的全部要素包容进来，纳入需求形成过程，并且在价值结构中得到显示。这就是从公民权利的人性需要中提炼出现实社会的网民需求，建立描述网民受众需求谱系的场景，从而开启研究具体舆情事件的新空间。

7.3.2.2 舆情事件需求的价值形成是网民内在与事件及相关者进行互动的结果

网民舆情需求是网民有能力体验并且愿意体验舆情的欲望。网民舆情需求的内在价值体现在网民自身行为对网民舆情价值的增值，主要由知情（信息获取）、共鸣（个体移情）、确认（心理归属）、更新（信息追索）四项受众特质构成。受众在舆情中主动建立起带有强烈个人色彩的价值判断和心理距离；关注并对观点给予赞成和反对的声音，当舆情的其他受众数量增加时，也增加了信息和观点的规模与数量；受众在舆情事件中实现知识更新和思维创造。通过网民用户具有的四个特质和潜能，能够给舆情价值带来源于受众的增量，这就形成梅特卡夫法则所述的由需求带来的新需求。这种受众内在的舆情价值增值不是一过性的，而是呈现出螺旋型增长。

纵向价值指"网民受众—舆情事件"主轴上的价值运转过程，由受众的价值体验和事件的价值供给交汇在体验点上。欧洲 Insead 商学院教授 Larreche（2000）称这个体验点为"关键的一刹那"，对于网络舆情，正是无数次关键的体验瞬间，构成了实际的舆情价值。围绕着这个循环过程，存在两个流向的价值链。一种价值流是从舆情事件流向受众，无论事件主导者（政府机构、媒体、行业企业、当事人）是否有意为之；另一种价值流是从受众流向舆情事件，同样无论事件主导者是否愿意接受之，从某种程度上说，由于后一种价值流的存在及作用，事件的最初主导者并不一定在后续传播中拥有主导权。舆情受众价值通过"受众—舆情事件"价值运转过程将这个方向的价值整合在一起，形成一个价值环，可以认为价值环的有效互动是网络舆情发展的前提条件。

7.3.2.3 舆情事件的相关者及其后续作用

网络舆情已深刻地影响到传统媒体。报纸记者、编辑和电视主持人习惯于在网上寻找新闻线索；网络"意见领袖"也乐于为报刊撰写专栏，到电视台做嘉宾访谈。网上的爆料，由传统媒体接手深入采访和评论，提升了可信度，更能引起政府重视；而传统媒体对社会不良现象的批评报道，经互联网的放大，迅速凝聚民意，产生强大的舆论压力。新老媒体相互借力，推动了不少社会问题的解决。

然而，少数政府机构、行业企业、当事人对于舆情事件采取了与受众截然不同的思维模式，不但无法及时响应受众需求，而且会推动网络舆情矛盾的扩大化。媒体在网络舆情事件中，和受众思维较为接近。事实上，媒体在网络舆情中通过和网民受众的结合，也获得了更大的监督权力，这对于满足网民受众的需求，促请政府机构、行业企业或当事人的认识，及时纠正偏差，具有重要的意义和作用。

7.3.3 舆情的过程化需求

研究网民受众在网络舆情中的行为发现，多数受众在积极参与网络舆情的发展和传播，实际正是由于受众群体的持续性积极参与（转发、顶帖、回帖等），才构成网络舆情在时间上具备热点话题的阶段性，在内容上具备深度挖掘的进展空间，在性质上具备酝酿矛盾及化解矛盾的社会属性。在舆情需求总模型的第三阶段，网络舆情发展过程也成为受众需求，受众不但在舆情事件上寄托了自己的渴望，而且在舆情的发展过程中也赋予了特殊的期待。特别是当现实事件难以在时间空间上触及或更改，受众对于具体满足物的需求就从舆情事件抽象到了舆情本身，李普曼的拟态情境理论也指出受众需求具有多维性和情境依赖性。至此，舆情需求进入自组织阶段，受众的需求产生了推动舆情升级的力量，并建立起对舆情结果的需求，这就构成网络舆情现实影响力的主体动机。

除了每个人所处不同环境与受众协同创造体验之外，互联网具有集结受众到同一情境的力量，并对受众欲望的生成起到重要作用。任何舆情的起点都是受众需要与欲望，通过整合的网络舆情传播过程，达到受众的需求满足。

前文分析了受众对于网络舆情在准备阶段和形成阶段的需求，众所周知，舆情的最大威力在于其传播升级的迅猛程度和对社会的影响。因此，舆情发展的过程阶段，也是受众需求不断升级的阶段，甚至是最猛烈的阶段。舆情存在着发展周期，因而舆情周期中的受众需求也有发展和变化的不同阶段。

网络舆情发展周期的研究也有不少成果，在网络议题升级模型中，研究者提出将网络舆情分为五个主要的升级阶段：早期传播阶段、社会性知情阶段、社会性表达阶段、社会行动阶段、媒体纪念阶段。其中有三个关键节点：网络舆情形成、网络舆情社会化和网络舆情目标生成。网络舆情并不是孤独的升级，媒体和受众也在舆情发展周期中同步升级，网民舆情周期就是网民在具体舆情上的体验效用产生、发展、成熟、衰退的过程。本书重点研究网络舆情传播过程中的受众需求，对受众的深入研究可以发现，受众的需求在网络舆情过程阶段同样经历着不断升级的过程，并支撑了网络舆情庞大受众群体中各色职等。在图 7-3 中，社会化网络信息传播的议题升级模型将参与受众分为八个等级，包含路过受众、重复受众、活跃受众、推荐者、鼓吹者、意见领袖、行动受众、领导者，呈金字塔般的崛起。

假设逐级转化率为 10%，某项重大网络舆情的参与者数量结构如下：

◆ 100 000 000 名，一亿路过受众，接受过该网络舆情信息的人；

◆ 10 000 000 名，一千万重复受众，重复接受该网络舆情信息的人；

◆ 1 000 000 名，一百万活跃受众，持续关注并积极评论该网络舆情信息的人；

◆ 100 000 名，十万推荐者，积极评论并推送传播该网络舆情信息的人；

◆ 10 000 名，一万鼓吹者，强烈推送传播网络舆情信息并鼓吹行动的人；

◆ 1 000 名；一千意见领袖，关注该网络舆情信息的主要意见领袖 KOL；

◆ 100 名，一百行动受众，自组织并参与网络舆情线下行动的人；

◆ 10 名，十位领导者，网络舆情线上线下行动的领导者。

图 7-6　网络舆情的需求阶梯

我国网民人数已达 5.91 亿人（2013 年 7 月 CNNIC 第 32 次报告发布），每天都会发生上亿人参与的网络舆情，经过社交媒体加速的网络舆情参与受众也有着缩小层次和提高转化率的趋势。从舆情传播的需求目标来看，本书为网民舆情的需求升级建立由低到高的五个台阶，如图 7-6 所示。分别是网民知情的需求、表达的需求、共识的需求、监督的需求、行动的需求。以下将分别阐述受众对舆情传播发展的五大需求。

7.3.3.1 网民对舆情知情的需求

党的十七大报告在扩大民主的政策方针上，明确提出了"保障人民的知情权、参与权、表达权、监督权"的要求，知情权位列第一。然而，仍有不少为政者仍将公民视为单纯的被动接受者，"民可使由之，不可使知之"的观念仍根深蒂固，漠视公民"知情权"的意识仍是挥之不去。

知情权是指知悉、获取信息的自由与权利，包括从官方或非官方知悉、获取相关信息。狭义知情权仅指知悉、获取官方信息的自由与权利。随着知情权外延的不断扩展，知情权既有公法权利的属性，也有民事权利的属性，特别是对个人信息的知情权，是公民作为民事主体所必须享有的人格权的一部分。

关于知情权的范围，我国学者的分歧较大，范围最广的研究包括知政权、社会知情权、对个人信息了解权、法人的知情权和法定知情权（指司法机关享有的了解案件有关情况的权利）。多数学者坚持不应将对个人信息了解权、法人的知情权和法定知情权纳入知情权。本书不对法律问题展开探讨，但是必须指出，网民受众不是研究法律的学者，他们主要关注两点：一方面是作为报道活动前提的知情权，这是为了保障信息传递者的自由；另一方面则是信息接受者的自由，即收集、选择信息的自由。来自于网络的知情需求如此澎湃，以至于国家保密权、公众隐私权和个人隐私权几乎在网络舆情中被普通网民无视。无论是国际上"棱镜门"中斯诺登的揭秘行为，还是国内网络暴力，网民"人肉搜索"触犯"众怒"的舆情当事人，都体现了这种趋势。

有关法律法规对于知情权和隐私权的界定仍待完善，缺乏法律依据下的行为，无论是公权力、媒体还是受众行为，都存在动机导向下的自由化倾向，尤其是网民受众群体，有着以伦理标准代替法律规则、放大一切知情权的趋势。这种蓬勃而起的网络知情需求，是长期由国家主义和官僚主义主导的单向信息传播的反弹。如果在新闻出版放松管制的社会环境中，这种对网络的狂热知情需求未必如现状般严重。即使权力和法律尚未完善，数字公民也有理由了解政府与官员的行政行为及一切有利公民正当活动的信息。在数字公民面前，个人应该知道的信息和其想知道的信息，均是由其本人进行定义的，特别是在法律和政府尚未给出令人满意和令人信服的答案之前。

7.3.3.2 网民对舆情表达的需求

表达权指公民有权依照法律表达自己对于国家公共生活的看法。表达权主要在宪法上体现为言论自由与出版自由，表达主要是透过评议的方式来公开陈述和表明自己的观点，游行、集会、示威等权利也可看作是宪法上的表达权体现。

网络舆情中知情需求和表达需求是伴生的，其关系存在冰山效应（心理学及管理学研究发现，如同海面上的冰山，露出水面的只有1/7，表露在外界的信息部分远小于后台系统的真正含量），论坛中对于网络舆情的浏览（知情）和回帖（表达）数量之比一般在20：1左右（此处仅统计看帖和回帖数量，并未考虑受众新发帖）。可以这样理解，存在受众群体的知情需求，就必然存在少数受众的表达需求。由于网民受众在真实社会中受限于身份、地域、时间、金钱和能力等，难以完全行使表达自由，而在互联网上，我国网民不分年龄、性别、职业、文化程度，都能够找到自由表达意见的场所。因此，我国网民受众的社交媒体相对自由度是最高的。对于部分受众，只有在社交媒体互联网，其才有愿望有能力表达出自己的意见和观点。在表达需求上，舆情对于受众也是有吸引力的。受众在舆情传播的过程中，通过自己表达或他人表达，真切地享受到了表达需求的满足和快乐。

毋庸置疑，目前公民表达权的范围与途径还需要进一步拓展与扩大，需要有更多的制度来明确和落实公民的表达空间，从而削弱互联网目前在舆情表达的垄断地位。网络传播立法和新闻立法对于网络传播制度建设都极为重要，目前来看立法严重滞后于媒介化社会的传播实践。同时我们也应看到，以 @ 人民日报和新华网时评为代表的党媒积极建设互联网平台的社交存在，在引导公众舆情表达上发挥出越来越重要的职能。

7.3.3.3 网民对舆情共识的需求

广义的舆情是由个人以及各种社会群体构成的公众，在一定的历史阶段和社会空间内，对自己关心或与自身利益紧密相关的各种公共事务所持有的多种情绪、意愿、态度和意见交错的总和。一种激进观点认为，舆情本身并不是对民意规律的简单概括，而是对"民意及其作用于执政者及其政治取向规律"的一种描述。研究者对于网络舆情发展必然走向单极化舆情的观点是持保留态度的，一个理想的网络舆情应该发展为广义舆情观点中多种意见的总和。

受众在需求升级过程中，一旦进行舆情表达，就必然要将个体的情绪、意愿、态度和意见融入观点群体，这就产生了共识需求。人的社会属性同样适用于第二社会中的受众。传播学和社会学的研究都证明受众有寻求与自身意见相同的群体，并通过表达融入意见群体的倾向。常规意义上的共识应形成网络舆情的若干个不同意见群体，而不是绝大多数受众形成同一种共识。在现阶段我国部分网络舆情所体现出单一化和极化意见，是由于受众普遍采取了体制外以伦理意识为主导的思想，来表达对体制内以行政和法律为主导的程序结果的不同看法。在这里，体制是指由国家机关、企业、事业单位等制度化组织。对应于普遍的网民受众意见，容易出现几种主要的意见差异：

（1）精英阶层的理性思考（往往是去除了普通民众狂热伦理标准和情感因素

的），提出法制化解决问题的意见；

（2）少数人罔顾网民感情，挑战社会伦理，仰仗特权力量解决问题的意见；

（3）多数公众基于自身所处阶层立场，以理想社会伦理，传统道德标准，带些民粹性质的平等理念，推动强烈的情绪化表达甚至民意审判，作为解决问题的"公共"意见；

（4）还应该包括静默，即无视网络舆情，毫无表达声音，完全依赖于体制内流程的无意见。

从网民需求的角度看网络舆情，应该减少（2）和（4）这两类容易造成情绪对立的意见披露，以具有公信力的（1）类意见，控制和引导（3）类意见，对于公众感知和态度的产生、发展和变化规律，其行为过程本身首先体现了利益诉求和阶层化抗争，并不具备政治判断；而对于政府机构及所有相关者，运用成熟的公关传播能力，不使自身的言行走到网民主流意见的对立面，主动采纳和融入（1）类意见，以行动和声音促进网络舆情得到引导和疏解，削弱民粹化意见的群体极化倾向，是促进服务型政府社交传播改革的一个重要步骤。

7.3.3.4 网民通过舆情监督的需求

十七届六中全会上胡锦涛同志指出，互联网已经成为思想文化信息的集散地和社会舆论的放大器。网络舆情，特别是在其形成共识阶段后，将自发的网络舆情上升到舆论监督，也成为网民受众的新需求。监督权，是指公民有监督国家机关及其工作人员的公务活动的权利。它是公民参政权中的一项不可缺少的内容，是国家权力监督体系中的一种最具活力的监督。作为参政权的一项内容的监督权，也是直接的政治监督权。它主要包括：批评权、建议权、控告权、检举权。批评和建议在网络上已经成为受众群体期望并实际享有的权利。如果认为舆论是在一定社会范围内，消除个人意见差异，反映社会知觉和集合意识的，多数人的共同意见，那么，舆论一般都是公共事件，对公共事件的舆论监督在网络上成为每个受众触手可及的权力。和体制内的监督途径不同的是，在网上，受众可以自己建立以伦理为主的监督体系，许多情况下并不受法律法规的约束。这使得受众的监督权力和社会监督权力产生了语义差异，从这个意义上，网络舆情再一次赋予网民受众更大的权力。

由于以言论自由为核心的网络表达，还需要完善尤其是以诉讼为核心的救济内容，以规避网络舆情的极端倾向的破坏性，确保权利能够得到实在的保障。因此，线下的舆情事件进展应满足诉讼为核心的救济，而当线下救济无效果或者不作为的时候，网络舆情监督就会自发转化为网络诉讼为主的救济和破坏力量，例如人肉搜索、网络通缉令等网络暴力。

7.3.3.5　网民通过舆情行动的需求

网络舆情的线上准备完成的时候，最充分的网络舆情传播会形成发源于网络的舆论，从而推动行动目标生成，当行动目标在舆情议题中出现并确立后，网络舆情就完成了态度倾向和意见反应的统一，进入社会行动阶段。网民受众的舆情监督如果得不到有效的响应和反馈，就会形成呼唤行动的需求。近年来出现的人肉搜索、集体散步、寄明信片、爆吧等各种各样的行动（人肉搜索和爆吧属于线上行动；集体散步和寄明信片属于线下行动），都源于网络受众的行动需求，其本质来源于网民对于舆情诉求的满足。由于网民人数众多，在一些重大网络舆情中，知情的网民受众已达几千万甚至上亿。经过层层转化升级，只要有万分之一比例的受众参与转化行动，那就是一股不可忽视的力量，有可能形成对社会、经济、生活、政治，甚至军事和外交的冲击。及早发现网民受众的需求升级规律有助于深刻认识网络舆情传播。

应该认识到，网络舆情需求的行动可以不经由网民受众来完成。之所以受众自发行动，是建立在网络舆论监督明显且需求急迫，而政府机构、相关企业、媒体等行为与网民需求期望产生较大差异的情况下。只要将<u>网民视作人民的重要组成和一种线上存在形态</u>，政府机构、相关企业、媒体等就有必要在网络公共议题中响应受众诉求，并有目的引导受众合理解决问题，实现网络舆情的公共服务职能。各级政府主官对于早晚一次舆情简报的跟踪和会议议程讨论重要网络舆情，已经体现出网络舆情成为非重视不可的公共传播互动形式，只是尚缺乏公开对话和对等议事的空间。

网民行动的需求也符合网络舆情发展周期规律，并不是一天生成的。只要各级参与者理解网民需求，理解舆情事件发展对于网民的价值，完全能够更好地为网民服务，助其实现需求。即使在网民需求进入到行动阶段，也能够促使舆情向解决问题的积极方向转化。总之，化解矛盾，要考虑网民实现行动的动机和目的，达成网民受众需求。

7.3.4 受众对网络舆情的高峰体验

为什么有些无直接利害关系的网民，毫无利己动机，却连续几天孜孜不倦地围绕网络舆情发帖、跟帖和评论，并进行深入调查和访问，乃至号召并实施行动？受众跟随网络舆情升级的过程，也是受众在自身能力之外，体验某项目标历经坎坷最终实现的过程。本书认为网络舆情对于深度参与的受众，具备超越自我实现的价值。

这种体验，是一种高劳动强度的传播投入，本质上不被传统管理者理解和认识。在线上空间里，网民有何经济动机和文化动机？其现实的政治动机也是偏向虚无的、无组织地建立在虚拟空间的流动沙丘上。甚至其诉求和目的也是空泛的和抽象的。但是却造成了对具体组织的压力，也形成了一定的困惑。从人的传播本质上看，可以发现技术使能人性的新的理解。

对于自我实现的价值，马斯洛研究将自我实现的创造的快乐称为"高峰体验"（Peak Experience），这个时候是人处于最激荡人心的时刻，是人的存在的最高、最完美、最和谐的状态，这时的人具有一种欣喜若狂、如醉如痴的感觉。当人们在外界发现了最高价值时，就可能同时在自己的内心中产生或加强这种价值，更多地参与舆情传播。总之，较好的人和处于较好环境的人更容易产生高峰体验。本书研究发现，网民受众在参与网络舆情过程中易处于比现实中更好的环境和更好的状态，因而容易产生高峰体验。

马斯洛后期（1968）在他的著作《存在心理学探索》第二版"前言"中写道："我认为人本主义的、第三种力量的心理学是过渡性的，为更高的第四种心理学，即超个人或超人本心理学做准备，这种心理学以宇宙为中心而不是以人的需要和兴趣为中心，它超出人性、同一性和自我实现等概念。"[1] 此时，心理学理论和管理心理学麦格雷戈 XY 理论发生交叉，马斯洛开始将五类需要层次划分为缺失性需要（前四类）和成长性需要（第五类），后来也称超越性需要。[2] 其动机理论得到重大修正，最高层次需要已经不是自我实现需要所能涵盖的了。有人明确提出将超越性需要排在自我实现需要之上，作为精神性需要或超越自我实现的需要，而成为需要层次理论的顶峰。[3] 马斯洛提出 Z 理论，人具有一种积极的、以生物学为基础的、在精神上自我

---

[1]　[美]马斯洛：《存在心理学探索》，李文湉译，云南人民出版社 1987 年版，第 9 页。

[2]　Maslow, Abraham, "Towards a Psychology of Being", Wiley; 3 edition. 1998, P89.

[3]　[美]李安德：《超个人心理学》，若水译，台北：桂冠图书股份有限公司 1994 年版，第170—173 页。

实现的本性（区别与个人意义上的自我实现）。精神具有自然主义的意义，无需任何宗教的或形而上学的假设。

这种高峰体验不仅仅是个人意义的自我实现，它含有一种超越的满足感，超越是作为目的而不是作为手段发挥作用并和一个人自己、和有重要关系的他人、和一般人、和大自然以及宇宙发生关系。[1] 社交媒体提供给个人近乎无限的传播空间，使得不同关系层次与人的信息关联更为紧密，从而促成个体在网络舆情的深度传播中形成超越需要，并实现之。

正如尼葛洛庞帝（1996）提出，未来的数字化生活使人们需要某种信息的时候，可以直截了当地要求，或含蓄地暗示。受众通过自己主动的网络舆情进行自我实现的过程中，不但随选舆情信息，而且明确地建立了基于自身价值观和道德观的直接要求（或含蓄暗示），最终舆情的知情、表达、共识、监督和行动都是对于自我实现期望的成就。我国网民受众在网络舆情的发展中能够享受到不寻常的成就和满足感，这也是推动网络舆情不断发展的重要原因。因此，推动线下社会各阶层实现期望和满足感，也是行政管理者媒介化社会执政的重要任务。

7.4　面对舆情需求的服务型管理

我们可以发现，互联网关注新闻时事、直抒胸臆的网民受众已经结成了一个有现实影响力的虚拟"压力集团"，《人民日报》的周瑞金（2010）称其为"新意见阶层"。在面对贫富冲突、劳资矛盾、城市拆迁、农村土地流转、环境污染、医疗教育、道德失范等问题时，特别是政府施政缺失和司法不公，形成巨大舆论压力。网民从自身利益出发评议公共政策，经常能够有效地改变决策方向。（人民网舆情监测室，2009）

本书围绕网络舆情的受众行为的需求理论根源展开。心理学认为人的行为受思想支配；经济学认为人的行为来自于效用最大化，获取最大的投入产出；传播学也能从源头建立网民对网络舆情的需求理论，发现受众需求，调整传播策略，全心全意帮助受众实现需求。这才是从根本上解决网络舆情热点问题的关键。

实现网民舆情需求，并不是放任舆情和放大网络舆情，国内外研究认为网民自

---

[1]　[美] 马斯洛：《人性能达的境界》，林方译，云南人民出版社 1987 年版，第 271—276 页。

发实现需求的行为存在背离需求的可能性很大。当且仅当真正的受众需求得到满足，受众愿望得以实现，互联网上的网民舆情表达才会进入常态。而当前一定阶段所表现出的网络舆情效应，正是体现了真实社会中许多网络受众"阶层化身份"的压力和矛盾不断产生，难以疏解的状态。

加强对社交媒体传播规律和人的基本需要的学习，作为建立网络舆情管理的出发点，所有的监督管理机构、媒体管理者和网主都要学习网络社交媒体传播理论。面对服务对象和媒体受众进入网络情境时代，管理者有必要认识社会性网络信息传播规律，特别是认识网络舆情的发展和运行规律，将自身定位融入到网络舆情的受众中去，建立帮助受众解决信息不对称和具体需求问题的服务化理念，实现对其需求的服务与管理。管理者千万不可忽视受众，做出螳臂当车的逆势行为。

在充分认识的基础上，还有以下三点可供参考作为网络舆情的服务管理措施。首先，在各阶段网络议题爆发的节点上应提供"事实加逻辑"的理性观点，目的在于向舆情提供问题解决方案，削弱情绪导向的影响。这些节点体现在社会表达阶段的跨媒体复制转载，社会知情阶段的议程设置，以及社会行动阶段的目标确认。所有参与媒体及管理者都应负责任提出并解决问题，在网络调查为依据的公众观点中，可以提供相互独立、完全穷尽的选项，用公正的大众观点数据来支持网络舆情，而不是用非中立的歧义选项误导受众的调研结果，进而以歪曲的调研结论再推动舆情极端化。媒体还可以适当引入权威或者专业人士的评论，添加知识库链接，对议题涉及的非常识性要点进行法律、技术和程序的介绍，最大可能消除信息不对称和信息不完全，鼓励并引导媒体受众关注议题的理性认识。

其次，所有网络舆情参与者和管理者都要改变观念，网络舆情应该是两种以上的声音综合。部分持激进派观点的学者认为网络舆情具有鲜明的取向性，而本书认为网络舆情是对具备公共事务性质的多种情绪和意见综合，不应将其视作带偏见的极端情绪的不定期发泄。因此，不但要建立理性化的多样性，而且要保护这种多样性，将网络舆情建设成一个公平公正公开的平台，保护而非压制多样性意见，支持广大受众对于公众事物的理性探索，没有单向的真理，真理总是在创新与保守的讨论中前进。

最后，加强预测与分析能力，注重对具有行动导向的高敏感主题的观察和分析。我国已经建立起初步完善的公共卫生安全保障体系和高效预警机制，而社会性信息传播的舆情保障和预警却极为忽视。网络舆情不鸣则已，一鸣惊人，多数关系到公共事务的网络议题包含了问题与情绪，问题需要向着解决的方向进展，情绪也应在问题解决的基础上慢慢纾解。无论企业、机构或政府部门都要加强与自身有关的网络舆情的知情和预测，以积极的态度参与讨论，提供服务，适时进入危机处理程序，消除网络舆情强大力量的负面作用。

以上三点，都是从传播者可干预的过程阶段思考的策略。治本之道，还在社会结构优化与阶层需要实现。推动政治改革和经济改革解决深层次阶层固化问题，实现改革成果惠及所有人，让每个中国人都有实现梦想的机会和可能。重构现代社会稳定的橄榄型社会结构，成为网络舆情前阶段（需要阶段）建设和变革的核心，传统新闻传播定位于耳目喉舌的功能，新媒体传播革命下媒介化社会传播缺失时刻体现并实践着当代中国。

相关机构认真研究网络舆情的受众需求本质后，提供满足网民舆情需求的内容和策略。也有必要在某些不能直接满足网民舆情需求的情况下，先提供所能满足的部分，有步骤地提供满足路径，实现程序满足和愿景满足，导向受众的终极满足。应该认为，以新意见阶层为代表的广大民众，要求的幸福感和满足需求，与政府决策层要落实科学发展观，深化经济、政治、文化、社会"四位一体"改革的强烈愿望和崭新执政理念的结合，这是当今中国改革的动力所在。

7.5　网络反腐的需求——光靶效应

反抗专制特权的斗争始于为信息和交流的斗争，也一定会终于为信息和交流的斗争。

——阿桑奇

随着社交媒体成为我国媒介化社会重要平台，社交媒体发源的互联网反腐成为集中网络民意的舆论趋势之一。近年，网民通过官员在公开场合出现的照片监督公职人员的风气正在兴起。以 8·26 特大交通事故照片引发的"微笑局长"事件为代表，互联网反腐已经成为网民社交媒体传播需求的重要一环。

2012 年 8 月 26 日，在陕西省延安市特别重大道路交通事故现场，一张报道照片中露出微笑的陕西省安监局局长杨达才受到网民集中关注，微博纷纷出现其佩戴多块名表等严重违纪问题。9 月 21 日，陕西省纪委确认，身陷"微笑门"和"手表门"的陕西省安监局局长杨达才存在严重违纪问题，依据有关规定，被撤销省纪委委员、省安监局党组书记、局长职务。早在 2008 年 12 月，南京江宁区原房产局局长周久耕因发表"查处低价销售楼盘"言论而遭到网友人肉搜索，被曝出抽天价香烟、戴名表等腐败嫌疑，被网友称为"天价烟局长"，周久耕随后受到有关部门的审查，并被移交司法机关。

两起典型的互联网反腐事件都有类似的起源——高调忤逆民意的官员，随后问题被一张时空定格的照片揭开，从而将行为放大到了复杂中国的转型期网络舆论场，永远地定格在历史空间中。"复杂中国"是《环球时报》主编胡锡进 2012 年提出的观点，认为新闻往往没有党报、官媒说得那么好，也没有网络媒体说得那么差。复杂中国存在于官方媒体和网络媒体的传播范围内，总是存在着最大公约数的团结社会主流的声音。

纪检随后发现严重违纪问题，最终事主丢官去职，平息民愤。之后，各地官员们在穿戴各方面悄然进行了改变，许多地方的领导都对手表讳莫如深。这件事除再次验证了网络反腐的巨大威力之外，还在一定程度上推动了吏治和官风的清明，客观上起到了对官场奢侈风的遏止作用。

从 8·26 特大交通事故"微笑局长"照片引发的"表哥"事件，回溯到南京周久耕九五至尊"天价烟"事件，新媒体受众主导的各种社会监察力量呈现出了程式化，并与社会化媒体联动进行有效表达，新媒体传播有能力穿透社会事件表面现象，揭示媒介化社会阶层问题的本质。

7.5.1 事件主体的"光靶效应"

在茫茫人海的社会舞台上，当聚光灯照射到某个人身上时，他就变成了众矢之的，受到四面八方的关注、调查、问询和质疑。李良荣（2012）和喻国明（2012）等众多学者指出，媒介化社会的形成将影响力辐射到每一个人，网民从传统"受众"变成自媒体化"参与众"，拥有了社交媒体所赋予的关注、调查、问询和质疑能力，体现在以内容分享、评论转发、收藏置顶和线下讨论的全媒体权力。本书认为，当互联网上大多数受众，将这种权力和能力投射到某一事件及主体的时候，能量汇聚成像太阳一样的光芒，穿透传统时空局限和地域体系结构的一切障碍，照射到事件主体之上，从而形成标靶。当所有人用各种制度标准和规则去监督衡量某一个体，往往能发现并放大问题缺陷，形成舆论风潮，从而倒逼组织机构进行程序调查，最终以体制内制度性约束完成对事件主体的处理程序。

在许多场合的私下交流中，一些官员对于网络舆论场的态度是偏向于负面和嫌恶的，认为网络舆论场充满了乌合之众与网络暴民的身影。与此同时，他们又开始严肃地看待媒体潜能和时空定格下的自身符号，从衣着穿戴到言行举止都谨慎行事。对于公职人员而言，这种谨言慎行是必要的，也是必需的。互联网监督的勃兴形成了一种显著的体制外约束力量，这是一种产生于网络民意监督、推动大众媒体卷入、获得政府机构关注并启动纪检的解决路径。由于起源突发的偶然性和事件发生的概率性，这种看似"隔墙扔砖"、"枪打出头鸟"的网络监督机制，实际上形成了一种潜在的威力巨大的阳光照射能力，并与事件主体的言行狂悖程度成正比，形成以事后监督控制来约束公职人员，并促使公职人员事前自律的超道德约束。

作为启动互联网监督的诱因，发生"光靶效应"的前提条件是该事件主体在具体事件上高调忤逆民意和触犯"众怒"。整理以往案例发现，在生命安全、生存安全、健康、生育、就业、教育等公民基本权益上，最容易发生忽视和破坏基本权益的事件。此时，事件主体言行举止挑战到公众的伦理道德底线和公开规则，如果严重背离了公平和公正等社会理想规则，就会导致"众怒"的形成。

一国的社会秩序是建立在对最大公约数的全社会信奉基础上，包括政府宣导、社会伦理和公众守望的理想规则。（陶文昭，2010）当行为事件在挑战一种公开宣导的社会秩序时，这也意味着事理冲击延伸到了公开规则层面，从而具备称为舆情事件的燃点和爆点。（谢海光，2011）然而，这类行为事件极有可能作为潜行规则而事实存在着，并因事件主体经常性的工作和日常行为而被广泛地忽视，进而忽视了事主在跨越表达界面时，微小言行"过线"可能引发社会矛盾的规则歧义和严重破坏性。

"光靶效应"还体现了阶层属性问题。事件主体往往是社会地位较高，拥有社会资源、一定的权力和财富的人群。总是处于非对称权力结构（丁煌、定明捷，2010）中的上层，从而具备特定的阶层代表性，也吸引了大量底层民众的关注。由于现阶段不平衡加剧和"阶层固化"等原因，杨继绳提出阶层固化即指社会地位继承，是对社会阶层正常的流动性降低的一种反映，体现了社会不平等的一种趋势[1]，已经形成了一些约定俗成的文本标签，如"富二代"、"官二代"等（李彪，2011）。这种文本标签，更是将一种"文本差异"表达在实际传播中，往往蕴含了不良事件

---

[1]　杨继绳：《当代中国社会阶层分析》，江西高校出版社 2011 年 6 月版。

的指代性，因而形成了文本敌对化的符号表征。该符号进一步加持在社会认知中，从而形成一种态度鲜明的、非黑即白的、对于转型期深层次社会问题的表面化理解。

这种"文本差异"的基础根源在于社会矛盾的累积和阶层差异。改革开放三十多年来，经济社会不断发展的同时，贫富差距客观上也在不断加大，权力和资源路径下的代际传承已经成为媒介化社会传播中不可回避的现象。2010年3月2日中国人民大学经济学教授邱海平提出，当前我国社会的主要矛盾是权力和资本对劳动的矛盾。当年"两会"，温家宝总理指出对于权力、资本和垄断对劳动的矛盾是需要重点关注和解决的问题。文本差异是深层次社会问题的一种表现形式，有效地表述了社会公众的诉求。

因而，当光芒照耀到享受着不公开不透明福祉的事件主体时，其行为的合法性、收入的合法性、身份的合法性，都将经受一种由情（公众舆情伦理）入法（公开制度）的全面严格审核程序。事件主体由于其长期依托并隐蔽在不需要公开透明的规则保护中，很容易滋生腐败情节和失衡的跋扈心态，促使其时空定格画面和社会行为剪影在网络的舆情监察程序面前曝光，在严格的法律检查程序面前落马，以不光彩的结局验证了公众行使互联网反腐传播的预先假设。

7.5.2 互联网传播受众的"丛林"

社交媒体的互联网世界，拉近了每个人的传播距离。这种效应在网络公众应对突发事件时尤为凸现。由于传播的相对性，每一名受众在自媒体状态中，可以主动地无限接近和关注舆情事件主体；与之相对，舆情事件主体就不得不被动地"囚禁"于"光靶"之中，饱受网络公众的"围观"，包括被广泛知情、被评论、被批判、被监督，不但丧失了互联网传播的主动性，而且很可能完全无法做出应对。

微博等社交媒体完全打破了传统的人际传播、组织传播和大众传播网络，任何个人在网络上面对的都是无限多个人，他们可以蜂拥而至、扑面而来，每一个人都是独立的个体，都有自己的喜好、性情和判断；都有意见，都有声音，更有着表达的意愿。当无数个声音问询你、追踪你、声索你时，就像无数双手和眼睛突然而猛烈地拥到你面前，就会让你战栗、惊惶失措、应接不暇，甚至无法呼吸。

当海量的受众质疑信息扑面而来，事件主体将要面临一个被无限受众、无限媒介、无限问题来批判有限个人的情况。更何况，这种无限来源是隐蔽的和潜在的，具备"丛林"的特征。

本书提出社交媒体反腐中"丛林"观点，认为相对处于"光靶"的事件主体而言，"丛林"是指事件主体之外的互联网传播受众的传播状态。

"丛林"的典型效应包括以下几点：

（1）互联网"丛林"的受众是匿名的、隐蔽的和不可预测的。因此，受众的传播行为包括关注、知情、转发、评论、监督等，都是来自于隐蔽丛林的信息共有和交换。

（2）受众能够认知到其相对于事件"光靶"，其自身处于"隐蔽丛林"中，因而有意无意地增强了对于事件"光靶"的批评攻击意图。

（3）事件主体难以辨别和应对网络受众的传播。由于互联网社交媒体用户数达到了上亿数量级的规模，使得信息传播受众和潜在传播来源广袤而无法估量。依据幂律法则，由于分母巨大，而使得分子仅为一的事件主体，不能有效识别和处理来自于某一受众的传播信息，因而导致并加剧了这种信息隐蔽。

在网络舆情事件中，一些富有正义感的网民往往充当着"公民报道者"的角色。他们把事件发生的全过程甚至是事件发生的相关背景资料编辑整理上传到互联网上，使广大网民了解事实的真相。作为网络舆情事件的主要传播者，他们中间有解密者、发帖者、各种专业人士以及法律界人士等。他们和广大参与讨论形成"围观"的网民一起组成网络舆论大军，共同讨伐事件中涉及的一些相关人员及组织。传统媒体的参与推动了现实社会的行政管理与制度管理体系对事件的处置。

"丛林"的复杂构成决定了事主难以认知。由于受众对于事主而言，具有匿名性、隐蔽性和不可预测性等特征，因而，其组成来源更为广泛，动机目的也不一致。这也是互联网反腐具有新闻特征和社会传播动员的基础。"丛林"包括了公众、媒体、公知、政府官员、社会组织、街头巷尾、外评观察家、评论员、"深喉"、竞争者、其他干系人，等等，形成复杂丛林关系，完全超越了金字塔组织严密而严格的管理结构，也不能通过强有力的行政制度来统一行动、摆平纷争。正是这种社会化力量的崛起，造就了个人或单一组织无法对应的社会化力量集群。对于具体事件的事主而言，丛林是深邃的、神秘的，也是力量庞大超凡的。

"丛林"观点的本质并不指斥受众的心理阴暗。正相反，该效应认为受众以一种"隐蔽"的非对称抗争的形式，来实现对光明的渴望。在现代社会进程中，受众已经建立起了一种普遍性期望，并因极度渴望却得不到满足，从而形成一种自发的群体性网络监督，有可能用到一些暴力的方式，包括语言暴力、语言肢体暴力、窥私暴力，乃至对他人私权的侵犯等。这种公众的暴力侵犯言行，也可以成为对某些"公权"在某些具体社会层面上干涉私权的一种非对称抗争。此处"公权"指非对称权力结构中某些发生"异化"的公权力行使主体，这类群体往往存在权力滥用和权力违法等行为。近年，经一些相关舆情事件报道而为公众所认知，某些情况下即为具体当事的公职人员。既然是非对称的，明暗对立、网络暴力对法律程序，道德"正义"对公序伦理等非对称性就凸现出来，在该事件上汇集，形成新的网络权力不平衡。

"丛林"具有一定的光明性，互联网反腐已经形成了一种社会性监察和规制力量，新传播者对公权力拥有者和使用者进行逆向授权，体现了公权力的真正所有者是"最广泛的社会公众"，并由其中最活跃的、最积极的、在社交媒体影响力上主动领先的新生力量主导了这种开放性的媒介化社会进程，体现了自媒体时代自授权的受众传播权力建设，包括知情权、表达权、参与权、监督权等。与之相对，"表哥"等光靶落地，源于不法公职人员依仗其在传统制度和组织层级中的权力和资源，"自然而然"（由于潜行规则的固化和泛化，从而形成一定程度上对公开规则的渗透）表现为监察社会和规制舆论的权力滥用，实质是捍卫和保障自己不法的既得利益、地位和权力，沦为抗拒社会制度和社会批评的对立面，甚至成为一种压制社会公平和正义的负面力量。

最终，舆情在光明与黑暗的碰撞中激荡并湮灭。从"丛林"中投射的微弱星光聚沙成海，将潜在的公职人员照成"光靶"。"光靶效应"的结果不是黑暗战胜了光明，而是网络社会自发的光明的传播行为，清除了公职人员阶层中的某些腐败现象。

7.5.3 "光靶效应"的深层次成因

首先，网络传播权力的不平衡是互联网反腐"光靶效应"的基石。这种权力不平衡，涉及两大主体，跨越了两个舆论场。（南振中，2008；祝华新，2011）网络权力不平衡既是现象，也是结果，根源来自于政府和网民群体不同的媒介依赖。网络受众以个体为主体，广泛地拥有新媒体能力，怀有强烈的实践公民新闻权力意愿，并积极地运用已经形成的网络权力，哪怕它是不平衡的。对应于管理者，以组织为主体，职务个人在新媒体能力的自由运用和自主表达上是滞后的，其新媒体发布的沟通意愿上也是迟滞的，往往侧重于自上而下的单向传播，更不能很好地倾听公众意愿和心声，这种过度倚重于传统媒体舆论场的传播方式，造就和加大了网络媒体权力的不平衡。

基于这种不平衡的网络传播权力结构，很容易在对立情绪上找到"攻击点"和

"突破口"。因而，一旦出现"光靶"事主，就吸引"丛林"的集中传播，形成舆论场结构化的一次对立情绪宣泄和表达。国民文化传统也少讲证据和逻辑，而偏重于情感加道理，这就使得网络"站队"化表达更为突出，成为我国互联网暴力网络文化传播泛滥和理性声音"沉默螺旋"的归因。高调忤逆民意的官员，一旦在互联网上传播，就会在不平衡网络传播权力前，丧失了身份地位合法性，并且由于其"越轨言行"逐步丧失了其在制度范围内传播权力的合理性。

其次，互联网反腐公众参与源于社会对政府清廉执政制度的比较认识。网民对于某些官员"有事假设"的建立，不仅源于社会生活中的普遍性观察和经验证据（特别是之前互联网反腐"光靶效应"以及成功案例），而且有条件建立起基于全球化反腐标准的期望。互联网受众对我国反腐的制度性认知主要源自于国家法律法规、中国共产党中央纪律检查委员会及党的各级纪律检查委员会。此外，海外影视的大规模传播，公众对于香港廉政公署 ICAC，全称是"香港特派廉政专员公署"，也逐渐耳熟能详，进而可以了解到中国香港地区的《防止贿赂条例》、《廉政公署条例》和《防止选举舞弊及非法行为条例》及其效果。由电视节目和网络新闻带来的海外华人圈反腐标准及执行情况，正在加深公众印象。与西方交流日益频繁，以及一些涉华国际新闻报道，使得公众对美国反商业贿赂机制，及其影响的反海外腐败行为法也开始形成认知。最能打动公众并获得网络受众持续关注的，还是中国台湾在陈水扁所涉弊案的连续调查，以及以马英九为代表的国民党执政形象和台湾地区行政管理的各类新闻。在全球一体化的互联网面前，受众很容易建立起跨国跨地区同时代水平比较的反腐评判期望。

最后，社会发展的道德变化趋势决定了阶层道德的差异对待方针。在当代社会进步过程中，传统伦理道德的解构显而易见（樊和平，2012），但是对于公权力和公职人员的伦理道德要求在上升，这一矛盾将长期维持。我国传统文化上国民倾向于认可社会管理者的公信力，对其进行道德美化（也赋予了其更高的道德冀望），但实际社会运行中往往是欠知情和缺乏监督的，因而生活中是道德宽容的。长达两千多年封建社会更是以宗法礼乐等规则，来向全社会成员标榜一个神圣性的道德准则，将其作为维系国家、家族和社会的凝聚力量之一。现代社会文明建立起大规模商业组织，赋予妇女工作和参政权力，普及面向平民的新闻出版和教育制度，促成了公众传统的具有封建烙印的伦理标准和道德能力的解体，这种趋势在"80 后"，"90 后"的年轻人中间更为激进。公众对于社会精英的伦理道德认知和标准也在下降，人们更倾向于认可个人支配意愿及权力，而不是用道德约束其遵从传统社会的礼化规则。马凌（2011）也发现我国的公众对专家"公言论"的宽容与对其"私生活"的严苛恰成对照，这种公众心理亦是一个值得注意的风险源。[1]演艺明星、商界精英、学者专家，由前到后经历一个道德标准由严到宽的放松过程，但是这种"公众心理宽赦"在公众层面很难适用到公职人员，对于公职人员的高标准道德期望，仍然是民众普遍的道德冀望，并且得到了党章和国家的制度性承诺和全球化规则体系的比较印证。在全社会实际的道德约束能力和标准下降的时代，却要求最具有社会权力和资源的公职人员践行全社会最高标准的道德能力。可以预计，除非公职人员的公权力受到制度性约束，并且完全地服务于公众、受监督于服务对象及公众，完成媒介化社会的一体化进程，否则这种矛盾不会得到改善，"光靶效应"将长期存在于这种阶层道德感的不平衡状态中，并继续鼓励受众实践互联网监察的反腐职能。

7.5.4 互联网反腐传播需求的实现

互联网反腐已经成为媒介化社会不可阻挡的趋势和有效手段，开始占到反腐案件查处的一定比例，是政府和组织内部对伦理守则自我约束的有效补充，也是社会系统纠正和防范的重要机制之一；而且是转型期中国社会矛盾的有效解压阀，是打通两个舆论场在社会热点、突发舆情事件中的文化及发展方向的媒介中心，是约束公权力拥有者个人及社会资源拥有者的重要警钟和"隐形高压线"。在一定程度上，互联网反腐能够有效规范拥有者行为，降低并减少社会矛盾触发点。

有观点认为，网络反腐的匿名性、虚拟性、攻击性和去中心化趋势，既削弱了意识形态上的完整性和统一性，也在拥有者实际操作的传媒过程中，虚耗了社会资源，浪费了金钱和人力，形成了删帖、屏蔽等新的网络压制暴力。这种以新媒体环境下制度机器暴力对新媒体环境下公众舆论暴力的方式，无助于社会公平正义的建设和公序良俗的恢复。

可以认为，上述观点仍然是建立在当权者视角上的功利理性和实践智慧观念，对于资源的新增支出，是对应于人民群众自发启动的网络监察机制而来，也是遵照组织制度内公开合法的规则或者潜行有效规则而进行的对礼俗社会和谐秩序的维护。此时，不仅要考量经济效应，而且要深刻考虑社会效应和政治效应。对人民群众先

---

[1]　马凌：《传媒上的专家》，载《媒介化社会与当代中国》，复旦大学出版社 2011 年 10 月版。

进文化的坚守和捍卫，以及对马克思主义政党归属于无产阶级本质的坚守和捍卫，形成了转型期社会矛盾解决的根本方向，也应成为未来媒介化社会一体化进程的持续发展动力。

与此同时，还需注意"光靶效应"的局限性。由于社交媒体作为主要的公共平台，网络舆论场对于事件主体进行照亮并关注，甚至做出了事件"标签化"。社会动员的互联网反腐在高能耗地使用社会资源和公众热情，来处置高调忤逆民意的舆情事件。这就决定了同主题标签的互联网反腐其实难以复制和不可持续。对于社会公众而言，"表哥"的落马和处理，并不能形成判例，或者在其他"涉表"类事件中再次形成"光靶效应"，从而形成一个制度规则下可以累积的、逐步完善的、独立的互联网反腐体制。因此，制度层面观察，互联网反腐只是聚集社会意识的偶发事件。其不连续的特征决定了反腐传播热点的跳跃和公众认知间歇。在此局限性下，对于公职人员弱化了社会监督的连续性和保障性，也多一分互联网"光靶"照射不到的侥幸，更难以有效加强国家层面对法制社会反腐倡廉的制度建设。

因此，互联网反腐的"光靶效应"需要体制内的制度性保障。2010 年 3 月 14 日，十一届全国人大三次会议闭幕，当时的国务院总理温家宝在回答最后由新加坡《联合早报》记者的提问时指出，"公平正义比太阳还要有光辉"。实际上，对公平正义的倡导，正是对社会民意的反映和呼应。

让公平和正义的阳光由上至下地充满照亮政府、社会和公众，从而最大限度地消除"光靶效应"。这将是党和政府的一项长期课题。其治标之法，就是要迅速"拨云见日"，运用法治、民主、舆论、监督等各种手段，大力荡涤社会上存在的不公不平现象，及时解决老百姓最有意见的社会公平问题；其治本之策，还是要建立常态化的"透明机制"，让公平正义成为政府、社会和公众信奉并执行的价值，成为所有公职人员的理念和准则，建立程序正义，完善问责制度，保障合理有序的利益博弈，使公平正义成为经济发展、社会治理的运行方式，从根本上建立媒介化社会防腐反腐体制并构建更广泛和更深层次的公众政治信任。

2013 年 5 月 9 日，习近平在党的群众路线教育实践活动工作会议上的讲话指出，面对世情、国情、党情的深刻变化，精神懈怠危险、能力不足危险、脱离群众危险、消极腐败危险更加尖锐地摆在全党面前，党内脱离群众的现象大量存在，一些问题还相当严重，集中表现在形式主义、官僚主义、享乐主义和奢靡之风这"四风"上。要解决"四风"问题，这次教育实践活动明确提出"照镜子、正衣冠、洗洗澡、治治病"的总要求。4 句话、12 个字，概括起来就是要自我净化、自我完善、自我革新、自我提高。党的群众路线教育实践活动是为保持党同人民群众的血肉联系，是为保持党的先进性和纯洁性、巩固党的执政基础和执政地位的必然要求，是为解决群众反映强烈的突出问题的必然要求。只有解决了媒介化社会中党与人民群众血肉联系、毫不脱离的阶层统一本质，才是解决社交媒体传播穿透社会现象的根本道路。

管理者眼中属于创新的社交媒体（如微博、微信）已经成为青年人为代表的广大人民群众最常用媒体工具。这种社会化传播推广和应用的速度可谓惊人，却屡屡被视为儿戏，更是忽视了媒介化社会带给全部阶层受众的自我意识和文化认同的变化。应该清醒地认识到传播变化的速度，始终在拉动社会变化，快过社会变化的速度，可以作为风向标；媒介化社会和社交媒体数字公民社会的变化，始终在拉动制度变化，快过制度变化的速度，却不是风向标，而是晴雨伞，是公众对社会治理水平的期望；制度变化的速度，是在改变权力中进行的，然而却快过权力意欲变化的速度，这就不是和媒体社会一致化，而是在制动着社会变化。权力变化的速度要赶上媒体和社会变化的速度，因为社会化的权力结构是会改变的，即权力变化如果赶不上社会发展的期望速度，权力就要被改变或重置。

第8章　网民对品牌安全庇护的需求

通过静止照相而获取的认识将永远是某种滥情，不管是犬儒还是人道主义的滥情。

——苏珊·桑塔格

在发达国家，品牌最基础的原则（例如：质量、安全、商业伦理、环境保护，以至于近期对于海外制造外包提出援引发达国家国内法的劳动福利责任）都是社会消费信誉和品质保证的基石。当前，中国消费者正在经历日益严重的质量危机，从食品、快速消费品到消费类电子产品等。由于中国缺乏保护的产权制度，不断增加的收入差距放大了层出不穷的商业伦理问题，这成为网民社交媒体传播中得到普遍关注的话题。本章提出的安全庇护需求对理解数字公民能力具有意义，有助于认识中国网民在社交媒体传播环境下呈现出的消费危机的心理需求本质，对于消费者信心和忠诚的重生尤为重要。网民受众在社交媒体上获得了丰富的传播能力和公共意见监督渠道，他们是最活跃的消费者，代表着中国消费者表达出极为紧迫的新需求。

对消费者需求的研究长期以来是品牌传播战略的重点，企业据此来开发广告、定价以及品牌定位。[1]品牌即意味着以制造商独有的竞争力优势来签售产品和服务，从而增强忠诚度并保证产品溢价。品牌的出现作为管理先导的概念、理论和原则，帮助消费者从认识需求到建立社会消费关联身份的全过程。[2]Aaker（1991）研究一个全新品牌定位战略，被设计为支持本土消费者获得更高的品质保证，这开启了全球化共享品牌意义。[3]众多企业开始关注基于受众需求的品牌资产，并将公司长期价

---

[1]　Kotler, Philip，"Megamarketing"，Harvard Business Review. 1986.64(3): 117−124.

[2]　Kevin Lane Keller, "Brand Knowledge", Journal of Consumer Research, Vol.29, No.4, March 2003.

[3]　Aaker D. A，"Managing Brand Equity: Capitalizing on the Value of Brand Name", Free Press, 1991.

值和关系价值（Blackston，1995）建立在受众关系的资产之上。[1] 同时，通向辉煌荣誉的品牌战略可能缺少必要的承诺，给本地市场消费者的保障并不充分。[2] 无论大众传播中广告描绘的拟态环境（Pseudo-environment）有多美好，消费受众能够给出真实评价，并回归到实际感知产品的质量，这成为他们的一种本质传播能力。[3]

消费者文化得以由北欧关系营销学者建立，并贡献给品牌战略传播中。[4]Vigneron（1999）认为品牌情感经验成为一种有力的途径，来增加消费者社会认知。[5]Boulding（1993）提出假设，建立一个品牌金字塔来施予超出交易合同规定的品牌额外保证。杜国清（2011）认为品牌建设在企业传播形象差异化过程中，已经进入了品牌资产和社交媒体接触点（Contact Points）的时代。[6] 数字化网民和企业不断在社交媒体上信息融合，如同马斯洛层析需要理论那样，企业根据不同发展状况了来明确品牌战略在发展阶梯中的定位。[7]

图 8-1　品牌发展阶梯

改革开放以来，三十多年历史的企业（拥有品牌历史更短）在追赶世界上拥有品牌历史上百年的企业，跨国广告公司、咨询公司、500 强企业通过宣扬新的营销工具来建立品牌传播标杆，营销传播者在鼓励消费者欲望方面大动干戈，却在品牌基

[1]　Blackston M., "The Qualitative Dimension of Brand Equity", Journal of Advertising Research, 1995, 35(7/8).

[2]　Ning Changhui, "The Brand Equity Model and Strategy based on consumer utility", China Industrial Economy, Oct, 2005, No.10.

[3]　Demetrios Vakratsas, Tim Ambler，"How Advertising Works: What Do We Really Know?", Journal of Marketing, Vol.63, No.1, 1999, PP26-43.

[4]　Zeithaml V.A., "Consumer Perceptions of Price, Quality, and Value: A Means-end Model and Synthesis of Evidence"，Journal of Marketing，1988, 52(July).

[5]　Vigneron F. and Johnson L.W.，"A Review and a conceptual Framework of Prstige Seeking Consumer Behavior"，Academy of Marketing Science Review，1999, 99(1).

[6]　杜国清：《在华美国品牌传播及其软实力》，载《现代传播》2011.10。

[7]　余明阳、戴世富：《品牌战略》，清华大学出版社 2009 年 5 月版。

础本质上有所忽视。这就使媒介化社会散布着有着眩晕光环的品牌，消费者和碎片化阶层群体却心存怀疑。即使是大牌的产品，依然有可能存在缺陷，一旦问题爆发，经过社交媒体传播就会形成灾难级的破坏影响。网络环境下的中国消费者如何认识基本需求并理解品牌？特别是当一些制度缺陷影响到市场商品和人民需求的时候。在缺陷的社会环境中，品牌采取补救战略以"品质力安全保障"作为品牌的完形，对于满足消费者需求，为网民的质量忧虑提供庇护成为一种新的路径。

8.1　四种企业类型的品牌传播问题

中国经济发展引来全球关注，虽然各种公司形式并存，但最近十年以来国有垄断企业在投资、法规和准入上得到加强，而非管制化改革进程放缓。经济发展下，各类企业都重视营销活动，注重提升企业的品牌战略。

8.1.1 超常规和跨越式发展战略的误导

近年来，中国广告花费迅速攀升而不顾受众疲劳，部分品牌传播过度发布而造成受众认知受挫。品牌主以电视广告和事件营销策划广告"泵取"销售的观念仍在流行。一些品牌通过广告轰炸策略在以往成功地取得了市场份额的快速增长，因而希望持续通过高密度广告投放在未来持续增长。即使市场进入成熟期，销售峰值显现，仍旧迷信用广告媒体来覆盖市场，并掩盖质量问题甚至"丑闻"。

蒙牛就是实现了最高速增长的乳业品牌。其销售收入从 2000 年创业时的 2 470 万元，跃升至 2011 年的 374 亿元，当年广告和公关费用达到 28.4 亿元。这种令人瞩目的发展模式被称为"超常规和跨越式发展"，并受到其他企业推崇而效仿。然而，2008 年起，全国爆发三聚氰胺危机，4 万名婴幼儿受到损害[1]，乳业领军企业蒙牛也被检出含有三聚氰胺等有害物质，丑闻传播到香港（蒙牛分部运营和公司上市所在地）。媒体调查发现，直到媒体监督曝光前，乳业监管形同虚设。危机原因包括：广告轰炸成为制造商主要的品牌战略、政府监管缺陷、品牌以广告收买部分媒体、碎片化市场的信息传达不完全等等。之后，乳品行业被指制定了较低的原奶菌落检

---

[1]　卫生部：《现有 1.2 万余名婴幼儿因食用奶粉住院治疗》，新华网，2008.9.21，http://news.xinhuanet.com/newscenter/2008-09/21/content_10088082.htm。

验质量标准[1]，而几大主要品牌仍然保持运作，这使得中产阶层在很大程度上丧失对国产乳品的信心。央视《每周质量报告》在 2011 年 7 月的调查显示，70% 的国民对本国牛奶产品质量没有信心。

8.1.2 大型国有企业的品牌提升战略如"云中城堡"

国有企业集团即使在市场经济条件下，仍然明显地从计划管理体制的沿袭中受益（包括特许经营权和垄断、较低的税率、国家和地方政府的资金和充足的贷款支持）[2]，部分集团已名列全球 500 强并完成国内或海外上市，在进入全球资本市场过程中，管理咨询公司及 4A 广告公司在帮助他们建立品牌。主要的品牌战略是快速美化——提升到当代国际集团级的品牌水准，并重新设定全球水平的知名度。例如扬特中国和奥美携手为中粮集团策划并实施品牌战略，一举改造了中粮在 1993 年采用的老气标志（受众认知度极低）。形成一个时尚的、由三色构成的新标志，象征梦想、快乐和能量，并阐述了现代市场服务于公众需求的公司哲学。中国消费者在见证这个计划经济老企业转型为闪亮的世界级品牌时，显然是怀着惊喜之情的，同时自然寄予了信赖和荣耀的希望。但是稍加观察，该集团的品牌树是庞大的，以至于难以理解。特别是在中粮集团 2009 年并购蒙牛品牌，这就构成了对品牌精神的虚无化和商业伦理的失序。由于缺乏切实有力证据来支持品牌所倡导的价值梦想，国有企业的"云中城堡"品牌传播就显现得空洞和虚无。

图 8-2 中粮老品牌标志   图 8-3 中粮 COFCO 新品牌标志

---

[1] 王丁棉：《国家乳业标准被行业协会和企业绑架》，载《京华时报》2011.6.17。

[2] Wu Jinglian，"Understanding and Interpreting Chinese Economic Reform"，Texere，2005.

图 8-4　中粮集团的新品牌树

8.1.3 在华获取和收割战略抵消了跨国企业的品牌智慧

开放早期，国外品牌象征着超出消费者预期的好质量和好技术，那时品牌也不能轻易买到。今天，国际品牌已经深入到中国四线市镇来接市场"地气"。快销品巨头宝洁公司和强生公司正在深入五六线小城镇。甚至奢侈品牌 LV 也在欠发达的西部地区省会昆明市设立新店，并获得令人瞩目的回报。原因在于中国富裕阶层（凭借其对于不平衡财富的支配能力）的涌现，跨国企业渗透战略（获取和收割战略）在保持高知名度和吸引消费者愿望需求上是有效的。

然而，这种品牌获利却要承担品牌智慧背离的风险。中国消费者渴望拥有一些著名品牌，例如白领女性可以花去她三个月薪水来买取一个 LV 包，接下来她会把 LV 包挎在肩上去挤公交车。这种虚荣心导向的购买行为能够加强奢侈品牌的销售，却削弱了品牌价值真正的理解。国际品牌的中国制造战略带来了降低成本和降低质量稳定性的双刃剑作用，总体而言，全球品牌仍在让更多人膜拜并便于购买的策略中获益，本章认为这是一种对经济增长中福利的收获战略，国外品牌在为消费者设立"尽我选择"（其实可视作文化工业的虚假符号）来形成受众用于"炫耀"的标志。

8.1.4 私有和中小企业的生存战略和低成本战略削弱了品牌承诺

私有企业相对资金来源匮乏，受到行业准入限制，难以匹敌国有企业，它们是真正在全球金融危机中受到损失的成员。保本微利是它们的主要目标，还需要花费许多时间和成本来处理"市场经济之外"的规则。中小企业品牌普遍采取短期功利主义战略取代了长线化发展战略，美特斯邦威主席周成建在 2011 年 9 月中国私有企业论坛中这样表述："当质量和成本发生冲突的时候，企业普遍毫无置疑去牺牲质量和安全来换取成本经济（生存）"。除非公平市场规则的真正建立（经济领域非管制化进程）和知识产权保护得到百分之百的执行，这种经营格局中的劣势不会改变。

8.2 网民消费需求的层次模型

为了解中国的品牌发展路径，还是有必要采用层次化需求来分析消费者的品牌需求的。最早的需要模式是马斯洛在人类动机理论中提出来的金字塔模型，用五个层次表示生理需要、安全需要、爱与归属、尊重和自我实现的递进关系。需要的层次在消费中因生活方式和环境而各异。阿尔德夫雷（1969）提出的 ERG 理论也指出了，仅因为受挫—回归效应的影响，高阶的社会性尊重需要可能会转化为低阶的安全需要。[1] 显然，如果权利的增长机遇不能公平地提到到所有受众，他们就会退回下一层次相关的需要，他们已经通过社交媒体传播联合起来，并且形成了能充分表布声音的网络数字广场。这种环境能力供给的不足，促使社会公众产生一种社会交往的需求，呼唤法律保护的欲望，呼吁品质力增加的欲望和全球标准的产品伦理。

消费需求层次依赖于本地受众的生命周期和所处环境，这与他们对品牌需求的增长是相一致的。本书聚焦于描述品牌需求的阶层化表现，概述为直效功能、效率理性、情感归属、品牌梦，这是品牌动机演进的通常模式。最为重要的是，本书发现了一个新的心理需求阶层——"品质力庇护"，并将它列在常规的"直效功能"层之下，作为整个品牌需求层次的基础阶层。"直效功能"和"效率理性"是最流行和可见的两个阶层，属于功能性需求。如果功能性需求不被满足，消费者一般不会关注并满足于品牌，这是当下品牌竞争（特别是价格战）的主要战场。然而，理想的品牌价值还包含了情感归属和品牌梦，帮助消费者满足心理欲望和并获得衍生动机。（图 8-5）

---

[1]　Clayton Alderfer, "An Empirical Test of a New Theory of Human Needs"，Organizational Behavior & Human Performance，Vol 4(2), 1969, PP142-175.

图 8-5　层次化的消费者需求

如果比较图 8-5 品牌需求层次与图 8-1 品牌发展四阶段过程（知名度、满意度、忠诚度和品牌资产），分别是从生产者和消费者视角出发。尽管公司设立了雄心勃勃的品牌战略，消费者却按照他们自己的生活方式形成需求。聚焦于讨论受众需求层次，是为了确定中国消费者动机的基础，并且在信息时代强大效应背景下给出层次顺序，焦点已经从可计量的指标（知名度、满意度等）发生了转移。当我们理解行为的时候，当前和未来消费的目标应该是消费者活跃关注并形成心理一致的。

8.2.1 直效功能

直效功能是人对于产品的基本需求，具体到物，需求从手机通讯、有线电视到电脑互联网延伸，许多产品如手机等，都成为人的基本工具。边远地区稍稍落后，但也追赶迅速，品牌是为了消费者能够识别。直效功能就是基本功能上的可用。[1] 一般情况下，直效功能是产品出发点，也是品牌的预先条件，由于中国快速发展引发的社会价值的扰动，直效功能在品牌评价中所占权重也是不确定的和摇摆的。

8.2.2 效率理性

当品牌供给满足了受众的直效功能需求后，消费理性的需求出现并开始主导了品牌表现。当代中国，效率理性（时间就是金钱）成为社会最普遍认同的理念。从中央政府到个人，"快速追求发展和效益"深深根植在行为意识中。性价比（P/E）

---

[1]　Erdem O, Oumlil A B, Tuncalp S., "Comsumer Values and the Importance of Store Attributes", International Journal of Retail and Distribution Management, 1999, 27(4):137-144.

和投资回报率（ROI）成为主要的消费者决策依据，也是品牌竞争指标。[1] 但是对即时性的产出和功率回报计量权重较大，而长期回报的计算较低。同时，还有重视采购和建设投资，而轻视运营维护。这种思维在宏观经济的基础设施建设（如中国高铁新干线）和普通公众的消费行为中得以表现。在过去，效率理性是国家经济增长最主要的驱动力，引领着个人通过购买进入现代生活。然而商品拜物教作为副产品也出现了，工具理性的效率因素增加了导向模糊和失范的社会的风险。

8.2.3 情感归属

正如韦伯所言的新教主义的价值观符合人们对经济财富的理性追求，因此世俗的行为也就被赋予了在精神和道德方面积极的意义，品牌粉丝也将偶像崇拜行为视为与物质追求并不矛盾的客观事实，偶像的存在以及他们产生出来的各种产品刺激了粉丝们的消费行为，而这些消费行为是由不断富裕起来的家庭环境所培养的。[2]

对于消费者中上升阶层接触品牌是因为关怀和舒适，其情感归属就表现尤为强烈。许多品牌表达情感诉求来影响消费者欲望，包括友谊、亲密、爱与家庭纽带。与 2008 年以前相比，情感关注对于消费者选择起到更重要作用。根据中国传统文化中"人上人"的观念，个人要获得更高社会地位来形成对普通人的优势。在情感归属阶层，这种虚荣导向和炫耀的动机更为强烈。这也是现代大量品牌注重于富裕阶层的归属感和心理接受的缘由。

8.2.4 品 牌 梦

全球品牌何时将愿景设定在终极价值并宣称对于人类和社会的终极关怀？这是在 1980 年营销哲学发展到社会责任阶段，伴随着商业伦理的恢复应运而生 (Englis & Solomon, 1995)。品牌梦实际上就是人类梦想更好的未来。[3] 消费者梦是什么样？品牌梦就是什么样？这形成了对于马斯洛自我实现的感知需求基础，并通过品牌愿景来实现潜力，成为人的希望。作为终极价值，品牌梦在呼唤同样的价值导向和价值

---

[1] Baker J, Parasuraman A, Grewal D,Voss G B., "The Influence of Multiple Store Environment Cues on Perceived Merchandise Value and Patronage Intentions", Journal of Marketing, 2002, 66(April):120−141.

[2] 冯应谦：《青年文化与社会化》，载《媒介化社会与当代中国》，复旦大学出版社 2011 年 10 月版。

[3] Baumgartner H，"Toward a Personology of the Consumer", Journal of Consumer Research，2002, 29(September):286−292.

终端的未来，这不但联结了人与制造商，也包含了品牌伦理和品牌信仰作为对品牌的最高需求。尽管向全球顶级品牌复制一份品牌梦是很容易的，然而将品牌梦变得真实需要足够多的时间、投入、信奉、文化和传播，而不是停留在天上。至少也需要证据支持客户相信，并见证品牌"对于梦的实现"的努力。无论国有集团还是采取撇脂战略的全球企业，如果品牌不能用行动真正建立对人性、公正、慈善、公共精神的信任，梦的绚烂的宣传标语就不能说服消费者去相信其品牌。

8.2.5 品质力庇护

作为一种看不见的需求，品质力庇护却被列入新发现的中国消费者的痛苦所在，在社交媒体传播中即是如此。寻求"品质力庇护"是深受层出不穷的质量丑闻所困扰的网民消费者真正的心底洞察。2011 年 6 月，复旦大学新闻学院一名研究生创设了食品安全网站"掷出窗外"——在中国地图上，提供食品安全问题爆发的统计数据的动态显示，获得了媒体和公众广泛的关注。[1] 欺诈泛滥的原因是复杂的，包括人们缺乏信念和宗教信仰、法律缺失、政府监管失效和腐败成本的社会承担等等。

对于"品质力庇护"的需求是中国品牌摩天大厦的地基，却并未受到国外消费者和品牌专家的考虑重视。绝大多数中国企业将品质看作 ISO9000 认证和印在包装上的质量安全标示，实际远不止于此。QS 标志，中文全称为"全国工业产品生产许可证"，是食品及其相关产品的生产许可市场准入制度，由国家质量监督检验检疫总局颁布。QS 被贴在所有合法产品的外包装上，供消费者识别。不幸的是，在之前频发食品安全危机的产品外包装上，无一例外地标有 QS 标志。因此，国家认证的 QS 食品质量安全标示并不能给公众足够的安全保障与信心。

图 8-6　全国工业产品生产许可证（食品及其相关产品的生产许可市场准入证明）

由于不同的法律和管理体制，伦理问题在媒介化社会的中国更为重要紧急。有

---

[1]　吴恒：《中国食品安全问题新闻资料库（2004-2011）》，2011.6.17，http://www.zccw.info/report。

品质缺陷的商品遍及食品（可能有毒有害）和电器（可能不稳定并引发伤害）。因此，消费者不得不自行成为专家，在购买前仔细检查。比较发达国家，未能受良好教育的本地工人承担着低工资工作，并且缺乏役匠精神和进取责任，往往难以实现高精度加工和流水线上同等于国外的计划产量，而生产质量误差会导致产品质量稳定性降低以及产品服务的功能性缺陷。由于受众心理安全受到了威胁（特别是食品质量问题引发），消费者从人际传播和大众媒体上都强烈呼吁得到品质力庇护和道德避难，以实现安全的生活。线下社会中的制度保护是薄弱的和不可靠的，因此，消费者开始自行负责并通过微博和 SNS 网站发出抗议。每当一项食品安全问题在网络上曝光，政府从网络和媒体上察觉危机和抗议，进而采取一些措施，总体属于"事后"补救型且往往"就事论事"，效果极为有限，本质上不能阻止危机在人群的蔓延。对于品质力的责任应该是独立的和第三方认证的，并由独立负责的企业和承担"守夜人"责任的政府为消费者建立庇护。本章提出在我国，回归到产品基本保障和信心的品质力庇护，成为亟待解决的网民受众忧虑和信心缺失的根本需求。

大多数企业家仍在从事"向上"的品牌提升建设，朝向环境友好、可持续发展和健康而努力，本章受众消费需求新层次的建立陈述了一种品牌开发的逆向路径，揭示了"地下基础层"的存在，品质力庇护。该模型建立了基础性弥补作为一种品牌紧急任务。消费结构升级也提供并值得获得对避难于危机、疏解压力、在品牌帮助下重建自己的信仰的新机遇。

8.3 品质危机与消费权利的全球经验

8.3.1 公共危机和产业灾害的历史教训

工业化国家都曾经历过有害生产时期，那时资本家利润至上和公众物质化生活方式没有顾及对人类有害和致命的产品问题。直到社会进步到发现环境和社会存在平衡点，人们才开始重视环保生产和集约型发展。

中国的赶超战略可以有许多世界闻名的品质类危机和污染危机供借鉴。日本水俣病是由汞排放引起的水产有机水银中毒，当地化工厂从 1956—1968 年间持续排放工业废水。官方确认有 2 265 名受害者，其中 1 784 人死亡，上万名受影响居民得到经济补偿。还有，1955 年森永牛奶事件，因加工过程的催化添加涉及废料，引发砒霜污染到奶粉，造成婴儿伤害。在 20 世纪 50 年代和 60 年代，有不少产业灾害事件都发生在经济起飞阶段。

在美国，独立出版制度为公共安全史诞生了三本书，1906 年《丛林》（*Jungle*），1962 年《寂静的春天》（*Silent Spring*），2001 年《快餐王国》（*Fast Food Nation*）。分别披露了肉类加工业、杀虫剂滥用和快餐对公共健康的巨大伤害。[1] 社会安全的理性主义藉由记者报道迅速传播到全体国民。对这个民主国家产生了重大影响，从公共监督到政府管理和法律法规，建立起强有力的纠正机制。

提及重大公共危机是为了对中国的问题提供借鉴。经济是否必须经历痛苦的教训才能完成法律和社会对问题制造者（往往是有权势的企业）的关注。海外历史教训中，恶劣的生产条件、技术提升伴随的有害物质影响、废物排放，都是中国当前危机面对的现实状况。但这已经是一个不同的世界同处于工业化进程中，面对民众高度关注（特别是通过社交媒体），制造商是否能将公众从危险和恐惧中解放呢？

8.3.2 消费者阶层升级呼唤全球一致的品质力和伦理

全球消费文化的品牌理论（Global Consumer Culture Position，GCCP）的建立，尝试消除世界各国质量标准和本地制造能力的差异。[2] 无论品牌描述怎样美好的产品未来，消费者已经觉醒并发现空虚的品牌承诺只是停留在天上。当各种产品缺陷无止境地被曝光和发现，再好的品牌愿景和精神都会变成空中楼阁。在华运营的品牌都见证了中国消费增长，并从中获益，品牌相信在中国它们能够很好地服务于两个等级的人群：富人和一般人。

他们更应该注意到，中国中产阶级不断增长，他们更积极地主张法律保护和企业伦理准则。大多数中产阶级受过高等教育（大学毕业），年薪为 5 万—30 万人民币并富有增长潜力（由于中国地区间差异巨大导致的估值范围差异较大）。中产阶级并不擅长通过优势地位寻租来获取收益，主要是以技能和知识来获得劳动所得。随着他们拥有的资产的增长，他们对人权的主张也在加强，他们希望生活在一个拥

---

[1]　钱霄峰：《三本书改变美国食品安全史》，载《南方周末》2007.8。

[2]　DL Alden, Jean Benedict EM Steenkamp, R Batra, "Brand Position through advertising in Asia, North America, and Europe: the wrold of global consumer culture", The Journal of Marketing, 1999. Bol.63, No.1.

有全球同样标准的商德伦理的良好组织的社会中，甚至开始"用脚投票"，移民离开中国大陆。由于法律和政府管制不足以保护消费者，他们使用社交媒体赋予的舆论权力在声索他们所要获得的安全，包括知情权、选择权、相互表达的权力等。[1]

1962 年美国总统肯尼迪颁布《消费者权力法案》（*Consumer Bill of Rights*），立法规定产品必须质量可靠，认为受害的消费者只需要提供使用产品引发的伤害证据，而无需承担提供"公司过错"的证明责任，就可立案受理。之后，1985 年消费者权力的概念被广泛延伸到八项基本权力，由国际非政府组织"消费者国际"（Consumer International）以一个权力章程的形式确定下来，追加了对基本需求的满足权力，获得赔偿的权力，消费者受教育的权力和要求健康环境的权力。

因此，运营品牌的执行官需要了解，中国消费者开始活跃在社交媒体上，掌握传播权力的网民受众是自主的和主动的倡导者，必然在未来获得更多的权力，他们有强烈的欲望和志向来参与社会化进程。同时，中产阶级也有足够的热情来实施"用购买投票"（Vote by Purchase），以投票的方式将他们的购买力投向他们认同的品牌。这种行为是基于国际准则的消费者权力，他们的教育水平、知识能力和获取全球信息和经验的能力足以支持这一点，还依赖于他们自己的道德责任和良知。这种权力诉求不仅是消费结构升级的基本准则，还深深影响到全部阶层的受众来跟随和主张。中产阶级心理和行为直接导向中国的光明未来，这种趋势会成为"复杂中国"中的前进动力。

总之，到了可持续发展的时代了，中产阶级崛起并大声主张权力，品牌应该认识到社会结构主要力量，并满足他们的需求，而不是只关注"中国式的消费者"（Chin-sumer，西方新词，意指从中国来的有钱人，他们往往冲进奢侈品店扫货，毫不在意他们不文明的行为给他人带来的不便），这些富人并非唯一值得认真对待的客户。需要深入研究中产阶级需要购买的是国际（不是本地）标准的产品和服务，企业应按照品牌原产国所贩售的产品和服务标准来供应中国市场（特别是中产阶层）。他们也是社交媒体传播最积极和最有影响力的阶层。2011 年罗永浩砸冰箱事件，就一度使得西门子在中国面临着严重的公关危机和"质量门"。在媒介化社会和转型期中国，品牌必须做对一些事情来与这个社会的驱动力量进行联合。

---

[1]　杨继绳：《当代中国社会阶层分析》，江西高校出版社 2011 年版。

158

8.4 品牌精神的回归

品牌是一个象征，一个辨认原产的符号或标记。有什么事物是"值得"被符号去象征，这是品牌的起源问题。当然所有产品都是由生产者提供并供给到人的需求。看一个品牌 A 和品牌 B 的产品购买比较，我们能发现，即使没有价格差异，产品购买仍会辨别工艺技术、营销传播、艺术表现和交换过程。在消费者头脑中存在着一个重要差异，这是"我认可的"品牌还是"别人的"品牌。

理解到人的参与体验传播是品牌的组成意义，这意味着品牌不是一个简单的经济评估决策过程。品牌是法人给出的名称，法人也是现代文明最有效的发明。品牌是一个承载着工艺、技术美、营销传播和与法人进行"钱货交易"的全部名称。消费者不再需要耗费时间精力从各色贸易商、销售员和工匠处获悉产品和服务，只需要选择熟悉和信任法人、公司和社团（也不受到自然人的寿命周期限制）。品牌代表了具有社会和经济功能的存在，本质上是含有道德和情感的。这就是为什么品牌需要承担责任并使得（包含消费者的）各个社会团体满意的原因。品牌应该是法人世界中的精英，负有荣耀和声望，品性如众神殿（Pantheon）那样诚实、清白和富有美德。

品牌（Brand）一词来源于古挪威语 Brandr（意为"烧印作记"），早期指中世纪意大利造纸的水印标记，还有美国"西进运动"中对牲畜烙印作记。在更早于商标前的历史，也有词语或设计用来与其他事物做出区分。有一个词"Heraldry"指欧洲骑士的纹章，类似于中世纪日本贵族武士的家徽。纹章作为"贵族用记"承载了特殊的荣耀、责任和承诺。在古代，自然人通过佩戴纹章来表明贵族地位和承担更高的等级标准，近代的法人也使用品牌标示"优等商品"，同时承担诚实、声望和信任。

图 8-7　日本的家徽和欧洲的纹章

超越了原始差异化的品牌传统在现代世界同样运作着。

（1）一个品牌是制造商以全部"家族"的名义给出忠实的承诺；

（2）以荣誉出品的认证来传递给企业最尊贵的客户（所有客户都是尊贵的客人，而非单指 VIP 客户）；

（3）向使用者展现超一流的艺术和工艺来赢得客户全部的倾慕和赞誉。

即使在社交媒体传播时代，从品牌到受众的每一个接触点上，这些意义都是可以得到呈现的，也是会被积极和活跃的网民通过社交媒体传播所传播创造的。

8.5 社交媒体传播的品牌重建

本章介绍了中国市场消费者的需求层次。回顾消费需求层次模型 QUEED 由五个层次构成，品质力（Qualibility）、直效（Utility）、效率（Effeciency）、情感（Emotion）和品牌梦（Dream）。消费者并不总是沿着五个阶梯行动，QUEED 模型在这个危机时代反映了消费者内心需求，他们将品质安全视作不安全世界中的一种庇护来渴求，网民受众高度关注于口碑（Word-of-Mouth），来分享他们的核心关切。当"品质力庇护"能够给消费者一个值得信赖的痛苦解放，网民受众通过口碑传播的自由感应也能带来情感归属和品牌顶层梦想，此等条件下，对品牌直效和效率的精心计算在重要性排序上是第二位的。

我们处于一个危机世界和一个社交媒体时代中，特别对于中国消费者，被赋予搜索和分享信息的社交媒体，而成为数字公民。社交媒体包括快速卷入的 SNS 社会性网络服务，微博，视频分享网站等。尽管 Twitter 和 Facebook 不能在国内互联网接入，但中国本土的社交媒体仍然有大量信息流向国民，为其提供海量的资讯，可以包含视频、评论、声频和照片等。中国网民人数达到 5.38 亿，微博用户上升至 2.5 亿。此外，智能手机使得网络接入更为便利和流行。例如，聚餐前用手机拍照在年轻人中非常流行，以至于成为一种正餐新仪式。所有有趣或真正打动人心的内容以人际推荐的形式在线得到迅速而广泛的分享，这些都为涉及生命安全的品牌信息传播提供了最为便捷的社会化传播途径。微博，也为含有重大缺陷的品牌推向路人皆知的名誉扫地准备好了"断头台"。

所以，必须战略性地设计品牌传播机制，在 QUEED 各个层次获得消费者的喜爱。首先从失落的品质力开始，例如企业可以创造一种机制——引导网民受众进入到制造商的生活、工作和信念。

（1）制造者自己是否使用他们的产品？

（2）是否存在更高等级质量标准的"特供"产品？

（3）总裁、经理和员工们是否信任他们所生产的品牌？

这在其他国家不会成为一个问题，但是在中国，这或许是消费者重建对品牌信心第一步的最佳方式。同一种人的生活，应该由同一种品牌承诺的产品品质所承载。设计好真实的词汇来表达品质力，这对于帮助消费者去除担忧，明显提升品牌信任，更想听到品牌安全的声音显得至关重要。

通过设计机制提升品牌资产，面向整个市场的参与者和任何与品牌产生关联的人，社交媒体给用户创造内容（UGC）和客户创造内容（CGC）提供了最好的媒体形式。当对品质建立起最高期望，品牌接受随时随地外界对安全性的高关注的同时，消费者也会给予全球标准品牌最大的荣誉和持久的销售额回报。

在生产商信息以外，品牌承担了文化层面的价值，在中国特别表现为品质力的庇护和制度性缺陷环境下的信念。当前社会对于产品和服务品质力的认知是混乱的和丧失信心的，正如腐败盛行和监管失职一样。许多公司将企业缺乏诚信归咎到宏观制度环境缺陷，为其不良制造的行为找到借口并以此期望得到谅解。这正是市场行为和员工思维中"劣币驱逐良币"泛滥的原因。

毋庸置疑，低价值、不诚信和不真实的事物是不可能长期存在的。近年来，缺陷引发危机开始泛滥，而消费结构正在升级，社交媒体为受到虐待的消费者和价值混乱的品牌之间建立起了审判室和仲裁庭，并使得这种不公正凸显出荒谬的意义。

本章陈述了 QUEED 模型来揭示中国网民受众安全信心的崩塌。品牌被消费者寄予期望，理应站到消费者一边。如果国家质量标准不再保证安全，品牌就要在品质力上采用超越国家的标准。进而，品牌梦应闪耀出终极价值的光芒，深刻表达人性需求。如同古代的纹章承担着最高级别的社会责任（如同文明的众神殿、先贤祠那样），品牌在精神上要实行高尚的原则。社交媒体在中国作为一种有魔力的舆论镜面高度照亮了心理需求接触点和公众赋权的社会褒奖，也将公众审判下"法国大革命的铡刀"高悬起来。

综上所述，面对社交媒体上网民消费传播的恐慌状态，品牌传播紧迫地要回归到消费受众需求的本质——品质力信心，加强对全球标准的卓越质量的表述，以及对品质保障给予最高等级的安全承诺，并让更多的网民受众监督和信任它的诚实。

第9章　多元化传播的媒介选择需求

公众只在危急时刻才有必要干预进来，不是去处理具体问题，而是制衡专横力量。

——沃尔特·李普曼

当代媒介与社会已经高度融合，无论是"自媒体时代"的理论解释，还是社交媒体传播对分享和互动的实践演绎，都揭示了一个伟大时代的到来。媒介权力下放到社会公众手中，媒介焦点展示了生动活跃的社会百态，媒介问题暴露出社会运行中的矛盾。[1]最尖锐深刻的矛盾，反映人民群众基本需求的矛盾，永远是媒介在表现问题时的头条新闻。[2]

毫无疑问，传统媒介在过去与社会权力阶层结合得更为紧密，这一点沿袭了计划经济时代的相当多的特征：包括严格的行业准入制度，规范的记者证制度，国家专业部门管理，省市宣传部门实际指导等。这种制度安排在政权诞生初期，有助于建立秩序、恢复国民经济、树立对内对外的团结力量和声音。而随着社会发展、国家改革开放和人民实际能力的提高，也呈现出一些需要改革的弊端。主要体现在：市场化程度不高、监督审查过程冗长，发布责任制度严密，公众第一时间参与感不强，新闻单位的国营企业通病等问题。[3]

一方面是传统媒体管理制度的延续，另一方面是网络媒体实际权力的生成，这两者交汇在一起，就形成了我国当代媒介化社会的重要"代沟"——新媒体力量对传统媒体力量的差异。本章意在建模分析网民受众在当代传播结构中的媒介主动选择的需求，以网络媒体和官方媒体为两类主要的媒介对象进行分析，揭示网民媒介选择权的有效运用。

---

[1]　[德]乌尔里希·贝克：《世界风险社会》，南京大学出版社2004年版。

[2]　夏倩芳、张明新：《社会冲突性议题之党政形象建构分析》，载《新闻学研究》2007。

[3]　张晓锋：《论媒介化社会的三重逻辑》，载《现代传播》2010.7。

9.1 媒介化社会的网络代沟

差异无所不在，但代沟应指重大差异，并且难以直接弥合，或者需要通过重大努力来弥合的差异[1]，网络代沟即体现了二元化的媒介生态环境。

（1）两种媒介在出版发行上，有非常显著的差别。即传统媒体的下滑趋势明显，而新媒体的增长趋势惊人。

（2）两种媒体的受众也具有显著差异，传统媒体受众人口统计特征年长，熟悉计划经济体制，体制内用户较多；新媒体受众年龄较小，成长于市场经济制度中，体制内用户较少。

（3）两种媒体在信息传播上，传统媒体以 CCTV、党报党刊为主，从形式到内容缺乏变化和创新，也缺乏竞争；新媒体以 SNS 社交网络为主，从形式到内容变化无常，不断迎合消费者的口味，面对竞争环境异常激烈。[2]

这种代沟不仅反映在媒介出版发行、受众、使用情况、信息负载等表征上[3]，而且更多地反映在社会化人群的信奉中，这种信奉是以社会化人群的真实生活为依据而建立的[4]，即一部分群体的生活形态方式（Lifestyle）处于一种形态，该形态能够被传统媒体语境所解释、传播和指引，却难以（或较少）被新媒体语境所解释、传播和指引；另一部分群体的生活形态方式处于另一种形态（不同于前一种，两种生活形态之间出现较大差异），这种形态能够被新媒体语境所解释、传播和指引，却难以（或较少）被传统媒体语境所解释、传播和指引。

由于这种代沟最明显的标识为网络载体，最明显的时间阶段是网络诞生后，所以本书将其定义为网络代沟。以面向公众开放的互联网媒体为核心（追溯到 1997 年三大门户网站在我国创立并掀起第一股互联网浪潮），以 SNS 社交网络普及为爆发点（追溯到 2006 年国内校内网创立），2012 年 7 月国家互联网信息办公室发布中国网民人数达到 5.38 亿，占全国总人口近 40%，微博用户达到 3.88 亿，正在支撑起一

---

[1] 周怡：《代沟现象的社会学研究》，载《社会学研究》1994.4。

[2] 展江：《中央媒体推变革新招》，载《党政论坛（干部文摘）》2009.8。

[3] 杜骏飞：《中国中产阶级的传播学特征——基于五大城市社会调查的跨学科分析》，载《新闻与传播研究》2009.3。

[4] [法] 古斯塔夫·勒庞：《乌合之众——大众心理研究》，法国中央编译出版社1896年版。

个崭新的媒介化社会。[1]

人类不是第一次面临媒体平台的变革，世界各国都有传统电视、报纸、广播三大媒体与网络新媒体竞争和融合的关系。当自媒体的平民化新闻在网络新媒体上成为传播主要趋势时，可以发现国外社会传统媒体在跨界转换时的障碍较少，转换或者媒介融合大多是主动的，在两种竞争性媒体平台上的受众性质是一致的，或许正是由于受众的一致性、记者编辑的一致性，导致这场媒体竞合过渡中没有出现过于显著的差异，并最终统一于媒介组织所有权层面的运营。

我国的媒介化社会网络代沟，难以按照西方发展路径来弥合[2]，其核心矛盾是存在两种不同的循环体系，各自主导着一隅的媒介运作。有趣的是，在不少情境中，这两种语境体系的运行存在技术壁垒和认知壁垒，并由使用群体的代际差异产生了相互不信任的疏离。这种情形在分析新媒体成长期（2000—2010）阶段的问题时，有着诸多案例，并延续到当下两种体系中相当一部分主导者和受众。问题是"代沟"终要跨越，正如亨廷顿在文明的冲突中引用的思维逻辑，巨大差异有时可以绕过，但终究要发生碰撞，要么融合，要么冲突。本书核心就是尝试用新模型来解释"网络代沟"及其产生二元抉择的困境。

下面略微梳理代沟问题到目前为止涉及的主要因素：

（1）平台媒介：传统媒体（报纸、电视、广播）VS 网络新媒体（Web2.0 社交网络媒体）；

（2）受众：传统媒体受众 VS 网络新媒体受众；

（3）管理者：官方体制内监管 VS 民间体制外表达；

（4）职能：新闻传播及宣传 VS 互动表达及交流。

上述内容是抽象的差异点，将其暴露出来的目的探索其深层次成因，任何一个系统都有着自我维系的能力，以免熵减造成系统崩溃，本章将从传播学和经济学理论层面寻找解释问题的源泉。

---

[1] 钱小芊：《大力发展健康向上的网络文化》，载《第十一届中国网络媒体论坛》2011.11.21。

[2] 方延明：《我国媒介传播中的悖论问题》，载《南京社会科学》2009.10。

9.2　沉默螺旋和绝对优势

9.2.1　沉默螺旋理论

伊丽莎白·诺依曼（1974）在研究传播效应异质性时发现了"沉默螺旋"。[1] 沉默螺旋理论表述了这样一个现象：人们在表达自己想法和观点的时候，如果看到自己赞同的观点，并且受到广泛欢迎，就会积极参与进来，这类观点越发大胆地发表和扩散；而发觉某一观点无人或很少有人理会（有时会有群起而攻之的遭遇），即使自己赞同它，也会保持沉默。意见一方的沉默造成另一方意见的增势，如此循环往复，便形成一方的声音越来越强大，另一方越来越沉默下去的螺旋发展过程。

诺依曼"沉默螺旋"理论的观点有：

（1）个人意见的表明是一个社会心理过程。人作为一种社会动物，总是力图从周围环境中寻求支持，避免陷入孤立状态，这是人的"社会天性"。

（2）意见的表明和"沉默"的扩散是一个螺旋式的社会传播过程。也就是说，一方的"沉默"造成另一方意见的增势，使"优势"意见显得更加强大，这种强大反过来又迫使更多的持不同的意见者转向"沉默"。如此循环，便形成了一个"一方越来越大声疾呼，而另一方越来越沉默下去的螺旋式过程"。

（3）大众传播通过营造"意见环境"来影响和制约舆论。根据诺依曼的观点，舆论的形成不是社会公众的"理性讨论"的结果，而是"意见环境"的压力作用于人们惧怕孤立的心理，强制人们对"优势意见"采取趋同行动这一非合理过程的产物。"意见环境"的形成来自所处的社会环境和大众传媒，而后者的作用更强大。

诺依曼通过"沉默螺旋"理论，重新揭示了一种"强有力"的大众传播观：

（1）舆论的形成是大众传播、人际传播和人们对"意见环境"的认知心理三者相互作用的结果；

（2）经大众传媒强调提示的意见由于具有公开性和传播的广泛性，容易被当作"多数"或"优势"意见所认知；

（3）这种环境认知所带来的压力或安全感，会引起人际接触中的"劣势意见的沉默"和"优势意见的大声疾呼"的螺旋式扩展过程，并导致社会生活中占压倒优

---

[1]　Noelle-Neumann, "The spiral of silence: a theory of public opinion", Journal of Communication, 1974.

势的"多数意见"——舆论的诞生。

观察发现，在真实世界（传统媒体）和虚拟世界（网络媒体）中存在两种沉默螺旋，同时具有两类不同的受众群体在这两种螺旋中得到完全不同的结果。

在虚拟世界及网络媒体上，网民无拘束地表达自己的想法和观点，并能获得大量同等境遇网民的支持和呼应，从而推动网民群体更积极地参与，将自己的观点越发大胆地发表和扩散；反之，部分群体角色的失语，可以近似认为是这类群体发布的观点无人或很少有人理会（也不乏受到群起攻之的遭遇，如药家鑫案、"李刚门"等），即使部分个体发现其社会行为的合理层面，也只能保持沉默。[1] 从而加大了网络媒体上网民意见愈加强大的螺旋性发展过程。

与之相对，在现实世界和传统媒体上，传统主流表现出强大的体制内传播信息能力。在规范的传播路径下，得到体制内官方群体的相应和认同，其信息传播能够得到线下制度资源的配合和支撑 [2]；反之，网民群体在传统媒体上大量失语，可以认为受到了三个因素的制约。

（1）网民群体对受官方掌控的传统媒体丧失兴趣，以其生活形态方式差异为根基，并以纸媒实际购买和视媒实际收看的下滑为证据；

（2）网民群体很少能够得到传统媒体资源（版面）来表达其观点和意愿；

（3）即使有网民来信或转引部分信息，也很少得到官方群体的注意和理会。

因此网民群体在传统媒体环境本质上是保持静默的，难以在传统媒体上呼应和互动，形成网民气候的媒体意见，从而加剧了传统媒体上官方群体意见持续强大的气场。

9.2.2 绝对优势理论

探究两大群体意愿和能力的巨大差异，仅从沉默螺旋的现象着手描述，显然是不够的。是什么导致两大群体存在着意愿和能力差异？利用投入产出分析，可以从经济学原理中找寻根源。

绝对优势理论（Theory of Absolute Advantage），又称绝对成本说（Theory of

---

[1] 陈丁杰：《"媒介审判"频频受难的原因与真相探究——后"药家鑫案"的学理思考》，载《青年记者》2011.27。

[2] 陈喆、胡江春：《传统媒体如何报道"强弱"冲突事件？——药家鑫案、夏俊峰案的媒体立场解读》，载《新闻战线》2011.6。

Absolute Cost）、地域分工说（Theory of Territorial Division of Labor）。所谓绝对成本，是指某两个国家之间生产某种产品的劳动成本的绝对差异，即一个国家所耗费的劳动成本绝对低于另一个国家。绝对优势理论是国际贸易理论的基石之一，由英国古典经济学派主要代表人物亚当·斯密（1776）创立。[1]

表 9-1　绝对成本的国别比较例示

	英国	法国
羊毛	4	8
葡萄酒	10	3

在表 9-1 中，英国生产羊毛的成本为 4，法国生产葡萄酒的成本为 3，都绝对低于对方生产同样产品的成本，因而称为"绝对优势"。同理，模拟网络代沟下的两种传播者信息传播优势差异如表 9-2。官方媒体在传统媒体信息成本为 4，网民群体在网络媒体信息成本为 3，都绝对低于对方发布同样信息的成本，都具有绝对成本优势。

表 9-2　绝对成本的传播者差异例示

	官方群体	网民群体
传统媒体信息	4	8
网络媒体信息	10	3

此外，还存在绝对的权力优势差异，在知情权、表达权、监督权、参与权"四权"建设的过程中，自媒体信息时代的网络"低门槛"给了网民群体充分的权限去索取、获得、使用、评价上述新闻传播四权，网民自发地在网络上实践着新闻"四权"建设，而其在传统媒体上的表达能力明显不足。官方群体在传统媒体掌控中具有无可争议的绝对优势，资源无限使其能够充分发布信息，然而这种能力在网络媒体平台上影响式微。[2] 作为一种以互动和分享为表征的网络媒体信息传播路径，官方群体信息以其权威性和通稿话语在一对多传播中的优势，反而成为其在多对多"实时传播"中的劣势（通稿式发布和缺乏回应），并且短期无法弥补，因而大量失语。最终只

---

[1]　Adam Smith, "An Inquiry into the Nature and Causes of the Wealth of Nations", W. Strahan and T. Cadell, London，1776.

[2]　丁柏铨：《论党报面临的新挑战及其战略选择》，载《新闻传播》2009.6。

能通过跟踪，并争取形成滞后性权威发布的流程建设来弥补。

表9-3　媒介化社会传播者的绝对优势对照

	官方群体	网民群体
传统媒体信息	充分发布	失权、失语
网络媒体信息	失语、缺位	充分发布

正是由于传统媒体（报纸、电视、广播）的一对多本质，决定了其难以直接服务于网民在新闻权力获取中的新需求。这种新需求及满足需求的供给能力，符合媒介化社会未来发展的趋势。

9.3 "螺旋悖反"下的网络代沟

为了深入剖析当代媒介化社会出现的网络"代沟"现象。在借鉴沉默螺旋和绝对优势理论的基础上，建立并行且相互影响的两个沉默螺旋，同时作用于两类受众，并形成受众向两种媒介悖反的行为规律。图9-1描绘了二元媒介社会呈现的反向并存的沉默螺旋。

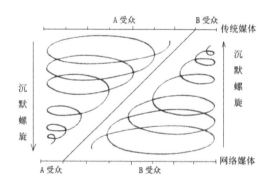

图9-1　二元媒介社会呈现的双向"沉默螺旋"

如图9-1所示，对于A受众（官方群体）而言，其传播能力主要是继承了在传统媒体中的巨大优势，但是由于能力、意愿和权利等各种原因，在转向网络媒体传播过程中不断衰减，更为显著的是，在网络媒体环境，传播场中涌现的优势意见不断挤压少数意见的人际支持，从而形成沉默效应。这就造成A受众（官方群体）在传统媒体中保持强大，而在网络媒体中处于守势的格局。

与之相对，B 受众（网民）在传统媒体环境中也受到沉默螺旋的制约。A 受众（官方群体）具备传统媒体的资源和能力优势，能够维持并强化其优势意见，形成对 B 受众（网民）所持少数意见的挤出，从而使得 B 受众（网民）实际上远离传统媒体。

综合考虑以上两种效应，官方群体拥有传统媒体场的信息优势，而在网络媒体场中陷入沉默螺旋；网民受众拥有网络媒体场的信息优势，但在传统媒体场中陷入沉默螺旋。这将锁定并强化官方群体 / 传统媒体对于网民受众 / 网络媒体的差异，建立并扩大二元化的媒体 / 受众结构。

基于对网络代沟现象的抽象概括，本书进而提出"螺旋悖反"模型，发掘媒介化社会传播的规律，如图 9-2 所示。本书所指"悖反"，不受限于康德哲学概念所指相对立的理论本身会引发其存在性矛盾的层面，主要指规律中存在矛盾导致其相互排斥。

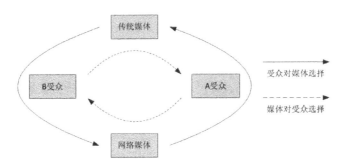

图 9-2　媒体与受众的"螺旋悖反"模型

本书认为，新媒体传播与传统传播异化的起源，在于一种不平衡，这种不平衡可以归咎到技术、资源、功能、权力等因素。如果把问题聚焦于媒体和受众，可以提炼出一个形成悖反的运行选择模型，并延伸到信源、信息、反馈、环境等要素。模型体现了真实世界和虚拟世界中的不平衡是如何被定义和放大的。

由于传统媒体沉默螺旋和新媒体技术禀赋的影响，B 受众（网民）趋利避害，容易形成网络媒体选择路径；由于网络媒体沉默螺旋和传统媒体资源禀赋的影响，A 受众（官方群体）趋利避害，容易形成传统媒体依赖路径。受众选择媒体，同样媒体也在选择受众，媒体作为信息载体，其选择受众过程是传播者本质，由阶层属性和传播目的所决定；也是受众本质，存在着受众"用脚投票"[1]（Vote by foot）的过程。

---

[1]　经济学术语，源于股市，投资者在用手投票参与经营决策以外，还拥有一种选择权，即选择离场，卖掉其持有的公司股票。

传统媒体在体制主导下，更多表现为对 A 受众（官方群体）的偏好进行传播；而网络媒体相对远离体制主导，更多承载了 B 受众（网民）的信息需求和传播偏好。

在不改变模型内各主体本质的情况下，如果不施加外部因素干扰，要打破这种连锁形式的路径（逆向的）选择是较为困难的。传统媒体历来被视作实体世界（为了避免陷入对于"真实"概念的争论，选用"实体世界"这样一种中性的词汇进行论述）的主流信息渠道，而网络媒体即成为虚拟世界的主流信息渠道。实体世界和现行社会秩序的权力结构同一化，虚拟世界对于"实体世界"是"虚拟的"，因而可以在一定程度上疏离于现行社会秩序结构。当媒介化社会成为发展趋势，实体世界和虚拟世界的鸿沟正在被克服，这是一种技术先导、受众驱动、媒体跟进的自发组织过程。[1]

9.4 受众与媒体选择的融合

媒介融合在新闻传播改革中占有重要地位，一般认为媒介融合是现有新闻集团进行渠道、内容、功能和组织的融合[2]，这是一种战略性的多元化整合路径。本章所指融合，意指对不同受众已呈现出分化趋势的媒体选择的缝合。

传统媒体除了积极向新媒体机构转变之外，需要考虑从权力层面获得来自于网络的认可，即获得网民群体的认可。要获得一种"逆向"授权及管制，从而建立一种对媒介和内容的双向的认可制度。传统媒体在发布内容择取上也应呈现一种共生性的表达，即充分表达网民群体的声音（发布的、转引的和关注的）。人民网设立论坛和各级政府主官问询及回复机制，就体现了这种融合性。作为传统媒体，授网民以权、行网民之言，才能顺利跨越"网络代沟"，得民心、顺民意，不被媒介化的网络社会受众所忽略。

除了媒介兼容于受众，受众也需兼容于媒介。[3]"走转改"的新闻建设，需要从传授者层面加强力度。体制内群体的多数成员都应是网络媒体中的"信息员"，该群体在网络媒体上的信息发布和回应，应与其在传统媒体的权利同等化。不仅约束其在各级传统媒体上过大的资源能力，也要强制其承担网络媒体过少的公开业务和

[1]　喻国明：《中国媒介规制的发展、问题及未来方向》，载《山西大学学报》2009.6。

[2]　童兵：《中国新闻传播学研究最新报告 2010》，复旦大学出版社 2010 年 9 月版。

[3]　郑亚楠：《新媒介融合改变了中国社会的舆论格局》，载《新闻传播》2010.1。

消极应答的新闻责任。改变其"传统媒体主动报喜，网络媒体被动报忧"的部分现状，这种现状正是引发受众信任分化的重要原因之一。

对于网络媒体和网民受众，也要因势利导，变自上而下式的命令式传播为上下互动的共鸣式传播。以生动的形式吸引网民受众参与传统媒体内容制作及话题探讨，以弹性的制度吸引网络媒体建立传统受众的信息空间。这两个问题需要在制度性保障和策略层面进行更深入的研究。

可见，讨论螺旋悖反模型下的媒介重新融合，终要上升到宏观制度因素层面。表现为媒介二元抉择和"网络代沟"的深层次背景是社会性差异下的传授不平衡。旧的尚未改变，而新的已经崛起。因此，欲实现新旧媒介融合，还是需要从本质上实现社会阶层融合，缩小社会阶层差异。加大以"四权"为核心的制度建设，保障各阶层民众的传媒权力，是消除螺旋悖反的根本路径。同样的，积极的媒介再融合策略也是促进社会阶层融合的有力保障。媒介化社会促使传播的内涵和外延重新界定，并再次提升新闻传媒的社会地位和社会影响力，其与社会阶层的信息传授是同权的。网民受众通过对多元化媒介的真实选择进行投票，导向其价值观形成、社会认知和政府信任。

第10章　网民文化社会认同的需求

哲学家们只是用不同的方式解释世界，而问题在于改变世界。

——卡尔·马克思

文化认同（Cultural Identity）指个体对于所属文化以及文化群体形成归属感（Sense of Belonging）及内心的承诺（Commitment），从而获得保持与创新自身文化属性的社会心理过程。（杨宜音，2011）这意味着文化本身是有意义信息符号的沉淀，代际传承本身就是一种信息传播方式，大众传播显然也是一种强有力的信息传播方式，社交媒体却不只是新兴传播方式，更是传播宇宙视域下社会网络关系的总构成。在社交媒体全力促成的媒介化社会，可以发现传播的运作构成了社会文化变革的动力。

（1）网民受众对于文化群体归属和承诺的心理距离发挥巨大效力；

（2）网民受众基于社会阶层的现实诉求表达发出巨大声音；

（3）网民受众面向传统历史传承的代际沉淀受到了巨大冲击。

总之，网民的文化社会认同出现了不平衡，这种需求涉及社会价值稳定的根本问题。

10.1 社交媒体的"舆论场"

再次确认，社交媒体给出了大众媒体之外的一种受众中心的媒介选择，这种选择是将公众本应拥有却被传播技术条件束缚的权力交还给公众，因而，对于公众，不是走向了狭隘与封闭，而是走向自由与开放。传统媒体开始面临挑战，只有主动参与到这个进程，才能跟上时代步伐，享受到开放带来的媒体民主和自由，并服务于这种开放及其背后不断扩张的数字公民需求。

10.1.1 公众的社交媒体信息认同评价

通过已建立的社交媒体传播星系模型，公众不但能够检视网络议题的传播过程，也能依据其与他人意见的异同程度，建立起相对恒定的个人价值标准。个人心理的标准当然不可能是学术严谨的，但却是公众个人所能感知的、把握的和真实有效的，个体通过社会关系的认知测量，可以顺利完成对自我的清晰定位。

如果建立一个二维平面模型，纵坐标设为生活距离，简单使用对象的微博粉丝数的指数表示该用户在社交媒体的影响量级；横坐标设为心理距离，以具体话题中受众对于对象与自身态度偏离差为值；对公众个体构筑起网络信息认同评价模型。

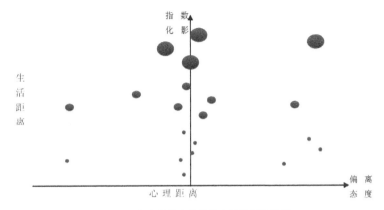

图 10-1　公众的社交媒体信息认同评价模型

如图 10-1 所示，对于普通网民而言，用户的指数化影响力构成其对于受众的生活距离，虽然有些微博大号与受众的生活距离遥远，但是在"光速"传播技术上，可以用心理距离来拉近社会距离，这就突破了物理距离的障碍。对于受众而言，在某一项具体话题上，可以发现心理距离为 0 的许多关联者，散点呈现出棒状；这些声音会被公众引为知己，并加强选择性关注。同时，平面中也出现了态度偏离的声音。由于评价者总是把自己处于中心位置，所以偏离态度也就会发生左偏或右偏的情况。当普通网民受众着眼于单向偏离态度观察，就会产生二元化的态度意见群体。虽然模型假设的是单个公众，但是社交媒体可以将所有公众的认同评价进行叠加放大。因此，通过一段时间的观察，就可以在社交媒体上发现某一类具体问题中的二元化意见群体。

公众的网络信息认同评价模型，本质上是一种统计学聚类分析，将"距离"相近的公众集中显示在一起，成为群体。在浩如星辰的社交媒体上，所有受众在无数的话题意见中，知情其他公众的意见，表达出自己的意见，形成了社会性网络的自然聚类过程。对于任何个人，以我为中心的观点总会有偏颇，不足以形成面向公众标杆性认知。但是聚类后的公众意见可以形成一个核心，削弱个体声音的各种谬误，增强群体意见的有效表达，形成标志性影响。无论是理论还是实际中，聚类分析的结果很难出现唯一的一类群体，如果仅有一类，那么距离测量的指标就失去价值。一般都会呈现多个聚类，首先，对于海量公众聚类后形成的意见，就不能冠以"一小部分"等标签；其次，在社交媒体的信息传播空间中，线下实力强大的党报、党刊、国家级电视台等由于通稿话语过度近似，也可能仅仅"投射"出一个影响力点。如何使得党媒之间的观点出现能引人入胜的戏剧性差异，是未来值得讨论的话题。

之前已经论述过，这些影响力点的影响量级在社交媒体上是与不同指数的微博大号等价的。全世界纸媒都面临着发行量萎缩，《人民日报》2011 年发行量是 280 多万份；而"微博女王"姚晨，粉丝数 2 759 万（2012 年 12 月 8 日显示），这意味着，她每一次发言的受众，即便不算微博"转发"后的间接传播，是《人民日报》发行量的 9 倍。就粉丝群内社交传播的影响力观察，仅以一次微博对网络受众即时信息接受比较，姚晨粉丝群规模的影响力（含群内互动传播）则是《人民日报》受众影响力的 81 倍（参见 4.2.3 节"网络外部性到网络价值"）。这是社交媒体梅特卡夫法则对大众媒体"一对多"传播的文明进化层面的超越。

即使传统中央级媒体不主动在社交媒体上发表信息，以社交媒体为主要媒体空间的公众仍然可以将传统中央级媒体在社交媒体上进行投射评价。由于传统中央级媒体的高度一致性，使得其在社交媒体投射上高度集中，对缺乏新闻专业性的普通公众而言，影响力几乎重合。此外，不同程度上传统中央级媒体传播信息对于单个网民生活而言，开始出现距离。当一种单向性传播媒体及信息高度集中，而丰富的社交媒体信息意见交换和自我表达呈爆炸式生长的时候，观察传统媒体和社交媒体，就出现了"两个舆论场"问题。

10.1.2 "两个舆论场"的问题与对策

新华社前总编辑南振中（2004）很早就注意到，在当下中国，客观存在两个舆论场。一个是党报、国家电视台、国家通讯社等"主流媒体舆论场"，忠实地宣传党和政府的方针政策，传播社会主义核心价值观；一个是依托于口口相传特别是互联网的

"民间舆论场"，人们在微博、人人网、即时通讯等社交媒体上议论时事，针砭社会，品评政府的公共管理。互联网成为"思想文化信息的集散地和社会舆论的放大器"，改写了"舆论引导新格局"。

这种代沟不仅反映在媒介出版发行、受众、使用情况、信息负载等表征上（杜骏飞，2009），而且更多地反映在社会化人群的信奉中，这种信奉是以社会化人群的真实生活为依据而建立的（勒庞，1896），即一部分群体的生活形态方式处于一种形态，该形态能够被传统媒体语境所解释、传播和指引，却难以（或较少）被新媒体语境所解释、传播和指引；另一部分群体的生活形态方式处于另一种形态（不同于前一种，两种生活形态之间也出现了差异），这种形态能够被新媒体语境所解释、传播和指引，却难以（或较少）被传统媒体语境所解释、传播和指引。

还存在绝对的权力优势差异，在知情权、表达权、监督权、参与权"四权"建设的过程中，自媒体信息时代的网络"低门槛"给了网民群体充分的权限去索取、获得、使用、评价上述新闻传播四权，网民自发地在网络上实践着新闻"四权"建设，而其在传统媒体上的表达能力明显不足。官方群体在传统媒体掌控中具有无可争议的绝对优势，资源无限使其能够充分发布信息，然而这种能力在网络媒体平台上影响式微。（丁柏铨，2009）作为一种以互动和分享为表征的网络媒体信息传播路径，官方群体信息以其权威性和通稿话语在一对多传播中的优势，反而成为其在多对多"实时传播"中的劣势（通稿乏味和缺乏回应），并且短期无法弥补，因而大量失语。最终只能通过跟踪，并争取形成滞后性权威发布的流程建设来弥补。《人民日报》社长张研农2012年4月在复旦言及，"听过年轻人的调侃，看半天微博，要看七天《新闻联播》才能治愈。这个调侃说明，中国目前确实存在着两个舆论场，如果我们只关注一个而忽略另一个，对中国国情的认识会失之偏颇。"这种观点类似于胡锡进总编提出的"复杂中国"。

正是由于传统媒体（报纸、电视、广播）的大众传媒权力本质，阻碍了其服务于网民在新闻权力获取中的新需求，而这种新需求及满足需求的供给能力，却成为符合媒介化社会未来发展的趋势。

可以看到，近期传统媒体在积极地向新媒体转变。《人民日报》2012年7月22日开通微博，被评价为"党媒上微博，话语走双轨"。7月28日0点发出第142条微博：

> 过去7天，一场暴雨让我们感到生命的无常与重量，也看到周遭的种

种不足与缺陷，同样铭记于心的，是灾难中爱的赠与和传递，是对责任的坚守和护卫。想起最近很流行的一段话：你所站立的地方，正是你的中国。你怎么样，中国便怎么样。你是什么，中国便是什么。你有光明，中国便不黑暗。安。

截至 8 月 5 日，该微博被转发 7.67 万条，评论 1.55 万条。语言风格清新与贴近民生成为社交媒体上公众对于 @ 人民日报的议论评价。这就意味着，从权力层面获得来自于网络的认同，即获得网民群体的认同，获得一种"逆向"授权及管制，从而建立一种对媒介和内容的双向的认可制度。传统媒体在发布内容择取上也应呈现一种共生性的表达，即充分表达网民群体的声音（发布的、转引的和关注的）。

对于《人民日报》微博上线，《人民日报》社长张研农提出，"在互联网时代，主流媒体若想位居主流，就得做互联网纷乱信息的过滤器，做网络偏激情绪的缓释剂，做国民心态的压舱石。"很明显《人民日报》走出了跨入社交媒体舆论场的重要一步，未来同等语境下有针对性、有说服力、有贴近性的信息传播值得期待。传统媒体对于"两个舆论场"不能回避，并积极承担起打通舆论场的重大责任。除了媒体行动，政务微博的上线也体现了传统媒体传播者融入社交媒体的良好开端。

10.2 选择性认同的规则基础

本书已经论述了在社交媒体环境下，公众是如何界定其网络化社会中的位置和群属，并使用最简单的信息评价认同模型，建构了媒介化社会影响力和具体话题态度偏离的类别特征，以便于剖析公众的自我定义和自我认同过程。进而，要形成社会性群体，就需要将群体成员身份的知识进行整合，形成可供遵循的社会性规范。

10.2.1 社会认同的文化传统

微观个体"我是谁？"的简单问题，在宏观上表现为哪个时代、哪个阶层群体、按何等文化价值标准的距离衡量？由于时代跨越范围最大，阶层群体尚未测定又开始变化，导致了规则差异的产生。这就为现实社会中呈现出选择性规则，公众需要辨析认同哪种时代文化，公众还需要评估其与各个社会阶层的距离。

解放前的主流社会文化是对儒家伦理的遵守与批判；解放后初期的主流社会文

化是社会主义改造和集体主义文化建设；改革开放后的主流社会文化进一步发展，形成具有中国特色社会主义理论体系下的市场化道路和新价值观念的崛起。甘阳（2007）将其归纳为三种传统：注重人情乡情伦理的中国传统文化和儒家文化；建国以来毛泽东时代的追求平等和正义的传统；改革开放以来形成的以"市场"为中心传统，也包括自由和权利等。在整个中华民族伟大复兴的历程中，目前看位于最高层面的就是这三个文化传统。这显然是我们的历史与财富，也是中国共产党领导社会主义建设事业不断前进的重要基础。

按照儒家伦理的传统观念，中国人认同是在家庭伦理中实现的（梁漱溟，1949）；近现代以来，随着西方民主科学的引进，自我意识开始建立，不同于家庭伦理的社会意识风起云涌，最终历史和人民选择了马克思主义中国化道路，新的城乡结构和社会认同不断强化；进入后工业时代，在社交媒体等技术向公众进行传播赋权的基础上，自我认同的对象范围和层次大幅度超越，市场化道路的改革也鼓励了自我认同的崛起，带来社会认同加大碎片缝隙并带来认同冲突。

文化传统在百年间翻天覆地的变化也提升了公众认识和遵循的难度。李泽厚（2008）在人类学历史本体论中提出宗教性道德，个体必须承担的道德义务，出生在一个没法选择的人类总体的历史长河之中，是这个"人类总体"所遗留下来的文明、文化将你抚育成人，从而你就欠债，就得准备随时献身于它，包括牺牲自己，因而只有绝对服从坚决执行的"绝对律令"和"实践理性"。据此标准，中华传统的儒家文化显然是具备这种强大的宗教性道德的。

毛泽东时代追求平等和正义的传统，同样建立起"绝对律令"在先，道德感情（个体心理）在后的准则。对一个时代的公众，具有强烈的终极关怀和安身立命的吸引，呈现为普遍追求的最高价值，并与信仰相关联，承担起执行"神"（其实是人类总体）的意志。

改革开放以来形成的以"市场"为中心传统，提出了"实践检验真理"等挑战当时理论"禁区"的新命题，形成"社会性道德"，即体现一个时代社会中群体的客观要求，而为个体所履行的责任、义务，并与法律、风习相关联。所引发的特定群体的经验、利益、幸福目标，对比先前传统是存在相对性和可变性的。从一个时代传统迈入另一个时代传统，对社会群体的心理改变是客观存在的。这是在研究文化社会认同中，首先要考虑到的文化传统承续中的代际特征。

当代中国文化传统的承续中，还存在着一些认同程度差异现象，纷繁复杂，众说不一。有持简单的文化认同观念者，缺乏对于"复杂中国"（胡锡进，2011）的深度认识；有文化传统的利益趋避观念者，弱化了信仰力量，而且普遍缺乏情感关注；有反身性认同者，对更为具体的问题和现象表达出自我拯救的关怀。诸多问题，显然不能一蹴而就地解决，中华文明既有的文化传统作为全民族的文化基因和社会纲领，需要继续深入地推进文化传统的融合统一，并在范导原理（Regulative Priniple）和建构原理（Constitutive Principle）层面上实现优化整合。

10.2.2 操作性规则的选择与冲突

如果说民族国家层面的文化传统发展，明显超越了传播媒介的工具理性层面。研究进而降低一些高度，关注到社会传播领域的媒介传播内容，分析社会规则层面的差异化选择。此时，社交媒体所推动的媒介化社会就呈现出纷繁复杂的社会规则，这些规则是为指引每个公民行为规范和价值判断的，因而公众和个体都能清晰感知、解读并择取。

社交媒体上最易引发社会关注乃至舆情事件的话题，正影响着我国伦理道德和大众意识形态。当前许多网络舆情的认识与判断，体现在德性与公正、义与利、善恶与祸福、经济发展与幸福感的关系等方面。樊和平（2012）提出，我国社会在伦理上仍守望传统，但道德上已经基本解构了传统而走向现代。伦理与道德的变化趋势呈现反向运动。由于官员腐败和分配不公两大问题的存在，在政治和经济上掌握话语权力的群体，恰恰是伦理道德上被认为不满意的群体。这种状况动摇和消解了社会对于伦理存在的文化信心和文化信念。与此同时，理性主义、物质主义、个人主义成为个体在经济社会中行为决策和判断的依据，"精神"缺场较为显著。

由于社交媒体的超时空连接性、最广泛的人际传播性、评论反馈的实时互动性、议题升级和焦点置顶的卷入性，使得人人可鸣放的论争公诸于众。越是悖论的、虚伪的、特权的信息，越是在社交媒体上成为舆情议题和舆论中心，并由个人表达意见诉诸于"天下公论"。研究发现社交媒体不断增长的公众权力，放大了这种不平衡。现象不平衡背后指代的是规则的不平衡。

从1840鸦片战争至今，我国经历了一百七十余年的近现代化艰难历程；仅观察改革开放三十多年，中国社会就经历了经济社会发展的巨变，其规模和激烈程度旷古未见，发达国家上百年的发展道路由我们朝夕之间后发赶上。也因此，在传统和现代层面涌现了许多矛盾和冲突，冲突的来源是解释体系的不一致。从传播视野看社会规则，公众意识中存在三种规则界面：理想规则、公开规则与潜行规则，从而易于引发界面冲突。任何问题，凡是涉及三种规则的解释和行为，关系时代、民族、集团、阶级或特定群体的经验、利益、幸福等因素，而引发规模不同的矛盾冲突，抽象表现为规则差异的剧烈程度。

理想规则是传统、历史和教育下的描绘的人类愿景和美好蓝图，蕴含了国家和个人最高的政治理想和社会理想，体现的是理想的意识形态下高度自觉的完美社会和道德模范，出现在主流媒体典型报道中具有明确宣传导向的高尚价值，经常使用"大公无私"、"牺牲"、"奉献"等强烈道德色彩词语，来表达以平等、世界大同的共产主义社会为目标的信仰感召。另外，前面研究中已经提到对历史文化传统（儒家伦理）的兼容，因此，趋向于表达完美社会形态的价值观念也包含着对部分古典传统的坚守，如克己复礼，道德完人等。

公开规则主要指当前我国各项体制及各种制度，包括正式发布的全部法律法规，和道德层面的社会主义核心价值体系，都明确目标为建设有中国特色社会主义。体现到官方场合公开表述的话语体系，也被运用到体制内全部的话语表达（含各级政府组织、机关事业单位、国有企业等）。主要媒体包括报章文字、电视报道、政务网站等都在传播着公开规则，以社会主义市场经济为例，包含以公有制为主体，多种所有制经济共同发展；按劳分配为主体，多种分配方式并存的分配制度；以及主要是通过各种非行政手段对经济活动进行间接的宏观调控，发挥计划与市场的长处等。这些规则包含了对社会、组织和公民具体的、细分的、明确可执行的信息。

研究社会传播的公众理性，想要从微观操作层面理解公众的诸多另类选择，就需要正视"潜行规则"的客观存在。潜行规则基本上是解构和削弱公开规则和理想规则作用的呈碎片化的规则体系。潜行规则，字面意义是不在公开体系表达（俗语"拿不上台面"）的社会风俗，固然包含一些流弊，但却是真实有效的暗规则或"生存智慧"。潜行规则体现的是世俗化价值和可能低于公开要求的道德水准，例如私利至上的价值观等。潜行规则具有潜移默化的作用，从社会交流活动中产生，在一定范围内成为"相互认可"的实施准则。潜行规则还包括许多体制外表达及行为，除了在社会上人际传播以外，也在新媒体环境中随着人们的各种意见表达而流传。其他层出不穷的新生事物在尚未被公开规则所解释的部分，也往往以潜行规则的面貌出现在世人面前。潜行规则与官方表述的公开规则是有显著差别的，但有时一些组织机构也会发布权宜性的条例和措施（不属于法律法规）等。这就更增添了公众认知潜行规则的复杂性。

此外，官场小说、娱乐类节目、部分电视剧等非官方媒介也会蕴含潜行规则，主流媒体对社会阴暗面的揭露，客观上反向印证了潜行规则的存在。这并不意味着主流媒体的社会监督报道需要对此承担责任，有效的社会监督报道都是本着揭露流弊、为民除害的使命，并努力弘扬社会正义，引领着公众向上的健康文化。退一步讲，如果没有社会监督报道，容易造成危害的潜行规则将更为突出，进一步在社会中传播横行，从根本上动摇公众对于社会治理和国家法制道德建设的信心。

理想规则、公开规则和潜行规则，都古已有之。传统的中华文化直至今日都在对理想规则和潜行规则造成影响。不同历史进程的文化传统都会带来最高理想的道德标准和社会指导性规范，但不可否认就会有针对性的潜行规则在社会上出现。在大众媒体时代，市场经济和人际交往并没有那么频繁，潜行规则的流行和影响也不巨大（从个人传播能力角度，无法将潜行规则公之于众）。然而，社交媒体使公众具有自媒体的传播能力和开放性传播意识，媒介化社会的形成决定了无论是最高理想还是潜行流弊，作为社会规则的客观存在都被广泛传播并形成讨论和批评意见。更由于网络匿名和差序伦理的影响，部分公众可能一面大肆批评潜行规则，一面在社会性监督所不能及的时候，仍然遵照潜行规则办事。这进一步造成了颇为复杂的局面。

不同文化传统所带来的规则是不同的，这也影响到不同代际的社会公众所能掌握的规则也不尽相同，由于转型期中国存在着许多发展中的问题，各种社会矛盾频频发生，不同阶层和利益群体的客观存在和权力影响，也对规则有着不同程度的解读。因此，我们无法简单地否定一种规则，或直接地援引一种规则去批判另一种规则。媒介化社会带来的个人信息传播宇宙提升了公众的自由度，也史无前例地放大了规则理解的差异。从传播学视域理解社交媒体上的舆情，主要体现在三大规则界面的碰撞与冲突，而舆情意见的不平衡本质源于一定程度上的价值失衡。

提倡以多种规则界面来对事物进行"范围理解"，削弱以单一化标准，甚至标签化的"点理解"，应成为扩大公众文化社会认同的思维方式。从政府角度，需要明确政府角色定位，一定程度上发挥社会治理功能，形成政府和社会两大公权力共同构筑公开规则的局面。协调公开规则和潜行规则之间的关系，对于潜行规则合理的一面，要使之公开化，纠正公开规则中明显滞后于时代和社会生活的内容，促成社会共同遵守。对于社会，要大张旗鼓地提倡规则意识，减少潜行规则的获利并加大惩处力度；加强新闻监督和社会监督，在打通两个舆论场过程中，体制内组织和公职个人积极主动置身于媒介化社会透明环境中，从制度上确保各级官员防范拜金主义、享乐主义、极端个人主义，消除封建主义残余影响，抵御资本主义腐朽思想文化。处于社会领导地位的管理者带头遵守公开规则，才能有效引导社会公众对公开规则的信奉。从长远来看，建立并加强全社会"最大公约数"的公开规则终将是社会化传播协调一致和可持续的主要方向。

10.3 对地域文化认同的观察——以上海为例

上海地域文化是地区级的社会文化，首先位处中国国家文化圈之下，也因此同样受到了中国传统文化和儒家文化传统，建国以来毛泽东时代的追求平等和正义的传统和改革开放以来形成的以"市场"为中心传统的历史性影响。同时，还需要认识到上海在近代开埠以来至 1949 年，在长达百余年的历史中，深深受到海外文化的影响而得风气之先，糅合了买办文化、殖民文化、资本文化等特定历史阶段的文化特征，也融合了劳工文化、党派文化、报刊文化、市民文化等现代组织的文化特征，还接纳了移民来源地的特色乡域文化和国际移民的东洋文化、欧美文化、俄罗斯文化、南洋文化等海外特征。

现在讨论的上海地域文化应起源于 1843 年据《南京条约》和《五口通商章程》之正式开埠，从此中外贸易中心逐渐从广州移到上海。上海得风气之先，成为近代中国最开放的城市。上海在开埠较短时间内一跃成为远东第一大都市，不但得天时地利之优厚条件，并且其卓越性还表现在文化的高度包容、经济的繁荣多样和思想的自由博洽等诸多方面。

探讨当代上海地域文化，不仅要上接 1949 年以前"远东第一大都市"的辉煌历史，也要认识到建国后长期承担现代中国工业化重中之重的建设任务，上海在 1992 年邓小平南巡讲话及开发浦东的国家战略规划后，再次展现快速发展的城市速度和璀璨魅力。分析上海地域文化，仍然需要像建市初期"海纳百川"地接收不同阶层不同地籍的移民那样，服务于在上海的所有人群。同时也需要注意到改革开放以前，以及1949年建国以前三代居住在上海的住民。他们是最认同上海地域文化"特殊性"的群体，经历过建国以来以家庭为单位的各大事件，意识中对于"远东第一大都市"和"国内第一大都市"存在美好而深刻的记忆。他们在上海当代的快速发展过程中，根据阶层流动性原则，出现了较大的社会地位分层。社会学许多研究发现，处于中低收入阶层的老中青上海人，最为坚守"上海地域文化"，根源在于对地域优势继承的依赖性，以及对当代发展的梳理感和对外来新移民的排斥感。

正如本书指出的，上海地域文化是个复杂而广泛的定义，不同阶层不同时代的人对其有不同解读。上海地域文化也不完全是"海派文化"。作为最开放、最包容、最前瞻的城市，上海的发展才具有最强劲的生命力。公正、包容、诚信、责任是今天上海的价值取向。这是上海城市文化特征中最大公约数的体现。

2012年7月11日，在新浪微博上，一沪籍美食评论家就某省籍牌照车辆在高架道路上不文明行为发帖申斥，因明显提及对某省籍的排斥情绪，引发的许多跟帖评论，也出现许多不理性的地域歧视言论。引发该省籍两位著名的新闻传播学教授回应并做理性批评，其中一位任职于上海著名高校新闻学院。论战持续的两周时间内，卷入议题的公众主要是两个省籍的人群，但是理性态度探讨问题的人逐渐陷入"沉默螺旋"，而非理性表达以及"污名化"的受众声音仍然强大，由于论战双方领袖人物均是有许多粉丝受众的微博大V，发起方没有明显控制歧视言论的表达，使得主要的言语攻击和谩骂持续影响到双方领袖人物。

显然，起源于地域骄傲的文化并不应导向地域歧视。这说明上海地域文化的底层解读仍然有很多负面因素，并且总能在地域歧视问题上找到发泄口。上海地域文化中正能量在社会中的积极作用仍然不明显，并且在这场网络舆情事件中失语和缺位。从市民群体来说，无论是对外国文化的无原则倾慕或仇视，还是对异乡文化的无目的歧视或吹捧，都是自身文化丧失主体性的标识，也是具体个人和特定阶层素养低下和心态失衡的表现。一个城市的地域特色文化，不应仅属于"生于斯、长于斯"的原住市民，还应该包括移民而来，乐居于此的各色人等。今天，在社交媒体时代探讨文化社会认同，无需恫言打破地域藩篱，而需要更大的勇气和进取精神，开放性地看待发展中的国籍流动、地域流动和阶层流动。积极建立起基于人的能力的现代社会公平精神，加快建立和完善社会救助和保障体系，加大改革收入差距和二次分配的力度，提高户籍手段之外的城市社会治理水平，是解决上海地域文化中短板的地域歧视问题的根本解决途径。在社交媒体上，全球化、去中心化、无组织化的趋势世界大同，国籍、省籍、民族、单位、阶层等各种差异存在，但都能不影响人与人之间的资讯共享和交流。在各尽所能、各展所长的基础上，更好地展现海纳百川、追求卓越、开明睿智、谦和大气的城市精神，并实现贯穿古今中外的风气之先。对上海的文化认同需要秉持着开放的精神，勇于接受挑战和创新，才能实现基于文化的城际信奉和尊重。"美人之美，各美其美，美美与共，天下大同。"费孝通先生以 80 高龄书写的智慧，也是当代次级地域文化社会认同的价值目标。目前网民地域文化认同的基础，仍然被桎梏于人口地理条件下社会阶层的巨大差异之中。

第 11 章　网民娱乐的需求

在众多的集会中，激情必定是夺取理智的至高权威，如果每个雅典公民都是苏格拉底，每次雅典议会将都是乌合之众。

——詹姆斯·麦迪逊

如何理解社交媒体传播中的娱乐化？网民娱乐需求是否被过渡地开发和满足，以至于形成的负面效应正在破坏数字公民的能力？社交媒体传播中的网民娱乐与大众传播娱乐有何不同？这些问题正是本章所探讨和力图解释的。

11.1 后大众传媒时代的娱乐升级

在"后现代"社会的价值多元的文化图景中，娱乐文化作为公众生活的一部分，已经形成强大的集体性氛围，娱乐文化在大众传媒中有了独立的表达诉求，在社交媒体上更凸显为浪潮席卷般的吸引力。我国自 2000 年以来，社会经济持续高速发展，生活质量稳步提高，产业化发展推动国民高等教育进一步普及。伴随城镇化、现代化的进程，社会的都市化、物质的商品化与生活的时尚化迅即形成，互联网门户网站和各种移动社交平台将数字人信息收授路径合并到一起，人们获得权力知晓整个互联网传播的各种信息。对于公众而言，人与人之间获取信息的能力极大地丰富了，而信息权力的差异极大地缩小了。当代中国在"全球化"、"后现代"的历史演变之中，民众的各项需求在社交媒体基础上被激活。其中，最为活跃并以最普遍的形态呈现的无疑是娱乐的需求。

在文化层面上，那种与"全球化"相适应的多元文化景观也已形成。一种消费性、享受性的大众文化开始独立呈现，并产生大声表达的需要。影视业的崛起与其他娱乐性文化的迅猛发展，深层次的原因（或许还是更重要的原因）则是由于社会经济发展到一定阶段，人们已经在期盼与现代生活相适应的新型文化的诞生。在这个背景或逻辑下，大众文化，也包括娱乐文化，便不再屈从于传统"高雅文化"的表达方式，而在寻求隶属于自身的传播系统。音声符号系统不再需要复杂的采写编评过程，而是通过更个性、更自我的方式表现出来。自媒体的歌舞、演讲、说唱、配音、表演，通过家用摄录终端和个人电脑（甚至智能手机）就能网络上传发布。大量新闻的评论和跟帖充满了嘲讽、戏谑，普通大众也在以一种娱乐化的方式表达情绪和意见。娱乐的需求，更容易成为一种娱乐化的生活方式，散布到网民社交媒体传播的各个角落中。

所谓大众文化，"概言之，就是后现代时期文化的另一种称谓"，"大众文化属于后现代世界的层面"，其特征则为"享乐主义"和"消费主义"的文化。杰姆逊（1985）的观点，指明了大众文化与"后现代"社会之间的内在联系，解读出大众文化的意识形态，实质乃是传播消费和快乐主义相结合的精神指向。由于社会的迅速现代化，以及受西方文化特别是美国文化的深刻影响，具有"后现代"性质的社会特征都已显现，人们对于时尚的体验、商品的消费、文化的享受，愈来愈表现出以"享乐主义"为主导的价值取向，明显反映出"大众文化"的"众人乐乐"的倾向。

网民传播的自我文化追求过程中，社交性是网络传播的第一属性，即社交媒体上，无论自媒体传播原创什么内容，都是具有新闻发布或节目放送的交际分享潜力的。毋庸置疑，实际有大量自媒体在社交媒体平台中，大量地转发和评论他人原创的内容信息，也正是如此构成了社交媒体席卷网络受众的传播扩散结构。在这个传播扩散结构中，普通公众、精英博主、媒体账户、企业机构和政府组织，均表现为一个拥有平等的自媒体传播能力的账户。这是网民文化社会认同的虚拟社会空间结构。

娱乐的需求，或者称为娱乐化的模式，正在成为继社交化之后，网络传播最显著的特征之一。娱乐需求，存在一种"中和"线上线下社会差异和各阶层权力差异的能力，也成为一种话语方式存在于实现其他需求的场景化过程中。娱乐化模式呈现的需求，如火山爆发般出现在社交媒体上，不但构成了各式新媒体应用，组成了多屏化生活的精彩内容，而且成为人人所掌握的话语表达方式。娱乐，很多情况下也是为最多人群所掌握的表达方式，很多时候是最安全的表达方式。

在市场经济成熟的社会中，公众的文化消费行为的内在驱动力，更多地缘于对"娱乐性"的追求，这已经成为一种全球性的趋势。从正面看，娱乐文化的传播对于节奏加快、压力增大的现代人群，确实提供了一种行之有效的宣泄和满足渠道，它丰富和改善了人的生存状态，提高了人的生活质量。置身在优酷和腾讯页面中，你就能深切感到，不断的娱乐信息刺激扑面而来。娱乐需求，已经成为网民在线生活的一部分，他们在自己关注、参与、编排、表演的节目中，尽情地释放自我，娱乐自己，点击浏览量传播和感染其他人。

如果说娱乐的本义就在于把人们从紧张的体力、精神透支状态以及烦琐的日常生活中解脱出来，那么传统媒体中分割出一定的时间段，让人们在软性的、生命"本我"部位上得到快乐的"抚摸"，本身就是传播四大职能的重要体现。受众在社交媒体上拥有媒介选择权和内容选择权，由他们自己决定在多大程度上选择娱乐功能去满足自己需要抚慰的心灵，在虚拟空间中寻找直接产生广泛的身体刺激与审美快感，那种能充分释放情感、梦想和欲望的娱乐都是大受欢迎的。谁也不能代替他们决定，谁也不能代替他们选择。由于线上娱乐场景的终端对面始终是人，因此具备更真实的互动性和线下社交传递性。

对于劲舞团、陌陌、遇见等社交娱乐网络应用，主流意见时有诟病，认为媒体社交化工具将"交友娱乐"推到浪尖，助长了负面需求和社会道德沦丧，其实在媒介化社会时代，包括"裸模"私拍、"海天盛宴"、"包养二奶"、"代孕"网站等更严重的问题现象，已经超越了移动社交、线上或线下等技术条件，本质上是一种社会病的痛伤，始终能够从我国网民公众的需求层次中找到根源。贫富分化、信仰缺失、拜金主义造成的社会性问题，不应该从网民克制娱乐需求来寻求解决。

换句话说，社交媒体作为自媒体传播平台，赋权并使能受众去放大实现基于个人社会化的全部需求。在此，社交娱乐交友的"繁荣"，是一种线上社会传播手段的表现形式。如果没有社交媒体，社会进程造成的多元化价值取向和个性自由的观念浪潮，仍然成为滋生其他社交娱乐交友的土壤。我国计划经济时代遗留下来的传统大众传播的"政治"和"教育"功能，受到后现代社会解构并趋式微，传统大众传播的"劝世"传播效果正在被媒介化社会大量其他的组织传播（如公共社团、宗教、公众教育、媒体监督）所赶超，社会道德标准正在受到网民社交媒体公众监督的重要影响。

有人把社交媒体上存在的以沉醉娱乐、寻求刺激为表征的传播消费法则，概括为"快乐至上"或"快乐主义"乌托邦。但是换一个角度看，在现代多元化的社会中，如果媒体仍自诩为圣殿、教堂，坚守着用理性与道德去压抑欲望，把享受快乐视为罪孽，那么对于绝大多数的"大众"而言，丧失了"情趣"和"意义"的日常生活又如何忍受？在极端道德、宗教原旨主义的信仰中，物欲的泛滥曾经是一种罪恶，血肉之躯便不能步入上帝的天国，但进入现代文明社会后，"人"的价值已被确证，欲望（所谓"恶"）也不再是讳莫如深的话题，那么媒体还有没有那种高高在上的"文化特权"？我们看来，人的本性推动着人与社会的关系，它构成了价值意识的深刻基础。萨特、迈农、费尔斯等也有过相似的论述，认为价值是基于快乐的情感，是主体对客体的寻求，是需求的满足，是个人的自由选择和创造，等等。媒体文化、商业文化、消费文化，概言之大众文化，其基本判断和逻辑基础就在这里。

任何社会的个人和公众，都不能脱离历史、国家和制度条件而谈论文化及需求。娱乐化之所以成为当代公众一种重要的传播选择，是有深刻的社会基础的。如我国网民受众需要层次模型中所述，民主政治诉求尚未成为大多数人群的社会需要，人们更多地面临现实问题，并诉求公众或政府机构帮助解决问题。受众的文化教育需求也体现出强烈的实用主义趣味，突出体现在要求年轻人获得更好的教育资源和平等的教育权力。娱乐需求成为有限的不受阻力、可以全面生长的文化需求。娱乐成为一种公共场所的形式，成为一种吸引眼球经济的聚会场，成为一种凝聚各阶层人群的黏合剂，娱乐也成为一种社会性抗争的选择。"屌丝"群体的诞生，在很大程度上呈现了一个阶层集中表现出无力抗争和娱乐表达的犬儒主义选择。

尼尔·波兹曼曾在《娱乐至死》中不无担忧地指出，美国现实社会的一切公众话语日渐以娱乐的方式出现，并成为一种文化精神，政治、宗教、新闻、体育、教育和商业都心甘情愿地成为娱乐的附庸。

波兹曼指出，这是文化精神枯萎的两种典型方式。英国左翼作家乔治·奥威尔所担心的强制禁书的律令（观点见于《1984》），是极权主义统治中文化的窒息，是暴政下自由的丧失；而赫胥黎所忧虑的是我们失去禁书的理由，因为没有人还愿意去读书，是文化在欲望的放任中成为庸俗的垃圾，是人们因为娱乐而失去自由。前者恐惧于"我们憎恨的东西会毁掉我们"，而后者害怕"我们将毁于我们热爱的东西"。波兹曼相信，奥威尔的预言已经落空，而赫胥黎的预言则可能成为现实，文化将成为一场滑稽戏，等待我们的可能是一个娱乐至死的"美丽新世界"，在那里"人们感到痛苦的不是他们用笑声代替了思考，而是他们不知道自己为什么笑以及为什么不再思考"。

移动社交媒体的发展已经跨越了波兹曼所指后大众媒体时代，大众媒体走下高不可及的神坛，走向大众化、生活化和世俗化。从湖南卫视《快乐大本营》、江苏卫视《非诚勿扰》、浙江卫视《中国好声音》等大众媒体节目转型到跟风，电视娱乐节目冲刺到娱乐媒介融合的最前沿，并高扬起受众至上、捍卫受众权利的旗帜，极力与商业文化、消费文化合流，成为世俗人文主义的消费场所。在这一进程中，它紧贴着社会趋于开放的文化心理结构和不断调适的价值观念，并开始与传统的文化价值的评判尺度拉开距离，逐步形成了以年轻观众为主流人群，以商业消费为显著特征的共享型文化空间，也形成传统媒体阵营中对娱乐精神的最强势回归。这种回归浪潮的巨大冲击力和影响力，无疑是对传统"说教"功能背离的矫枉过正的行为。后大众媒体时代的传媒娱乐特征，是在移动社交媒体撼动大众传媒根基的基础上，摆脱社会制度对其文教功能的期望，形成一种极力迎合受众的泛娱乐化解读。

正如商业化的电视娱乐节目一样，社会化的娱乐内容根据受众需求不同满足还原出生活的原汁性和日常化，表现人们寻找快乐的本真意趣。传媒回归大多数人，讨好多数人的本性，也不可避免地形成"媚俗"的美学。为赢得最大多数人的注意，俗世日常的热闹、宣泄和各种活动仪式，都被赋予了美学意义，甚至上升为属于大众阶层传媒文化的一种意识形态。概而言之，娱乐作为当今大众文化的文本形式，已经成为大多数媒体的主要内容之一。它的兴盛，其实与生活受众生存形态密切相关，与当下的日常生活形态紧密关联，也与"后现代"社会的文化范式的转型有关。在一个价值多元的时代，人们对于娱乐文化在年轻一代中的流行，不能简单地以一种偏狭的、预设的传统价值标准加以评判，正如用大众文化的价值标准也不足以对传统经典文本做出正确评判一样。当代中国社会仍处于结构转型演进中，世俗化娱乐在媒介化社会中的传播周期正处于鼎盛之时。

11.2 网民需求的娱乐性生成

网络应用构成了网民生活的原始生态，对娱乐性增长的解读，也促使我们进入原始生态的应用丛林中，去观察娱乐需求的地位与变化。这里暗含了这样一个假设，即社交媒体时代，网民的全部网络应用即是社交媒体化的。可以观察社交媒体已经是网络媒体中最活跃最吸引受众的"公共空间"，而社交媒体化的传统网络应用，也形成并完善了网民网络生活的全部场景，使之具有社交公共性；更是吸引和整合了大众媒体进入"后大众媒体时代"，俯就于社交媒体受众的需要，实现泛娱乐化传播，从而构成媒介化社会的整套数字化社交的社会性过程。

　　那么，娱乐性与社交性在这个社交媒体传播的丛林中构成什么样的关系？有多少社交应用以娱乐供应为名，满足了网民娱乐性的需求。多少社交应用本质功能不是满足娱乐，而网民使用中也享受到了社交化的娱乐性满足。我们制成图 11-1，将有统计的全部网络应用分类纳入图中分析社交性和娱乐性。

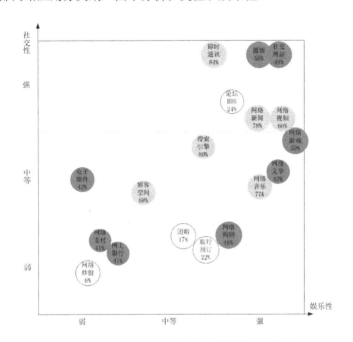

图 11-1　我国网民主要互联网应用的社交与娱乐矩阵

　　注：图中各个互联网应用下的百分比数字指该网络应用的网民使用率（占全体网民总数的百分比），数据来源 CNNIC《第 32 次中国互联网发展状况统计报告》；为了显示清晰，本图将网民使用率高于 60％的网络应用标注为深灰色，将网民使用率在 25％—60％的网络应用标注为浅灰色，其余网络应用不使用颜色。

　　图 11-1 中，将网络应用依照社交性和娱乐性两个维度评价展开，由强到弱划分出三个等级，即可将全部网络应用列入"社交—娱乐"比较矩阵。如图 11-1 所示，在不考虑网络交易和商务类应用的情况下，网络应用的娱乐性和社交性评价都较强，娱乐性和社交性几乎可以并驾齐驱，成为当前我国网络应用的最主要属性。我们将在后面讨论我国网民的娱乐化网络传播需求。社交性和娱乐性高度重合是不是我国现阶段网民特有的需求表征。我们尝试对图中网络应用逐一进行分析。

11.2.1 典型社交媒体的强娱乐性

首先是社交媒体传播最核心的应用，微博（3.3 亿网民使用，网民使用率 56%）和社交网站（2.88 亿网民使用，使用率 48.8%），虽然只是近半网民使用的网络应用，但是却代表着社交媒体传播时代特征，构成了媒介化社会的数字公民议事的公共空间。在社会性和公共性之外，社交网站和微博同样表现出很强的娱乐性。社交网站的空间呈现出更强的图文娱乐性，表现出现实的生活化场景，朋友圈内流传的笑话故事、引人注目的综艺视频内容，都是其社交娱乐性的生动表现。

微博社交媒体上也在上演更多公共现实版的人间悲喜剧，网民社交参与者的"剧评"同样充满了嬉笑怒骂。"郭美美"事件余波之后，红十字会在 2013 年 4 月雅安地震救灾中发布召集捐款的微博，遭到网民 16 万条评论"滚"，该微博转发量达到20 万条。随着事件的深入调查，公众舆论监督和社会事件的娱乐化呈现几乎是并行而来。在质疑红十字会和郭美美的主流舆情之外，还出现了各种"炒作"、"爆料"、"话题明星秀"等具备完全娱乐特征的传播议题。嬉笑怒骂成为一种社会公众心理解脱的方式，以娱乐化的方式参与具有公共性的议题，已经成为许多中国网民的心理选择。

我国即时通讯的网民规模达到 4.97 亿，使用率 84.2% 排名第一，传统即时通讯限于 MSN、QQ、泡泡、旺旺、飞信，其实已经转型对接其他网络应用，把即时通讯基本功能视为整合传播路径：如 QQ 对接一体化娱乐应用，旺旺承接网络购物的沟通需求，飞信成为组织通知平台，MSN 保守的纯即时通讯功能已经使其丧失受众、走入穷途。而新一代即时通讯，已经是即时通讯模式的社交媒体，如微信、Line、Kakao Talk 等，此外还有陌陌和米聊等。在微信的附属功能中，摇一摇、附近的人、漂流瓶、头像二维码、扫一扫等功能充满娱乐性和社交性，朋友圈的状态、照片、地址和心情发布，也具有很强的娱乐性；最后，使用微信和陌陌满足娱乐交友需求，成为网民一度风靡的时尚应用。因此，即时通讯的娱乐化程度也属于较高层级。

11.2.2 典型娱乐媒体的社交应用

第二类就是阵容强大的网络娱乐应用集团，包括网络视频、网络游戏、网络音乐和网络文学。网络音乐的网民规模 4.56 亿，使用率 77.2%，是使用率最高的以娱乐为主的网络应用，由于网络音乐往往包括在线试听、版权下载（还有盗版下载）、后台嵌入播放等功能，简便易用，对网络、硬件环境等要求也不高，不影响网民其他行为，所以使用率和接触度最高，同时社交性在娱乐应用中属于中等。

网络视频的网民规模 3.88 亿，使用率 65.8％，是相当广泛的网络娱乐应用，网民介入度和接触时间显著高于网络音乐，未来移动互联网速的提升（3G 升 4G），视频和社交媒体深度整合，互联网高端节目的制作和播出，网络自媒体的播放等因素，将使得网络视频的使用率持续上升。其娱乐性是显露无疑的，而社交性也得到了加强，视频的点击、排行、推荐、评论、点赞等，还有使用更为广泛的跨社交媒体平台传播，使得网络视频具有最好的娱乐可视性和社交开放性。

网络游戏的网民规模达到 3.45 亿人，使用率 58.5％，游戏当然是最典型的娱乐形式。网络游戏界面内的社交性是很强的，特别是大型网络联机角色扮演游戏，英文简称 MMORPG，网络虚拟身份加入团队对抗，不仅在线完成任务，而且完成交友和公会的关系强化。近年来，由于手机移动网络游戏的迅猛增长，使得网络游戏界面内的社交性呈现下降。我国网民新增人数正在向中年以上人群渗透，简单网络游戏以外的大型复杂网络游戏，很难直接进入新增网民的视野和生活。而随着青年网民的成熟和个人发展，网络游戏的使用率也会进入稳定区间。

网络文学的网民规模 2.48 亿人，使用率 42.1％，我国网络文学具有更新快速、传播广、阅读群体庞大、不受传统限制等优势，已经成为当代文学流动的重要方式。相比主流文学严肃题材，网络文学的娱乐化和高端网络文学的商业化，更为突出，网络文学主要分类有恋爱情感类、历史穿越类、魔幻仙侠类、职场小说类等。网络作家和受众粉丝的互动更为频繁和密切，读者往往是每天在线等待作者更新章节，读后立即评论感想或回复转发，这就意味着网络文学一定是世俗的、娱乐公众的，网络文学的评论推荐构成了网络文学传播影响力，因而比起网络音乐具有更强社交性。

11.2.3　社交性和娱乐性并行的网络应用

搜索引擎、网络新闻和论坛，同属于社交性较强、娱乐性也较强的网络应用集群。在此，搜索引擎最为体现互联网工具特征，用户规模达到 4.7 亿人，使用率 79.6％，仅次于即时通讯，成为我国网络第二大应用。能够吸引眼球的重大新闻和娱乐新闻，都是排名靠前倍受欢迎的搜索关键词，具有中等较强的娱乐性和社交性，社交性体现在与网民的社会化生活相关程度较高。搜索引擎以及专业类论坛，往往也是网民获取知识和信息的重要场所。

相较于搜索引擎的工具性界面，网络新闻的娱乐性界面更为突出。网络新闻用户规模有 4.6 亿，使用率 78%，与即时通讯、搜索引擎一样是网民使用度最高的网络应用。除了三大主流门户网站（网易、新浪和搜狐），腾讯 QQ、迅雷、优酷、暴风影音等其他网络应用，都把网络新闻作为重要界面推送到用户桌面。相比传统媒体，娱乐性在网络新闻上得到了放大和加强，网络新闻往往用醒目的标题、突兀的文字，带有阶层标签的关键词，调动起受众的好奇、激情、热血全部转化为点击的冲动，网络新闻标题可谓语不惊人死不休。同时产生的话题性，也在积极促进公众建立起一个"网络传播"视野的社会公共环境，并鼓励其进入社交空间参与和沟通。与此同时，微博和社交网站为主的社交媒体，在很大程度上，形成了一种新型的网络门户关系，并承担了网络新闻的播报职能。社会和生活新闻第一时间的现场发布，往往是在社交媒体上完成的，而不再是"把关人"编辑审核过的网络新闻。娱乐明星的社交媒体发布和互动，也成为娱乐记者和网络传播者跟踪解读的第一现场。网络新闻的娱乐化和社交性融合构成了媒介化社会环境的重要生态。

论坛，是早期互联网主要应用之一。第一代网民都能回忆起在论坛中的潜水和发言的有趣场景。Web2.0 人与人交流资讯是从论坛开始的，天涯论坛、猫扑论坛等都伴随了一代网民的成长。而今，社交媒体的全面繁荣，降低了论坛交流的价值和影响力，仅有 1.4 亿网民规模，使用率为 24%。可以说论坛早期所具备的社交性、知识性和娱乐性，已经在很大程度上被社交媒体所替代。但是受众的分流，并不影响论坛内仍保持较强的娱乐性和社交性。娱乐化的吐槽和自我表现（自拍类）开始成为论坛受众的主要关注，论坛在社交性上略优于网络新闻，在娱乐性上，即使大量吐槽和自我表现，也不如门户网站和视频类网站经过"精心修饰"的娱乐化新闻界面。

11.2.4 娱乐应用的商务化实现

网络购物、旅行和团购，都是网民喜爱的娱乐化应用，虽然从受众狂热度上，低于网络游戏和网络视频。网络购物成为数字化生存的重要指标，正在中青年网民群体行为习惯上不断加强。我国现有网购网民达到 2.71 亿，占网民使用率的 45.9%，如果预期中国 2012 年网络消费占全国零售业销售总额 5% 的比例将在十年内持续上升到 50%（按照那个著名的打赌），那么网络购物的覆盖面和参与深度都将有几倍的增长。网络购物已经形成了天猫"11·11 购物节"，预计还会有更多专业化网购节庆和文化出现。网络购物的娱乐性较强，同时还兼具交易的便利性和快捷性。蘑菇街、篱笆网等网络购物类网站的崛起，也促进了网评类口碑等社交性的稳步增长。网络购物具有全天候跨地域漫无目的闲逛的休闲购物特征。

团购和旅行预定本质上也是网络交易购物的一种，具备网络购物的特征。现有团购网民 1.32 亿，旅行预订网民 1 亿，旅行预订包含了商务预订快捷便利因素，也具有较高的娱乐性，因为旅行本身具有较强的休闲娱乐属性，旅行预订的社交性也体现为网评口碑和游记社交传播等内容上。团购近年来一度得到很快速的增长，现在正在成为一种网络购物的促销常态。团购因其交易目的更为明确，而促销价格力度更强，因此娱乐性稍逊于一般网络购物和旅行预订，依靠口碑评价的社交性与网络购物相同。

11.2.5　其他网络应用的社交性和娱乐性

博客／个人空间仍有 4 亿的规模，网民使用率为 68％，由于强烈的个人空间属性，博客的社交性远不如社交媒体，博客娱乐性主要体现在网民个人日记式表达和网络新闻及论坛推荐置顶两个层面。个人空间包括个人自建网站和大网站中的个人主页。自娱自乐是博客／个人空间的主要功能，由于博客／个人空间完全是自媒体受众自行建立并维护的，所以功能实现与需求满足毫无争议地统一到个人身上，可以认为，个人自建媒体内容的过程，就是为了满足自己的心理需求，打理好网络个人空间的花园。

电子邮件网民规模也有 2.4 亿，电子邮件是 Web1.0 时代最高的网络传播应用，有着鲜明的点对点特征，反映出一定的社交关联，至今电子邮件也是正式商务文书的一种。企业邮件订阅和目录营销也在某种程度上加强了电子邮件的社交性，但是电子邮件的娱乐性就很弱。丰富的社交媒体传播和紧密的社交圈互动关系使得电子贺卡市场都在减少，电子邮件的娱乐性在未来也缺乏提升空间。

网络支付、网上银行和网络炒股，是相近的网络应用。其商务性和交易性较为明显。网络支付和网上银行往往相伴于网络购物类行为而产生，具备较高的便利性，并为受众创造了更好的数字化生存条件，未来将伴随网络购物的进一步增长而继续保持较快增长。网络炒股的人数仍在缩减，经济泡沫时代"全民炒股"的浪潮一再退去，社会层面上的经济需求行为消退，决定了网络炒股的衰减。网络炒股 5.5％的使用率，其实已经说明该项网络应用正在失去统计学意义，降格到普通网络交易应用的一种。

11.3 网民需要满足的娱乐内涵

娱乐，从带有功能性的事件上看，是一个设计来给予观众乐趣的项目、表演或活动（即使玩电子游戏或写博客的"受众"只有一个人）。娱乐可以是一个概念或是一个任务，但多半是指一些特定活动或事件，而这些活动或事件的目的是给予观众乐趣，吸引观众的注意力。每个人对娱乐的喜好不同，会受到吸引的事物也有所不同。但大致上可以找到一些吸引观众注意力的事物，在各种不同文化中都有说故事、音乐、戏剧、戏剧及其他形式的表演，最早可能是在宫廷中，后来慢慢普及，一般民众也可以欣赏。观众参与的娱乐，可以是被动的，如看话剧，或者主动的，如玩游戏，而提供娱乐的行业称为娱乐行业。活动、阅读、休憩还有艺术欣赏可能不被认为是纯娱乐。传统娱乐的一般定义是需要有观看者可见的表演提供者。众多被公众用以作娱乐的形式、项目，似难找出一个共通点，但对参与、使用娱乐形式、项目的使用者来说，不同的娱乐的共通点就是带他们暂时脱离现实劳动。大部分的娱乐会让观众心情愉快，不过有些娱乐也有其严肃的目的，娱乐可能是庆祝活动、宗教节日的一部分，而参与娱乐活动可以恢复体力精力，也可能让洞察力或智力得以成长。

长期以来，娱乐的社会功能属性被艺术家和诗人持续地放大，而娱乐中的无目的性和随意性行为却也是多数人的日常感知。一俟条件，主体立即放弃紧急、重要、责任、风险等感觉，允许自己变得懒散、松弛，变得放松和愉快，允许自己享受阳光、玩耍嬉戏，或者装饰擦洗，允许自己观察微不足道的事物，遇事漫不经心，往往无意中习得而不是有意识地追求。一句话，不用为生存发展而承受压力，需要的满足导致了非动机行为的出现。

我们研究需要和需求，一直从文献中关注具体的所指的需要层次和需要内涵，就算我们研究需求，也必定将需求定格到具体的使用满足物和使用满足行为。我国当代实践理性和生存智慧的哲学已经在经济领域吸收了美国 20 世纪的商业精神。可想而知，参照实用主义哲学厘清目的和手段有多困难，目的本身只是其他手段的手段，而手段又成为其他手段的手段。

而现在，从白岩松的《幸福了吗》到柴静的《看见》，我们开始询问"如何看待满足呢"？心理感受的不平衡状态（需要定义）是如何被平衡的？马斯洛在《动机与人格》中认为，许多人本主义和存在注意心理学家确信——虽然他们没有充足的依据——全部基本需要的漫步并不能自动地解决归属感、价值体系、生活目的、人生意义等问题。至少对某些人,特别是年轻人,这是在基本需要满足以外需要解决的问题。

纵观历史与现在,人类似乎从来就没有长久地感到过心满意足——与此密切相关的是,人类又容易对自己既得的幸福熟视无睹,忘记幸福或视之为理所当然,甚至不再认为它有价值。对于许多人来说,我们不知道究竟有多少,即使是最强烈的快乐也会变得索然无味,失去新鲜之感。(Wilson,1969)为了能够再一次体验幸福快乐,也许有必要先去体验以下失去他们理所当然地拥有的东西以后的感受。只有体验了丧失、困扰、威胁甚至悲剧经历之后,才能重新认识其价值。对于这类人,特别是那些对实践没有热情、死气沉沉、意识薄弱、无法体验神秘感情,对享受人生、追求快乐有强烈抵触情绪的人,让他们体验失去幸福的滋味,从而能重新认识身边的幸福,这是十分必要的。

在此,暂时忘却"需要"这个心理研究对象和抽象客体目标,寻求需要满足途径的实证的、功能主义的思路,通过列出马斯洛对基本需要满足的现象列表,重新审视"需要满足"整个状态呈现中的娱乐内涵和价值。

11.3.1 意欲和感情

(1)肉体充分满足和厌腻的感觉,包括食物、性、睡眠等方面,以及一些附带后果,如幸福、健康、精力充沛、欢欣、身体快乐感。

(2)感到安全、平静、有保障,没有危险和威胁。

(3)有归属感,感到是集体的一员,认同集体的目标和胜利,有被接纳和位置感,有家园感。

(4)爱和被爱的感觉,值得爱的感觉,爱的趋同作用的感觉。

(5)自我信赖,自尊、自敬、自信、相信自己,有能力、成就、潜力、成功、自我力量、值得尊重、威信、领导、独立感。

(6)自我实现、自我发挥和自我发展的感觉,越来越彻底地发展和享用自己的资源、潜力的感觉,以及由此而产生的成长、成熟、健康以及意志自由的感觉。

(7)好奇心的满足,更多地学习和了解的感觉。

(8)对于理解的满足,这种满足越来越哲理化,向着范围越来越广、包容性越来越大、越来越单一的哲学或宗教靠近,对于联系和关系的理解更加圆满成熟、敬畏,价值信奉。

（9）对于美的需要的满足，使人颤抖的激动，对于美的震惊、高兴，狂喜，对称感，适合感，条理感或完善感。

（10）高级需要的出现。

（11）暂时或长久地依赖和独立于各种满足物，对于低级需要和低级满足物的不断增强的轻视和独立性。

（12）厌恶和爱好。

（13）厌倦和兴趣。

（14）价值观的改进，趣味的提高，更好的选择。

（15）愉快的兴奋，高兴、欢乐、幸福、满意、平静、安详、狂喜，它们的强度更大，出现的可能性更大，感情生活更加丰富、健康。

（16）狂喜、高峰体验、极度兴奋的情绪、意气风发以及神秘体验的更频繁出现。

（17）抱负水平的改变。

（18）挫折水平的改变。

（19）趋向超越性动机和存在价值的运动。

发现娱乐内涵：人的情感是最为复杂的事物，一般的说，人有七情：喜，怒，忧，思，悲，恐，惊；电通公司定义研究人的心理情感能够分成49类。意欲与感情作为需要满足的表征，形成了一种基本的人格化生理体验过程。愉悦和欢喜的情感价值并不机械地来自于为了快乐而快乐的原始性冲动。更高层次的，也是常见形态的，是来源于对于人的生活需要目标的实现。如同一般意义上的实践过程，建立目标，分析达成目标策略，通过努力工作实践策略，实现目标的同时获得奖励和心理满足。这里的心理满足带有喜悦，也就包含了娱乐内容。无论目标多么细微，琐碎到想把午餐拍下来发布微博；或者目标多么困难，困难如摄影作品去参选荷塞奖，实现目标的同时能得到相应的心理愉悦的满足感。这种基于人性的娱乐感受是人类在长期生产生活实践中积累起来的主观价值认可和自我情感共鸣。这里呈现了和传统娱乐定义所不同的概念，是人的快乐来源与娱乐化精神。

11.3.2 认　　识

（1）各类更加敏锐、有效、现实的认识，能更好地体味现实。

（2）改进了直觉能力，更成功的预感。

（3）伴随灵感和顿悟的神秘体验。

（4）更多地以现实—对象—问题为中心，更少地投射和以自我为中心，更多超越个人和超越人类的认知。

（5）世界观和人生观的改进（指变得更真实、更现实，对自己和他人更少危害性，更加全面，更加整合和具有整体性等）。

（6）更具有创造性，更多的艺术性、诗意、音乐、智慧、科学。

（7）更少的刻板得像机器人一般的习惯，更少陈规和旧框框，更少强迫的分类；通过人为的范畴和陈规更好地感知个体的独特性；更少非黑即白的二分法。

（8）许多更基本、更深刻的态度（民主、对全人类的基本尊重、对他人的爱，对不同年龄、性别、种族的人的爱和尊重）

（9）更少选择和需要已熟悉的事物，特别是在重要的事情上；更少惧怕新奇和陌生的事物。

（10）更大的无意学习和潜伏学习的可能性。

（11）更少需要简单事物，更以复杂为乐。

发现娱乐内涵：从认识论上看待基本需要满足的表征，体现出人的自我完善和求知实践的精神。娱乐不仅是一过性的快感，或伴随成功的自我赞许奖赏，而是隐含到审美能力中，成为一种高层次的娱乐能力，融入人的意识觉醒和全部能力中。创造力、艺术鉴赏和复杂学习，与其称为高级脑力劳动，不如称为人实践精神的完善和价值的增长。其过程和结果都是充满乐趣的，我们相信其追求过程也是存在新乐趣和发现新乐趣的，只不过相比其成就和意义，单纯用乐趣来描述对于没有尝试过高层次需求的人而言，就显得庸俗了。在他们眼里，付出这样巨大的辛苦所得的认知快乐，难道不能从更多浅层次需求满足的娱乐中轻松地实现吗？殊不知体现人类梦想和创造的精神娱乐，带来的是隽永美德的快乐激赏。对于认知表征的需要满足者而言，求知、劳动、实践、娱乐很可能是同步的和同程化的，他们还代表着同属于全人类的探索精神。现在，你觉得探索精神中有多少娱乐的成分呢？

11.3.3 性格特质

（1）沉着、镇定、平静、内心安宁（与紧张、不安、不愉快、心绪恶劣相对）。

（2）慈善、友爱、同情、无私（与残忍相对）

（3）健康的慷慨。

（4）宽宏大度（与狭隘、卑鄙、渺小相对）。

（5）依靠自己，自尊、信心，信任自己。

（6）安全、宁静感、无危险感。

（7）友好（与基于性格的敌意相对）。

（8）对挫折的更大的忍受力。

（9）容忍不同意见，对不同意见感兴趣，接受个人差异，从而不再有成见和一般性的敌意（但仍然留有判断力），更崇高的兄弟、同志感情以及兄弟般的爱，对他人的尊敬。

（10）更具有勇气，更少有畏惧。

（11）心理健康以及它的所有产物，远离神经症、精神变态人格，也许还有精神病。

（12）更加深刻的民族（对值得尊敬者无畏和真切的尊敬）。

（13）松弛，更少紧张。

（14）更加诚实、真诚、正直，更少假话，更少虚假。

（15）更强的意志，更能从责任中得到享受。

发现娱乐内涵：性格特质是因人而异的，但是马斯洛仍然将性格特质的一点点变化，作为基本需要满足的表征。娱乐进一步脱离了传统定义中的娱乐事项，而汇聚到责任享受的心理反应层级。性格特质下的人对需要满足的表达构成，体现在心理上，有更为深刻和觉醒的人格责任，及相伴的精神享受。远离了物质享受的欢娱，建立起人格价值标准的尺度，在主观层面上发现自我、发现自我精神的控制力量。这是一种内化型的心灵探寻之路，完善个人的态度、意识和意志，寻求个体解放和灵魂自由。此时，娱乐不是动力，不是奖励，而是新自由表达、新发现和从容态度。

11.3.4 人际关系

（1）更好的公民、邻居、父母、朋友、爱人。

（2）政治、经济、宗教、教育方面的进步和开放。

（3）于妇女、儿童、雇员以及其他权力较小的少数派或者团体的尊重。

（4）更加民主化，更少权威主义。

（5）更少无缘无故的敌意，更多的善意，对他人更有兴趣，更容易与他人趋同。

（6）选择朋友、爱人、领导等时有更高的趣味，对人们有更好的判断力，成为更好的选择者。

（7）更吸引人，更加美丽，更好的人。

（8）更好的心理治疗师。

发现娱乐内涵：在人际社交关系中拥有更多的选择权。本书第 9 章论述了媒介选择权和社交"边界"选择，媒介与人际关系已经高度融合。在"亲缘"、"地缘"和"业缘"之外，社交媒介赋权数字公民形成自媒体选择的新社交边界。善意、兴趣、趋近、趣味、尊重、吸引，成为行使选择权的主要兴趣点。此时，民主即便不是胜过专制，那么在形成自媒体选择权上，也是并驾齐驱的。而且从数量上说，民主化的媒介社交边界选择构成受众社交传播的绝大多数。娱乐出现在自媒体"划定社会边界"的许许多多个刹那，每一名社交媒体用户的关注及取消关注，都是志同道合的兴趣表达。点赞、认同评论、不认同评论、转发、收藏、添加关注、取消关注的每一个社交传播动作，都是个人兴趣和社会心理距离的联合效果。麦克卢汉认为的媒介即讯息，波兹曼的媒介即隐喻，都成为社交媒体时代的个人意识解读，也加入了对于个人更为重要的兴趣因素和社会心理因素，去实现那以"我"为中心的社交媒体空间。

11.3.5 其他各类

（1）改变了关于天堂、地狱、乌托邦、美好生活、成功与失败等的图景。

（2）走向高级价值，走向高级的"精神生活"。

（3）所有表达性行为的变化，如微笑、大笑、面部表情、风度、步态、笔迹，趋向于更富有表达性的更少做作的和模仿的行为。

（4）活力的更替、倦怠、睡眠、安静、休息、清醒。

（5）充满希望，关注未来（与心情不佳、冷漠、无精打采相对应）。

（6）梦幻生活、幻想生活、早起记忆的变化。

（7）基于性格之上的道德、伦理、价值观的变化。

（8）摆脱了患得患失的生活方式。

至此，解读与表达相对应，融入"需要满足"过程中传播实践的方法论。无论是对"终极价值"的想象或高级价值的解读，还是对现实生活与希望梦想的塑造，都呈现出个人表达与想象的自由化。我们认为这也是在媒介自由选择成为更大程度的实践之后，自然发生的图景表达的去中心化过程。娱乐性表达和娱乐性解读成为自由化图景表达中的重要构成，潜移默化和娱乐理解成为自由表达中最活跃的部分，并且在网络传播生活化场景中随处可见。

当代新闻传播学因为过于实用主义，所以放弃了一些本来对它关系重大的领域。约翰·杜威的《评价的理论》体现了美国哲学一贯忽视能动性以及终极体验，而关心那些能完成某些有用的事情的应对、改变、有效、有目的的活动。特别是传播学专注于实用效果、技术和方法，而对于美、艺术、娱乐、嬉戏、惊异、敬畏、高兴、爱、愉快以及其他"无用的"反应和终极体验很少有发言权，因而，对于艺术家、音乐家、诗人、小说家、人道主义者、鉴赏家、价值论者、神学研究者，或其他追求乐趣或终极目的的人来说，传播学绝少有用，或者根本无用。现代人最迫切需要的就是一个自然主义和人本主义的目的或价值体系。对此，欧洲各国与美国主流派别的观点差异，远大于中美实践和发展理论导向的观点差异。

11.4 社交媒体上网民娱乐需求的本质

必须首先关注前社交媒体时代，我国自改革开放以来三十余年的物质增长与精神增长。20 世纪 80 年代后，科技进步和经济发展使得我国民众物质生活有了极大的提高，受众对电脑、手机、MP4、iPhone、iPad 等的产品购买表面看是一种物质上的需求，实质是在物质得到很大满足后对精神价值需求的重要表现。特别是 2000 年以来，在软件、音乐、照片、应用等娱乐应用内容不断加载的终端上，人的精神享受标准显著提高，不应被物质性标准提高所掩盖。因此，当物质发展指标和效用形态停滞的时候，精神性享受就超过物质标准增长，这份属于人的需求再次发出猛烈光芒。

当全体人的物质和精神条件得到丰富之后，娱乐和"休闲"一起使用，成为大众化的最自然的生活方式和需求。娱乐是人追求快乐、缓解压力的一种天性，也就是说娱乐是人的一种内在的自然需求。在人们的物质文化生活得到比较好的满足以后，人们对娱乐的需求就会提高。尤其是在竞争激烈的当今社会，人们面对更多压力，对娱乐需求之旺盛也是以往任何时代都无法比拟的。当下，娱乐不仅成为大众文化、主流文化、精英文化共同拥有的一个显著特征，而且也随着消费和休闲的日常化，成为人们实际生活的一种新"时尚"。

凡勃伦（1899）在他的成名作《有闲阶级论》中，首次将 Leisure（空闲、放松）作为一种阶层属性加以研究。自亚当·斯密以来的古典经济学家们一直认为好逸恶劳是人类的天性，在凡勃仑眼里，却是人类生活方式在掠夺精神影响下堕落的一种表现，因为一个崇尚武力和掠夺的社会，根本不可能尊重人类劳动。

凡勃仑暗示了一种社会内聚力的本质。他认为，下层阶级与上层阶级并不是针锋相对的，他们受限于一种看不见但十分牢固的共同态度：工人阶级并不企图取代他们的管理者，他们只是试着去模仿。他们默认，他们所做的工作，比他们主人的工作要不"体面"得多。但是他们的目的并不在于除掉较高的阶级，而是设法让自己成为较高阶级的一员。正是这种心态，使社会得以保持平衡稳定。休闲娱乐是可以作为一种社会心态和内聚力属性而存在的。

休闲，或称自由的时间，是指花在生意、工作和做家务以外的时间。它也不包括必要的活动，如睡眠时间和强制性的教育。休闲和不可避免的活动之间并没有严格的定义，例如，人们有时去做工作性质的任务只是为了获得娱乐和长期效用。休闲和自由时间的定义本身也有区别，经济学和社会学家认为自由时间是来自于个人却又被卖回给个人的一种"休闲"商品。大多数人的休闲活动并不是完全自由的选择，可能屈从于社会压力，例如，人们可能被迫花时间在园艺上，以达到邻居家花园的水平。另一种休闲的概念是社会休闲，涉及社会设置的休闲活动，如课外活动，即体育、俱乐部等。

迈过工业时代，进入社交媒体时代，我们惊奇地发现，在线社会成为一种真实的、吸引受众大量时间，"无所事事地"进行社交和娱乐的全新社会性场合。很难将其功能简单定义到工作、生意、家务等传统必要活动之上。而对数字公民而言，社交媒体的互联网生活又是人的必要的活动，人的线上和线下全部社会关系可以从中得以体现，是数字社会人际关系的基本能力和权力。此时，我们才发现娱乐的传统传播职能无法覆盖新传播环境中的娱乐需求，正因为对于休闲的时代定义，已经移动到社交媒体上数字化人际生活后的自由时间。

社会性休闲包含了社会化的休闲活动，传统的有课外活动，如体育，俱乐部等，现在可以进化到数字化休闲活动的全部。社会性休闲带来很多的好处，如性格发展、自我认同、理解公共意义及层级性。一个社会性休闲的关键要素，就如正餐场合的意义和价值那样往往被忽视。就是在正餐场合，很多人发展了他们的社会技能，并且建立其每一个人的性格特征。2013 年，明尼苏达大学和哈佛商学院的联合研究表明，饭前拍照分享食物照片有助于享受美食。发表于美国《心理科学》期刊的最新研究报告指出，就餐前进行拍照等仪式会提高进食的愉悦程度；将一道菜的照片发布到 Instagram 上，享用时会更津津有味。这成为一种颠覆传统的时尚化新用餐文化，充满社交娱乐性的。

这种新的休闲生态基于互联网技术使能而传播，从而形成一种属于每一个人的自由和能力，一种精神满足状态，新休闲娱乐。在社交媒体上，个人随便做点什么，都在享受自由休闲时光，这种娱乐需求从根源上已经伴随了人的数字社交传播技能，划归为不可剥夺的新权力。

互联网时代著作凯文·凯利在《失控》中表达了传统权力的各种分崩。可以感受到这样一种启示，所谓"失控"并非在描述一堆无意义的分子运动，而是说这些无规则的分子运动全部都具有未来的历史意义。总有人偏离人群去寻找新价值路径，虽然有大量失败，但只要有成功便会传播召唤，带给整个人群得以生存和发展的新价值方向，所有人都在发掘新的价值方向或追随他人的价值方向。互联网人类社会的传播转移成本远低于传统社会。

互联网是一种人类新价值模式，这个价值模式将人类全体带向一个全新的地方。即速传播信息和无组织管理模式改变了人类文明意志的基因结构。勒庞在《乌合之众》中将人类描述成一群集体无意识的蠢货，大众传媒垄断了乌合之众的方向，互联网打破了一种垄断，也有可能形成新的群体极化，一只乱跳舞的蜜蜂可能会给整个蜂群带来灾难性的后果。但积极受众论者相信，在互联网传播宇宙下，这种群氓盲动一定会被新生的群体智慧所修复。精英与平民之间，个体与群体之间的传统权力关系，在社交媒体之上被重组和再造，这个世界没有永远的绝对不变的模式，一种新史观下的网络文明模式正在隆兴。

受众本位的网络话语表达，充满人情味、个性化、口语化、生活化，容易激起社会性的网民兴趣和阅读快乐，与政府专家学者的精英语汇不同，新鲜活泼而好用好记，便于转化为日常口语传播，符合大众的审美趣味。从表达效果上，网民群体观察更为细致、观点新锐，不乏个性睿智的表达，给网络信息传播和公众解读增添生趣，提升了感染力、亲和力、人情味和群众性。

网民群体的集体智慧早已有所表现，不同职业、地位、身份、价值观的网民置身于同一事件场景进行多元化信息分析，弥补了体制内信息把关人的视角限制。网民群体智慧在"周正龙年画虎"、"杭州 70 码飙车"、"陕西表哥"事件中都有不俗表现。这种全方位的事件解读和专业知识技能的普及应用，不能不说在理性批判的智慧之余，充满了娱乐性的发掘以满足更具社交性的传播世俗化需求。

网民含娱乐性的话语，还展现出于大众传媒整合后惊人的世俗化娱乐力量，"民意由网民表述，网民产生民意"，成为许多新闻工作者借助娱乐世俗主义而产生的观点，改写了社会权力系统中的媒介话语影响力。党和国家领导人也通过不同形式与网民交流，并且在政策上、法律上维护公众的话语权和网络监督权。传统娱乐记者和调查记者不乏趴在爆料 QQ 群上（等其他社交媒体新闻圈），寻找真正的、有价值网络讯息和民意汇聚，在娱乐需求背景下，从纷繁复杂的网民表达中被发掘出来的信息，具有良好的群众基础和爆发条件。

社交媒体构成的不仅仅是人际交往革命，一步跨入互联网经济格局，整个人类的传播、生产和消费世界发生巨变。不是互联网改变了生活和产业，真正改变生活的是人类自己对待自己的方式，人与人的"关系"。移动社交媒体先行者的青春力量得到激发，相比传统媒体他们不仅是用"耳目喉舌"等去感知现象，而且是用精神去把脉社交媒体的传播宇宙。我们不断看到，这种新的可能的传播路径是具有天然娱乐休闲性质的，是基于人的自媒体和自满足过程，也在人类的群体智能中寻找到经济价值和文明意义。

在此基础上，理解网络"先天的"娱乐性，有助于摒弃"群氓"偏见和"网络传播所侧重的是娱乐文化人生"，发掘群体智慧。批判视角下，网络的娱乐化主要表现在偏重软信息的传播，减少严肃信息的比例，以一种大众容易接受的、通俗易懂的方式表现内容，强调故事性、情节性，让网民从中得到放松和娱乐，一本正经的宣教在这里会被视为异类，所有的一切似乎都该是娱乐的，可以认为娱乐化是网络最重要的特征。

网络打破了传统媒介各种信息内容形态之间的壁垒，呈现出图、文、视频流形态交相融合的新貌。这种多媒体信息能借助网络媒介的超文本形式实现随意的流动，在最大程度上实现了文字、画面、图片、声音的同步合一。网络打破了传统电子媒介"点对面"的传播方式改变了受众"被迫"接受的形式，营造了交互式的开放环境。受众不再像静候广播、电视、报刊那样等待那些为他们安排好的信息，选择看或不看，他们可以利用网络发达的信息检索功能，在丰裕的信息中查找自己最感兴趣的，并可随心所欲地发表留言、评论等。相应的，这种获取信息、发布信息的方式也相当自由与简便，这种与众不同的运作形态，使网络在根本上禀赋着其他媒介所不具备的娱乐形态和价值特征。

网络的虚拟世界向网民提供了"自我扮演"的社会角色，这种角色成为一种梦想实现的娱乐过程。在社交媒体传播阶段，线上社会身份已经与线下社会融合，成为媒介化社会中人的媒介身份的自主选择，它也不再是两个身份，而是同一媒介化身份的不同侧重表达。这种身份的虚拟重构和社会回归获得了超越时空的梦幻娱乐感。

娱乐化也是消费社会网络适应市场经济发展、加强竞争的必需。社交媒体作为一个信息载体，也是一个文化载体，一旦它走向市场，就必须面对市场经济的运行法则，并且在不同高度上与后大众媒体时代的节目竞争。受众娱乐需求成为无法忽视的目标，引爆市场受众需求的洞察，更好地实现社交媒体传播对全部受众的渗透，必然是一个有效的市场化的选择。能够用作最终衡量指标的，还是社交媒体市场份额、使用率和使用时间。这其中的原因、立场和利益选择，可以用一句网络宣言来注释"凡是网民需要的，就是我们提供的"。我们可以把网络看作超市，里面琳琅满目各色货品齐全，产品服务应有尽有，现实社会的一站式购物休闲娱乐中心（Shopping Mall），在网络上也能实现，正是由于社交媒体的发展，使得受众不是一个人在逛超市，而是和自己的强社会关系和弱社会关系一起拣选商品和比较评价。这种媒介化社会O2O的关系模式也可以在文化和政治领域得以延伸。

因此，社交媒体作为真实的数字化生存方式，它构成了一个社会所需的全部，图书馆、公共广场、咖啡馆、大超市、商业区、剧场、博物馆、住宅社区、大学等等。它不仅只是通过电子图书、鼠标键盘、视频在线、电子音乐等形式，成为受众读写、发布、共享形式，它的本质特征是以网络互动为基本形式的虚拟实践传播。所谓社交互动传播，其一是指网络活动是在一种实时的社交关系圈中展开的，无论是强社会关系、弱社会关系，还是陌生人评论，都是媒介化社会社交关系的网络活动评价，个体是以受众群际化社交形式实现网络媒体传播实践；其二是指网络活动是在媒介化社会互动传播环境中展开的，无论是企业社交媒体账户、媒体公共账户，还是社会组织账户，都在实时网络社交互动中形成传播互动，受众不再孤独地面对强大而单一的企业法人，而是面对一整个在线媒介化社会环境，企业必须耐心具体地回复一名名受众的询问和质疑，因为每一个受众自媒体的企业互动，如果得不到妥善有效的回应，就有可能成为影响到大规模市场受众的突发公共危机。在整个过程中，自媒体个体的能力，也会得到媒体公共账户、舆论领袖KOL和其他企业账户的声援和支持！在这里，媒体传播用的符号中介系统本身，具有沟通便利、公众预警和娱乐价值的符号中介互动，被用来作为累积的全媒体社会社交传播互动表达。

卡西尔把符号视为人的本性的提示，文化也是一种符号系统。符号的意义只有在人的活动体系中加以确定，网络语言音声符号的娱乐化象征，是在深刻的社会背景下产生的更丰富的、某种程度上具有娱乐性的话语表达体系。普通的现实文化和网络文化都是人的生存方式下的信息价值系统。从生存论的视角看，网络文化本质上也反映了网络社会中的虚拟娱乐传播，这种虚拟娱乐传播过程参与构成了网络生存。

现有网络需求研究，特别是网络娱乐需求的研究，主要是以解决问题为目的。如网络娱乐新闻可信度问题，网络娱乐对大学生网瘾的影响等。从分类上，云海辉（2011）将网民精神价值需求分为不同的方面，认为最重要的有三个：娱乐消遣需求、社会交际需求、自我认同需求。社会交际和自我认同是互联网传播中出现的新的受众诉求倾向，或者说这两种受众需求是舞台戏曲传播所不突出或不具备的。刘新民（2012）初步研究了大学生普遍具有四种主要网络心理需求，即网络求知心理需求、网络娱乐心理需求、网络交际心理需求和网络性心理需求。

网络上，受众可以看到和接受的信息量接近无限大。清华大学李希光教授曾指出，为了得到关注，"许多记者编辑不仅自己窥视别人的私处，还利用自己掌握的公共空间，把这些个人的脏物抖给广大公众"。对应网民娱乐需求，传媒体系的传播能力也难免有过头之处。比如网络娱乐新闻标题耸人听闻，色情娱乐、偷拍出位娱乐主题化，网络谣言报道未经核实或转发待核实，热点调查话题哗众取宠，网络推手和攻关炒作无事生非等。

这些问题现象背后，其实都是最大化地追求受众娱乐化需求。归纳网民娱乐需求的成因包括：①数字化时代全感官信息快感的实现；②后大众传媒时代娱乐意识的高扬；③平庸崇拜下崇高规范的颠覆；④平行世界环境多元文化比较下个性价值觉性；⑤市场经济功利主义导向的私欲膨胀。

以上因素共同造成网络娱乐文化的流俗功利。不少网络娱乐文化的传播者和复制者为了迎合受众，提升人气和粉丝数，不惜以各种流行的媒介手段，比如照片拼接、数字视频、音频、图片等突出隐私的曝光，形体的出丑、性感的暴露、煽情的广告、搞笑的言行、出位的表演等强烈地刺激人们的感官，攫取人们的眼球，最终转化为商业价值提取，其实折射的是整个社会浮躁功利的价值观念！

我国有两千年封建文明遗留下悠久的历史文化，传统的儒家道德思想毫无疑问是中国传统文化的精髓。在后现代社会中，文化的多元性使得娱乐文化走进大众的视野，渐渐占据主流收视的舞台，大有盖过传统文化的趋向。随着社交媒体将传播自由选择权进一步下放，大众尽情地享受着网络娱乐盛筵带来的狂欢，并且按照自己的意愿将网络娱乐需求发挥得淋漓尽致。文化是个仁者见仁、智者见智的概念。不能简单对东方文化西方文化比较优劣，也不应简单评价传统文化和后现代大众文化孰是孰非。

可以看到的是，传统儒家文化注重君子教化，宣扬天人合一。它注重的是人、社会和自然之间的平衡，以此形成一个文化的共鸣。传统的文化中宣扬"圣贤不世出"，推崇较普遍的、较易至的、较完美的人格典型——君子，为人修身正道，须持仁义礼智信，有九德。在网络的世界中，"人"是核心。芸芸众生中的凡人本性更受到关注和认同。人的天性之一，是要寻找快乐，娱乐的核心就是满足，以人为本，有时就是以快乐为本，以娱乐为目标，达到在娱乐文化中的共鸣。

传统文化是一种以儒家公共话语作为价值基准的文化，这种文化突出个体对于整体的服从性、顺从性、归属性和认同性。从而修身就是修剪个体的各种行为和思想范式，最终使个体成为代表整体的文化符号，每一个个体都是整体的代言人。网络的娱乐文化则类似于"第二种生活"——狂欢。它最大限度地提供了个人展示自己的舞台，个性化成了网络娱乐文化的代名词，网络的娱乐文化的多样性注定了它将不可能成为社会每个成员的价值基准，这种文化突出个体的自主性、自由性和叛逆性。从而娱乐就是愉悦自己的个性，愉悦自己的心理，最终使网络成为大众的舆论平台。

在社交媒体网络上，普通受众从娱乐自己出发，打破了传统公共文化的束缚，进而形成了与精英对话的平等舞台。他们对精英阶层不再报以被动的、受领导的、遵命的无意识认同，而是积极争鸣、大声表达、对抗权威；浏览过各种观点后，表达出自己的声音。更多受众宁可选择表达自己的观点，而不是附和哪一方的观点。在社交性传播中，清晰可见强烈的表达欲望和娱乐诉求同在。就是从娱乐开始，数字公民意识到他们不需要被分成精英和平民，而是可以平等地看待问题，如同他们在世俗化生活中同样拥有的嬉笑怒骂的权力。差别在于，人人都在社交媒体上表达出来了（而不是只有精英表达，受众聆听），精英和公众是一样的数字人。在公共话语权力影响力上，他们产生了强烈的代言感，而非受领导感，形成了新的"订阅"化的委托代理关系，伴随着以"我"为中心的社交边界划定，这就进一步加大了数字公民的去组织化舆论权力。

第12章　青年网民的社交媒体传播需求

谁掌握现在，谁就掌握历史。谁掌握历史，谁就掌握未来。

——乔治·奥威尔

在国民精神和社会导向的激励下，当代青年的发展从无意识、不自觉、外在、表面的"模仿"变成有意识、自觉、内在、深刻的"模仿"，这就是文化精神的功能。法国著名社会学家塔尔德说过："社会就是模仿。"媒介化社会使得社会人成长与自媒体人自由选择过程高度统一。

12.1 青年网民的社会代际

每个时代的年轻人身上都会留下那个时代的烙印，都会受到特别的关注，或赞许，或批评。从"80后"的"愤青"、"垮掉的一代"、"迷惘的一代"、"啃老族"、"蚁族"，再到"90后"的"非主流"、"新新人类"，他们被扣上了太多的帽子，被贴上了太多的标签。谁没有年轻过，正是这些热血沸腾的年轻人，构成了历史长链的一环，肩负着时代赋予他们的使命，创造出属于青春的热血与辉煌。

通常认为，"80后"，指1980—1989年出生的人群；而"90后"，指1990—1999年出生的人群。根据第六次全国人口普查数据，我国"80后"人群共有2.2亿人，当前年龄24—33岁；"90后"人群共有1.7亿人，当前年龄为14—23岁，合计占到我国13.4亿人口总数的29.1%。包括了初中生、高中生、大学生、初入职场、工作经历十年以内年轻一族，他们是社交媒体和媒介化社会的生力军。这个群体的年龄层次和社会职业有一定的相关性，所面临的教育、婚恋、住房、职业发展等社会性问题更具有普遍性，也更为突出。

在我国网民的代际分析和阶层分析中，青年是伴随着移动互联网成长起来的社交媒体忠实粉，作为后现代社会的数字公民，他们命中注定要去挑战工业时代遗留的传统秩序，并获得胜利。从"80后"到"90后"的青年网民群体，作为一个年龄代际，已经引起观察家的高度关注。首先发起对"90后"冲击感"恐慌"的是敏锐的媒体经济公司和500强企业人事管理者，一些营销学者也开始将研究焦点从"80后"身上转移到"90后"身上。

同样是出生在改革开放后的"90后"，与成长在市场化转型期的"80后"不同，他们从一出生就生活在了优越的环境中，没有社会动荡，没有金融危机，改革开放进一步推进，经济建设高度发展。市场化、信息化、全球化的时代背景成为群体的媒介社会背景，总之，进入了高度商业化和移动媒体化时代。因此，世代划分的基本理论假设是：出生于同一时代的人经历过共同的社会、政治、历史和经济环境，因此会产生相似的观念和行为。

12.1.1 消费者世代的划分

如何看待"一个消费世代"的内涵和边界？美国学者 William Strauss 和 Neil Howe 认为，世界即一个群体，长度大约等于一个生命阶段，其界限由同侪个性 Peer Peronality 来界定。[1] 这个定义包括两大要素，世代长度和世代界限。美国统计的世代长度为 18—24 年，世代界限取决于同侪个性，即同一时期出生的人群之间的行为模式、观念及信仰。王海忠（2005）提出中国文化的"代"含有 12 年（生肖的来历）的意思，我国世代所含时间段一般在 10—15 年。社会事件对"代"具有关键作用，人到 3—7 岁时开始对社会现象形成概念，8 岁意识独立购买，7 岁前后即是价值观塑造的初始年龄。从这个年龄开始，其后经历的社会事件对其一生的价值取向影响极深。此外，人口出生率也是"代"形成的重要社会因素。

20 世纪 60 年代以来，美国率先启动消费者世代研究，得出在价值观和消费行为明显不同的三个主流世代："成熟世代"、"婴儿潮世代"和"X 世代"。

---

[1] 刘世雄、周志民：《从世代标准谈中国消费者市场细分》，载《商业经济文荟》2002.5。

表 12-1 美国消费者世代划分

世代名称	出生年代	占人口比	核心价值观与生活态度
成熟世代	1930 — 1945	14%	人生是一种责任；工作是一种义务；成功来自拼搏；休闲是对辛勤工作的奖励；对明天未雨绸缪；理财就是储蓄。
婴儿潮世代	1946 — 1964	30%	人生体现个人价值；工作是一种刺激和探险；成功理所当然；休闲是生命意义所在；今天比明天更重要；理财就是花钱。
X 世代	1965 — 1976	17%	人生是多样化的；工作是困难的挑战；成功来自两份工作；休闲让心放松；对明天不确定但可处理；财务是个障碍。

20 世纪 80 年代后期，台湾地区研究消费者世代，发现了影响台湾经济社会的主流世代有：前熟年世代、婴儿潮世代、X 世代。毫无疑问，其与美国社会发展存在时差，其世代出生时间段与美国对应世代既有共性又有差异。

表 12-2 我国台湾地区消费者世代划分

世代名称	出生年代	占人口比	核心价值观与生活态度
前熟年世代	1940 — 1949	7.7%	空洞无根，移民美国梦；崇尚西方物质；关注健康及家庭；节俭、贪图便宜；简单事业，长期经营。
婴儿潮世代	1950 — 1964	23.1%	爱拼才会赢；崇尚名牌和流行；家庭至上；英雄主义及怀旧；终身学习。
X 世代	1965 — 1979	30%	对抗旧时代；冒险及挑战性人格；善用媒体；多元化文化与个性；工作团队成为应变最佳组织；复杂发明的简单应用；外食与学习；轻松做梦的娱乐商机。

斯屈特（Hellmut Schute，1998)是最早将中国消费者进行世代划分的西方学者。他分别将中国消费者分为三个世代：出生在 1945 年以前的称为"社会主义信仰者"（the Socialist Generation）；出生在 1945—1960 年的称为"失落的一代"（the Lost Generation）；出生在 1960 年以后的称为"关注生活方式者"（the Lifestyle Generation）。刘世雄等学者（2002）提出"传统世代"、"红色世代"和"文革世代"等新标签。

表 12-3　中国消费者世代的主要分类

提出者	出生	命名	特征
Hellmut Schut（1998），卢泰宏（2005）	1945 年以前	社会主义信仰者 the Socialist Generation	经历抗日战争、解放战争、大跃进和人民公社等事件，受马克思主义思想影响深刻。投身于集体主义制度下的工业化建设。
刘世雄（2002）		传统一代、红色一代	
Hellmut Schut（1998），卢泰宏（2005）	1945—1960 年	失落的一代 the Lost Generation	因上山下乡、文化大革命丧失学习机会，在社会动荡中经历人生起伏，90 年代又遭遇下岗的不幸，对社会有某种失落感。
刘世雄（2002）		文革的一代	
Hellmut Schut（1998）	1960 年以后	关注生活方式的一代 the Lifestyle Generation	在改革开放中重新认识社会和自我，追求物质和精神生活，积极走向世界，发现选择。
刘世雄（2002），卢泰宏（2005）	1960—1970 年	幸运的一代 the Lucky Generation	青年时文革结束，恢复高考，大学学费全免，毕业后国家分配工作，成绩优秀者派往国外进修，被誉为"天之骄子"。
王海忠（2005）	1961—1973 年	中国婴儿潮一代 the Chinese Baby-boom Generetion	高考恢复，就业时逢改革开放，而立之年市场经济与"入世"。这群人在目前及未来影响力最大，类似美国当年的婴儿潮。
刘世雄（2002），卢泰宏（2005）	1970—1980 年	转型的一代 the Reform Gereration	市场经济转型期，高考扩招，学费暴涨，择业双向选择，就业形势严峻，不再有优越感。
王海忠（2005）	1974—1985 年	中国 X 时代 the Chinese X Genereation	沿袭传统品德，如责任、敬业等；也受外来价值观影响很深，如快乐、卡通、自我等。与美国 X 世代很相似。
刘世雄（2002），卢泰宏、阳翼（2005）	1980 年以后	e 世代	商业化、娱乐化蓬勃发展，港台日韩及西方文化盛行，移动通讯、网络媒体和影像环境，媒介早熟、心理早熟。

　　20 世纪中国社会的变化超乎想象，改革开放三十多年来中国社会中成长起来的青年经历了拨乱反正、经济建设、社会结构转型、人文思想解放、价值观多元的急剧变化，互联网信息科技以摩尔定律[1]的发展速度，席卷了全球个人和企业的媒体环境及网络应用。

　　媒体和社会环境的差异，催生了"90 后"和"80 后"两个群体代际。产生差异

---

　　[1]　摩尔定律是由英特尔创始人之一戈登·摩尔提出来的：当价格不变时，集成电路上可容纳的电晶体数目，每 18 个月增加一倍，性能也将提升一倍；换句话说，每一美元所能买到的电脑性能，将每隔 18 个月翻两倍以上。这一定律揭示了信息技术进步的速度，无论是从事实上，还是从预期上。

的原因简述有三点。①社会及政治层面，1989—1994 年关于市场经济体制改革和生产力发展的波折，没有影响到"90 后"，对"85 后"基本也无影响。而后整个社会才进入经济发展高速周期。②从文化层面上看，娱乐化、快餐化、开放性和媒体繁荣下的多元文化影响，同样在 1992 年"南巡"讲话以后，真正活跃起来并成为公众关注的主流。独生子女政策实施也使得"80 后"父母极为重视子女教育，而 1994 年以后，父母已经在完全市场经济中忙于生计，"90 后"从小往往是隔代抚养。③从媒体和科技层面，1997 年后互联网络大众化、2000 后手机的大众化，使得"90 后"从记事开始，就已经进入了移动互联网的媒体环境，他们成为数字化的原生代。电子媒介在价值观和社会交往观上产生分化。如果说"80 后"是第一批过渡到互联网虚拟社会的网民，那么"90 后"就几乎是浸泡在互联网虚拟社会中成长的网民。"90 后"的行为方式、生活习惯，甚至是流行语言，都不能被父辈们所了解，在交往中形成一条难以跨越的数字鸿沟。社会信息的代际传递方式"逆化"了，不再是老年人向中年人传播，中年人向青年人传播，而是青年人向中年人传播，中年人向老年人传播，越是年轻的群体，越在网络媒体上大胆地传播，他们的行为可以让年长者瞠目结舌。自媒体的生成与"主流"媒体权力的解构在"90 后"身上表露无疑。总之，"80 后"是在改革开放浪潮中成长的青年，"90 后"是在经济膨胀和媒体繁荣中成长的青年。

不少学者分别研究了"80 后"和"90 后"的相关特征。阳翼（2008），魏敏菁、黄沛（2007）调研"80 后"发现 i 世代的五大特征，自我强烈意识、国际化实践者、与网络共生、渴望影像周围、时刻掌握主动权。薛海波（2008）将"80 后"划分为慎重务实型、困惑乐天型和冲动慕名型三个细分群体。罗勤林（2010）将"90 后"大学生的消费特点概括为乐于追逐时尚消费、存在消费攀比、消费浪费严重、消费中的民族感情。褚宝良（2010）认同"90 后"享受型消费需求大于发展型消费需求。

12.1.2 "80 后"代际特征

改革开放之后，计划经济向市场经济转型成为时代洪流，现代企业制度推动所有权、经营权、财产权等经济权力确立，使得各主体的责任权利对等，追求经济效益深入人心，在价值规律面前实现人人平等，这种自主性较强的经济体制也要求了市场中的个人和企业都是独立的个体。在这样的社会大环境中成长，"80 后"普遍要比父辈们有着更加强烈的自我意识，并积极崇尚自我价值。生活的社会空间，由封闭转向了开放。传媒开始鼓吹新的文化氛围、张扬的个性、自由的风气，强调自我价值的实现。较早建立起独立的人格和尊严，反对父母和社会设置的太多束缚。坚持走自己的路，把握自己的人生，反对社会设定的条条框框，反对他人设定的评价标准。同时，在相对民主的环境中成长起来的"80后"，敢于藐视权威，反对传统，坚持用自己的眼光去观察世界、认识世界。

随着改革开放的不断深入，中国与西方国家的经济文化交流越来越频繁，在社会价值观逐渐由单一转向多样化的同时，传统文化受到了强烈的冲击。以全球化为时代背景，"80后"有着比父辈们更加广阔的人文视野，对新鲜事物有着很强的接受和学习能力。

他们乐于展现自己、表现自己，喜欢吸引他人的目光，坚持做生活中的主角，而不是默默无闻的配角，担心因为没有充分展示自己的才华，不能得到他人的赏识而被埋没。姜方炳（2007）提出：①"80后"拥有自我意识为主的审美观，主张个性装扮，酷劲十足。②"80后"明星，如韩寒、郭敬明、郎朗、李云迪、丁俊晖、李宇春等迅速偶像化，建立起商业化机制，新价值观崛起，热衷名利，怠于学业。③"80后"由内心的隔阂上升到行动的叛逆，我行我素，性格乖戾。

随着市场经济不断发展，人们在这种经济形式的影响下逐渐形成了功利性的价值观，最明显的一个特征就是追求利益的最大化。在这种社会环境下成长起来的"80后"自然会受到影响，在评价活动价值大小的时候，或多或少地以自身物质性需要的满足和获得的功利性价值为判断标准。

为了适应日益激烈的社会竞争，使自己在这个充满火药味的环境中获得更大的竞争力，"80后"中的很多人都会将生活重心放在如何提高自身综合素质、发掘更大的潜能上。对比高校教育，更多人把兴趣点转向 TOFEL、GRE、雅思、微软认证系列等其他资格证书，就是为了能在同龄人中脱颖而出。

表 12-4 中国"80 后"消费者世代的主要观念

	"80 后"	来源
背景	1980 年后出生，独生子女，经历国民经济起飞，享受到社会进步的诸多利益，适应现代媒体，酷的生活方式。	郑希宝（2007），丁家永（2006），康俊（2006），中国市场与媒体研究 CMMS（2005）
庆祝	青春，和明星一起的经历	新秦调查（2005），康俊（2006）
胜利	内在能力和机遇	姜方炳（2006）
工作	挑战，来实现生命的意义	林景新（2006）
休闲	不用工作，旅行和娱乐	中国市场与媒体研究 CMMS（2005）
教育	获得好的生活	黄艳（2005）
看待未来	为更好的生活而奋斗	中国市场与媒体研究 CMMS（2005）
生命中意外	处之泰然，对风险承担做准备	新秦调查（2005）
个人目的	自我利益	丁家永（2005），新秦调查（2005），姜方炳（2006）
时尚	电视秀节目，酒吧和 KTV	中国市场与媒体研究 CMMS（2005），黄艳（2005）
财务观念	信用消费	刘云凌（2006），华东政法大学（2005）
纪念	初吻和初恋	中国市场与媒体研究 CMMS（2005），林景新（2006）
理想的生活	时尚、率性的精彩人生	康俊（2006），中国市场与媒体研究 CMMS（2005），丁家永（2005）

在大众传媒的影响下，西方社会的消费价值观逐渐被普通大众所接收。勤俭节约的传统价值观逐渐向享受型消费甚至是超前型消费转变。经济的快速发展为消费提供了雄厚的物质基础，人们越来越趋向于追求更有品质的消费，消费水平也达到了一个新的高度。在这样的环境中成长起来的"80 后"，形成了更为大胆和自主的新消费心理特征。

爱表演，不爱扮演；爱奋斗，也爱享受；爱漂亮衣服，更爱打折标签。

不是米莱、不是钱小样、不是大明星，我是王珞丹。

我没什么特别，我很特别，

我和别人不一样，我和你一样，

我是凡客。

——凡客诚品 2010 年广告

（1）追求时尚。"80后"成长在一个开放的社会大环境中，他们容易接受新鲜事物，喜欢猎奇，思想开放。他们不喜欢被时代淘汰，紧跟时代的步伐，乐于尝试新产品，品牌的更换也比较频繁，体验不同的产品能给他们带来别样的乐趣。

（2）追求认同。"80后"购买商品不单单只是为了商品的使用价值，更看重商品的附加价值，希望购买的商品能够体现自身的身份、兴趣、性格等。当遇到使用相同产品的个体或群体，便形成了一种归属感，一种认同感。

（3）重视感觉。"80后"有着强烈的个性化品位和感性偏好，在购物时，还是会感情用事，冲动消费。当一款产品的包装、牌子、颜色、广告等吸引了他们，就很容易使他们产生积极的感情，快速做出购买决策。

从消费特征上看，"80后"消费欲望强烈，活在当下，很少有储蓄习惯，而且他们的消费行为表现出明显的网络特征。

超前消费本质是"80后"引领时代的观念体现。"80后"成长在一个信息高速发展的时代，通过网络获取信息变得前所未有的方便和快捷，他们能随时随地搜索需要的咨询。跟他们的前辈比较，他们的视野更加开阔，消费观念受到了西方文化的影响，突破了传统的保守，显得更加前卫。并且从传媒、文化、社会等不同层面的行为上看，"80后"都深深感受到一种与众不同的责任，就是他们代表着时代的潮流，他们的趣味和偏好是与社会进步的方向一致。因此，超前消费也是一种自我动力和激励机制。

"80后"讲究品位，追求品牌，懂得享受生活。旅游、健身和网络游戏等休闲娱乐活动开始成为越来越多的"80后"生活中的消费热点。传统的消费习惯在他们眼中是一种落后的行为方式。"80后"在成长过程中从来都不缺少长辈的关爱，甚至到了成年后，踏入社会，依然无法摆脱对家长的依赖。独立的经济基础仍在建立，但是习惯了刷卡消费的"80后"们依然是一个强大的消费群体。虽然"80后"的消费观念是超前的，但是他们的家庭伦理观念仍然受到更多传统的影响。他们有着不俗的社会责任承担表现，如面对奥运火炬被抢和汶川抗震事件时；对待社会权力结构的态度，也很少爆发激烈的反抗，他们扮演的更多的是对上级传承的角色，同时他们也有信心和责任承担起未来的转变。

社会生产的极大丰盛使人们很快忘却短缺经济的匮乏时代，从而入品牌价值营销时代。"80后"被长辈认为是"非理性消费"的受众。由于他们不再以产品或服务的物质价值作为唯一的衡量标准，不太考虑产品的实用性，而更重视产品给情感带来的附加价值，形成感性消费心理。他们会主动追求精神上的愉悦感，并衡量体验价值。

既然产品的心理满足功能远大于现实生活中的实际应用功能，那么心理需求的社会性认可成为价值评判中的重要考量。炫耀成为一种浮动的社会心理需求，在社会结构阶层和群落中显现。"80 后"在个性张扬之余，需要同龄人之间的认同。他们害怕受到孤立，被排挤在圈子之外。而认同感之余，攀比心理推动他们"我要拥有一个更好的"产品。例如很多收入并不高的白领女性，愿意花几个月的工资购买一个 LV 皮包。除了产品的外观能够满足精神需求以外，更多的是将身处同一个社会阶层的人群作为参考对象之后，做出了"我要为社会阶层上升而做努力"的姿态，至少能够立即获得由他人观赏评价带来的心理满足感上升。

受到大众传媒的影响以及消费主义观念的影响，"80 后"一代人是娱乐化、网络化的一代人，各种娱乐活动成为了生活中必不可少的组成成分。他们讨厌标准化和模式化，更厌恶思想僵化和体制化，会通过恶搞等娱乐形式来表达对权威的藐视、对传统的颠覆。他们在娱乐中自我放松，释放现实生活中产生的巨大压力。

12.1.3 "90 后"代际特征

"90 后"是崇尚"我"标签的经济人，体现出一种自信和自由，骄傲我的骄傲，生活我的生活，他们的自我认知是有压力的，也是快乐和自信的。"90 后"从小就进入"421"的家庭模式，父母的工作忙碌使得隔代抚养更为常见。在长辈的宠爱和溺爱中成长，"90 后"习惯于索取丰富的物质，更以自我为中心。主动付出少，考虑他人感受少，主要从自身角度出发思考问题。他们是独生子女，积极参与家庭范围的购买需求，在消费类电子产品购买中占有主导权。"90 后"在集体利益之前首先考虑的是个人利益，服从集体利益必须以不损害个人利益为前提，"90 后"不爱空喊口号，不推崇牺牲精神，而是崇尚在自我追求中实现价值。他们追求个人意识，用戏谑来轻视传统教条，具有反叛意识，也向往家庭和事业的平衡。集体归属和团队合作都建立在不压制自我权利的基础上，也容易发生摩擦和矛盾。在网络时代成长起来的"90 后"，习惯在虚拟世界中与他人进行交流，网络平行关系下的交友能力较强，而现实结构化社会关系下的交友能力较弱。

"90 后"个性鲜明，具有强烈的自我意识。在经济全球化的时代背景下出生，在网络时代中成长，不同的意识形态、不同的政治信仰、不同的价值取向相互激荡和碰撞。因此，便形成了他们鲜明的性格特征，自信、另类、不盲从，乐于展示自己，乐于表现自己。他们厌恶模式化、教条化，喜欢独树一帜，追求与众不同。在网络世界中，主流媒体的影响力日渐衰弱，信息的开放性使得"90后"可以听到各种不同的声音。再加上社会民主化程度的不断提高，使得"90后"有着强烈的独立意识，不盲从，不轻易相信权威，不轻易接收前人的经验。与其他群体相比，他们有着更加强烈的民主与独立意识。他们要求得到老师与家长的尊重和理解，能够在平等的关系下进行交流，有表达个人思想的权利。

"80后"将手机和网络看作工具，但"90后"将网络视作日常生活，是和他们真实的线下生活一样的生活空间，网络就像一日三餐一样，必不可少。身为独生子女，没有兄弟姐妹，祖辈溺爱，父辈忙碌，他们在网络上进行着沟通与交流，网络是他们实现社会交往的最主要窗口。他们用微博与朋友们分享生活的细节，他们用即时通讯工具与在线好友进行交流，他们化身为一个个虚拟账号，在网络世界中建立社交关系，表达喜怒哀乐。网络化生存已经成为"90后"大学生身上一个鲜明的时代特征，其间少数人也背负了网瘾的代价。

"90后"跟前辈们相比，有着更加开放的心态。借助互联网的力量，"90后"在信息获取方面有着天然的优势。他们从网络媒体上接触到了多元的信息与新鲜的事物，有着与生俱来的搜索信息的能力和主动学习的能力。"90后"不再像上几代人那样保守，对新事物快速的反应能力和极强的接受能力是前人无法达到的。而"90后"对于新事务的心态更为平和，他们从变革中成长起来，见惯了变革，从而具有处变不惊的能力。

在市场经济体制下，人们的价值观有了较大的变化，将事业的成功与物质上的成就作为个人价值的体现。现代社会开放的环境以及过早接触大量的信息、家庭和社会功利化的教育，"90后"从小就成长在成人世界中，他们的思想要比实际年龄更加成熟。他们在面对越来越激烈的社会竞争时，有强烈的危机意识，希望通过不断完善自我来获得主动权。由于缺少能为他们所效仿的主流价值榜样，"90后"一代普遍出现信仰缺失的情况。跟相同年纪时的父辈们相比，他们显得更加世俗，不再热衷于理想和激情，对于未来，有更加务实和明确的欲求目标。

"90后"在商品社会中长大，过早地进入了成人世界。他们独立、自主，有自己的见解和想法。"90后"的消费需求是自我满足导向的，消费需求也开始朝着多层次、多样化发展。"90后"从一出生就处于成年人的消费世界中，特别是铺天盖地的广告和大众传媒的传播，使得他们的消费需求跟成年人相比有过之无不及。在对待商品的价值上，他们不再仅仅局限于满足基本使用功能的需求上，还要求满足消费者的心理需求，这种消费特征属于自我满足性消费。这一特点与其他群体出现了较大的差异。"90后"的父母迫于工作压力，很少有时间能够陪陪孩子，在家庭教育问题上，物质上的提供代替了情感上的沟通。

"90后"的品牌意识强烈。吃着麦当劳，喝着可口可乐，看着迪斯尼动画长大的"90后"们，经历了国外品牌大举进入中国的时期，可以说每天都被各式各样的品牌广告所包围。他们热衷于追求与众不同的商品来展示自己的个性，讨厌流水线式的产品，讨厌没有个性、平庸无奇的品牌。与父辈们更注重产品的质量和服务不同，他们具有更加强烈的品牌意识。随着经济的不断发展，社会贫富差距越来越大，在优越的物质环境中长大的"90后"，在接收了良好教育的同时，对产品的社会象征有了更高的追求，他们希望通过消费来表明其至提升自己的社会地位，完善自己的社会形象。

由于"90后"崇尚个性、追逐时尚的特点，对品牌的选择也更加挑剔，品牌忠诚度十分复杂。他们可能因为对某个品牌的设计细节产生认同感，而成为该品牌的忠实粉丝；也可能因为某个品牌更换了自己所喜爱的代言人，转而投向其他品牌的怀抱。他们对于时尚流行的变化抱有亲切感，既能追随潮流滚动，也能把握简单生活，体现出纷繁世界的适应能力和自信主张。

"90后"还具备网络消费的原生能力，无疑是未来网络消费的主力。随着信息技术不断进步，互联网正以前所未有的速度全面融入社会生活空间。生长在互联网时代的"90后"们是所有群体中对这种变化适应速度最快、反应最为迅速的。CNNIC《第32次中国互联网络发展状况统计报告》中的数据显示，学生群体在所有网民中所占的比重高于其他群体。随着手机和电脑的普及，"90后"的生活中几乎已经离不开网络。跟随流行文化出现的"宅男"、"宅女"们，网络已经成为了生活的中心。随着电子商务的兴起，足不出户就可以满足"90后"各种各样的消费需求，还能买到世界各地的商品。在几年前，网络购物还仅仅限于电子产品、服饰、图书等商品，而现如今，能从网上购买到的产品几乎无所不包，网上订餐、网上订票、网上购物、网上缴费。传统零售业虽然还没有受到网络购物的影响，但是在文化消费方面，特别是实体书店和报纸行业，遭受到了很大打击。跟前辈们保守的消费习惯不同，"90后"敢于在网上尝试各种新奇、昂贵的产品，而且购物数量惊人。

信息时代因素使得"90后"一代人知识结构的复杂性也远远超过了前辈们。丰富的信息和多元的文化使得他们过早的成熟，在消费行为方面体现出独立自主，追求个性的特征。"在研究中，我们发现想用统一的标签定义'90后'群体是一件很困难的事情，很多单一的社会评价对于鲜活生动的'90后'确实显得有些乏力，其实拒绝标签化就是他们最大的共性，他们拒绝被代表。"CMI校园营销研究院院长沈虹表示。

因此，"90后"作为不是统一型号的"社会产品"，最突出的特征就是有个性，与其他几代人相比，他们的个性是突出和鲜活的，从每个个体角度看，他们的个性是多元化和差异化的，而"90后"的群体自己对个性的理解则具有明显的个人化特色，异质思维和多元化表达就是他们个性之一，但他们不会因为多元而冲突，因为不同而对抗。差异化、个性化永远是他们追求的目标，他们比起"80后"，更敢于通过猎奇的方式达到表现自我、吸引他人目光、展示个人品味的目的。

一些媒体或者机构，提到"90后"，往往会给他们贴上"非主流"的标签，觉得他们会向主流情感和价值观发出挑战，对主流文化进行否定。这主要是因为他们的穿着和语言比较另类，尤其是语言体系的混乱和网络流行语的口语化。然而，这显然有点以偏概全，通过对"90后"学生群体的调查，其实"90后"群体多数对自己有明确的规划，生活态度也是积极乐观的。

沈虹认为，"90后"不同于其他时代人的最大特点就是自我的觉醒，他们以自我为中心，坚持自己的想法，较少考虑别人的看法；他们更倾向于个人的社会价值只是个人价值的一部分；他们更善于表现和表达自己。

因此，他们平日喜欢接触新鲜好玩的事物，非常愿意为新鲜买单，愿意为新鲜进行各种低成本的尝鲜型消费。新鲜传媒COO王立欣也发现，这个群体求新、追新的领域广泛：从日常生活的洗护用品和食品，到游戏产品，再到数码产品，都有他们活跃的身影。

"90后"是典型的"社交一代"，CNNIC在2011年7月发布的《第28次中国互联网发展状况报告》中显示，中国的互联网普及率达到了36.2%。校园研究院CMI（2011）当年调查则显示，在校大学生的互联网普及率为100%。

调查显示"90后"大学生最常接触的媒体和最信任的媒体都是互联网；在被问及通常上网的途径时，有52.2%的学生选择有线宽带，51.6%的学生选择校园网（局域网），43.1%的学生选择WIFI，26.4%的学生选择3G，12.6%的学生选择2G。其中WIFI、3G、2G都是移动网络，可见移动网络在学生上网的过程中占有很大的比率。

"90 后"群体对智能手机的依赖也越来越强，82.5% 的学生选择笔记本电脑上网，77.8% 的学生选择手机，而且显示多屏联动时代已经来临，因为大家纷纷表示自己开着笔记本的时候也在用手机，一般是用笔记本查资料、看视频，然后用手机挂微信、QQ、刷微博。受制于在校的生活和学习环境，高校的"90 后"学生更多地使用手机上网，这已经是一个显著的特征。他们用手机上网已成为习惯，以至于完全没有意识到自己的行为是在上网。这也是 CMI 报告中为"90 后"取名为"移动中的 90 后"的主要原因。

社交网站是"90 后"大学生最常使用的网络功能，学生选择最常使用的社交网站排名依次是微信、QQ、人人网、新浪微博、腾讯微博、豆瓣、朋友网。有趣的是大家在上这些社交网站的时候使用的终端不同、发布的信息不同、展示出来的自我人格也大不相同。

12.2 "90 后"大学生网民的生活方式变革

新媒体的蓬勃发展带来了媒介社会传播方式的纷繁复杂，乱花渐欲迷人眼的同时，也给青年网民信息获取提供了更多的选择，从媒介到内容，新媒体直接构成了他们消费、娱乐、学习、生活和交友空间。

12.2.1 "90 后"青年的生活形态与媒体信任

CMI 校园营销研究院（2012）发现"90 后"大学生群体正是移动互联发展的关键人群。86% 的"90 后"大学生通过手机上网，其次才是笔记本电脑和台式机电脑，分别是 79% 和 40%。在中国网民中，使用移动互联网的比例只有只有 66%。"90 后"大学生更容易接受移动互联这样的新事物。随着"90 后"的购买力不断增长，这一群体将是移动营销的目标人群。此外，本次研究还发现除了用手机上网的比例外，"90 后"大学生在移动互联上所花的时间是一般城市居民所花的时间的 2 倍。

90 后大学生是未来电子商务的中坚力量。有 52% 的"90 后"都会在网上购物。在一般的中国城市居民中，只有 20% 的人会进行网上购物。从网购频率来看，"90 后"大学生平均每月网购一次，月平均网购花费 171 元。在一二线城市，月平均网购金额为 187 元。和他们平均每个月 852 元的生活费相比，171 元的月均网购消费额可以说是相当高的一个数字。

在对"90后"大学生网购驱动因素分析发现，"90后"大学生网购的三大驱动因素是"价格便宜"，"品种多，选择多"以及"节省时间"。三大网购品类是"衣服鞋帽"、"书籍"和"数码设备"。正如报告所揭示的，"90后"大学生过着一种"链接"的生活，电子商务也是这种生活不可或缺的一部分，对他们来说，电子商务的意义不仅仅是购物。

群邑中国市场前瞻总监张继红（2013）指出："伴随着互联网的普及而成长起来的'90后'对互联网有着特殊的情感，一方面网络的工具性意义使他们拥有不同于父辈的生活和学习方式，另一方面，长久的接触使用必然会产生心理和情感上的依赖。"

轻奢网和新鲜传媒（2013）发布《90后轻奢时尚态度报告2013》，"90后"的时尚态度：①新生活意识：享受生活，尊重自己的生活选择；②流行时尚：更加时髦，经常购买别人羡慕的新潮商品；③乐观积极：生活不仅仅是为了找到一份好工作；④利他主义：乐于分享，愿意无偿帮助周边。享受生活、喜欢被众人关注、乐于同侪分享、忠于自我是"90后"整体时尚态度。可以在物质丰富、独生子女环境、网络社交圈发达等社会因素找到影子。

"90后"的消费特征：①潮流控：重视品牌，但不盲从，喜欢名人代言，有自己的态度；②数字控：信息获取、交流方式、消费途径均依赖数字信息服务；③现实控：和朋友联系频繁，喜欢音乐和聚餐、逛街、关注体育；④装备族：向往兴趣相关的高科技产品和装备，喜欢动漫、旅游。不盲从、追逐潮流、数字化、重视品牌是90后时尚消费的特征。

85%的"90后"时尚族群在消费时都会注意到品牌的美誉度，消费对品牌忠诚度比较高，但要求品牌所传递的个性与自身气质相吻合，品牌广告特质对"90后"消费影响较大。

"90后"族群对"美"的追求大大超过了对基本生活的追求；广告形式和风格影响着他们对于产品的喜爱程度。广告形式更加多元才能吸引更多注意力。同时，他们认为品牌战略应该以质量和服务为后盾，之所以选择品牌是因为他们追求更有品质的生活。零点集团在2010年调查中发现，三类广告比较受"90后"喜爱，分别是：有悬念或有创新，出人意料的；幽默搞笑的；明星阵容的。"90后"的广告喜好，是他们价值取向的外化表现。迎合了年轻人对快速信息收授的习惯，扣准了他们的自主个性和娱乐性需求。

eMarketer 研究显示，中国城市用户电视观看时间已经少于互联网，19－30 岁的年轻人，他们每天上网时间已经是看电视时间的两倍[1]。信息经济时代的来临首先推翻了教师在学校课堂上知识与话语的"霸权"[2]。网民的注意力正在从电视向互联网转移，青年学生的注意力同样从课堂和课本转向更便利获取信息的移动互联网，移动社交的媒体传播空间才是他们的真实生活形态。

大部分"90 后"大学生是互联网重度依赖者。在对待互联网的态度上，"90 后"大学生群体普遍对互联网产生了心理依赖：年级越高，心理依赖越大。与此同时，随着年级的升高，"90 后"大学生对网络作为工具的应用也越来越娴熟。"90 后"大学生群体正过着一种"链接"的生活，即随时随地地上网，生活高度依赖网络。他们之中有 75% 的人的网龄超过三年，平均每天花费 18% 的时间上网，而一般的中国城市居民平均只花费 13% 的时间在网上。从网络应用的内容上看，相比全国城市居民，"90 后"大学生群体更多的用网络聊天、上微博和社交网络。对于他们来说，互联网已经远远不仅仅是一个工具，而是一种生活方式。

CMI 校园营销研究院（2012）发布"90 后"群体信任的媒体排名依次是：互联网、电视、报纸、电影、杂志、广播。

传统媒体上发布的，公众对于媒体信任的常见结论是，信任报纸大于电视，信任电视大于互联网。认为公众即使不喜欢传统大众传媒千篇一律的信息内容和方式，更容易受网络和娱乐节目的消遣影响，但是受众对于互联网发布的虚假信息和庸俗娱乐信息本质上是不信任的，因而在关键信息的确认和质信上，他们还是要回到严肃和权威的传统纸媒上。

对青年网民的最新调查结果与这种观念相悖，对于这种常识性观念，其实存在两个疑问。

（1）权力结构高度控制下的传统媒体具有耳目喉舌的舆论导向功能，出发点是为传统权力阶层服务，立场是与传统社会权力结构一致的，同时媒体又有反映和监督社会现实的职能，不同媒体之间在多大程度上反映了社会现实，构成媒体所有者和受众的媒介拟态环境选择。媒体信任的排名，实际在某种程度上反映了不同媒体所有者的立场和态度。对于传统媒体来说，称为传统的"政治"和"教育"功能的

---

[1]　eMarketer：《Blue Book of China Online Video》，www.eMarketer.com，Jun 7, 2012.

[2]　戴承良：《新广告教学的若干理论问题》，载《东华大学学报》（社会科学版）2002.3。

延续，并不为过。这一点对于新媒体以及新媒体拥趸来说，这个封印和教条都已不再信奉。

（2）不同代际的受众的信任反应差异。1970 年以前出生的受众在人生的绝大多数时间里，已经习惯了大众媒体的教化传播，文化事件构成了他们的生命经历。而互联网终究是个十几岁的毛头小伙子，除却技能因素，大多数人很难将网络看作生命中不可或缺的生存环境，不能也不需要将自己置身于媒介化社会的应用万花筒平台。对于青年网民，区别在于，1974—1985 年出生的中间年龄群体，能够公开承认这个"金科玉律"的存在，并具有一定适用范围，尽管其在生活化选择中可以不做理会。但是 1985 年以后出生的移动青年受众，更早发现到这种理想与现实的悖论，互联网上真实社会生活信息的生动表现，使得传统大众媒体信息平台与"90 后"生活环境格格不入，从整体上对于传统大众媒体含政治符号传播的内容及方式的反应是漠不关心的、消极的，甚至不再接受舆论导向的政治功能。

青年网民倾向于相信其所信任的新媒体，是基于在社交媒介圈上所见到的真实。我们是否应该承认网络媒体的社会化，移动社交媒体已经为青年网民建立起一个自组织的公民社会模式。传统权力结构倾向于否认这一点，始终把线下社会和大众媒体视作主流社会。1974－1985 年出生人群已经接受线上社会和线下社会的双重存在及其判断事物的双重标准，他们本身就是过渡一代，在社会权力结构中逐渐上升，也希望承接传统权力的衣钵，但是在媒介化社会转型中，也是新媒体浪潮的拥趸，并且拥有更多的社会资源并将其搬到线上，他们利用自己的经验和资本，在社交媒体线上社会结构中有尝试掌握新权力话语的雄心。"85 后"的新青年直接是数字化一代，不再是过渡一代，他们尊重并实践着社交媒体的交往革命，线上社会是他们认知世界的基础，透过线上社会去观察线下社会，通过社交媒体上社交圈认知来解读大众媒体和真实社会。对于一些放下身段、成功实现社交媒体转型的媒体和社会组织，他们两得其利；而对于未能线上转型或者转型过慢的媒体和组织，他们缺乏关注，实际上将其割离在社交媒体关系圈之外。

"90 后"口中的"自理"，已经跳过了"油盐酱"的物质生活，直奔"诗酒花"的精神生活而去了。在"90 后"眼中，洗衣做饭已是无足挂齿的小事，独立自主地经营酷派生活才是正解。

同样，"90 后"心中"人际交往能力"的内涵也已经发生转变。事实上，当我们开始拥有线上线下两个世界的时候，就应该预见到今天社交模式的变化。从电子邮件到即时通讯，从 BBS 到社交网络，从博客到微博，虚拟世界的社交模式快速裂变。2010 年 7 月，Facebook 创始人马克·扎克伯格宣布"电邮已死"，而如今甚至有专家预测，短信即将在这一代人手中消失。网络社交的泡沫迅速膨胀，新新人类又怎能不紧追潮流。

"90 后"一代生在电脑前，长在网络中。他们是技术时代的宠儿，靠一根光纤电缆就能轻而易举地跟世界各个角落、各种肤色的陌生人结识，人与人之间的距离在突破间隔的"六度空间"原则，他们为地球村做出了最真实的解读。"没人上街，不等于没人逛街"，淘宝的广告语恰到好处地提示了"90 后"作为"网生代"已经坐拥丰富的社交资源，完全转入了"宅生活"。网络购物、网络会友、网络相亲、网络提问，甚至利用社交网络找工作，凡是需要与人打交道的活动，现在几乎都能通过网络完成。

"90 后"作为含着网线出生的一代，或许已经习惯并将继续保持这种社交方式。皮尤研究中心 2010 年的调查结果显示，67%的受访者预测，出生于 20 世纪 80 年代和 90 年代的人到 2020 年仍将积极使用社交网络。为了保持联系，并充分利用社交、经济和政治机会，他们将继续"披露大量个人信息"。

12.2.2　学生群体的移动社交媒介化生活形态

我国"90 后"的青少年普遍处于互联网成长环境中，更强烈地体现出同属于一个群体的数字生存状态和媒体使用习惯。"80 后"是电视一代，"90 后"是移动互联网一代。网络好不好，不好说；信息爆炸了，无所谓；"90 后"的诉求很简单：好玩！一切都在快速变化，甚至面目全非，不要紧，他们感受不到传统的压力，他们已经习惯于新鲜、好玩和刺激，而不在意深入持久的保留。

零点集团的袁岳在《我们 90 后》书中发布，在"90 后"大学生的业余生活中，包含网络视频在内的影像娱乐的提及率达到 91.9%，网络在线聊天的提及率达到了 75.3%；而网络游戏在 90 后大学生整体中的提及率虽然只有 49.1%，但在男生中的提及率达到了 64%，手机在"90 后"中的普及率已高达 98.9%。多屏移动是"90 后"的一种线上能力和生活方式。本书研究发现"90 后"大学生网民的主要生存状态有如下特征。

12.2.2.1 社交化（Social）的生活

"90后"学生伴随着新媒体迅猛发展而成长。从初次上网开始，就建立起网络身份（QQ号、人人网、微博号，及其昵称），并将线下的社会关系在线上进行复制、加强和拓展。以个人网络空间中更新近况、旅行、美食、交友等图文资料，时刻保持与社交圈关系的紧密联系。这种线上社交圈关系包含了全部学生生活，把朋友和同学联系作为主动介入的强关系进行维护，将老师和父母作为社交环境的社会对象进行评点。大学、教师和课程只是他们生活关系的一种场景、内容和情境，而其在线社交关系更具时代性和主体性，能够自主表达全部的独立意见空间，得到同龄亲友的传播。单纯由教育者主持的课堂环境已退居社交关系之后，被纳入到了"90后"学生在线生活的社交环境之中。

"90后"将手持的移动互联网终端（智能手机、平板电脑、笔记本电脑）带入课堂，并且自如地使用这些设备。当评价课堂内容有价值，就通过数码照相或者音频记录，存储或上传到网络社交生活，而不在听课状态时，他可以随时回归到网络社交生活中。这种生活场景空间是实时数字化的，也是"社交加强"的，学生没有刻意为了去传播和评价"课程内容"，而是"主动传播"对所认知到"内容"的评价，传播范围是建立在本人社交关系之上的。这种实时社交在线状态，不仅仅对于学习"主业"，而是对"90后"所有生活事务的社会化虚拟存在。早上起床心情不错，发布虚拟存在；梳妆打扮换衣服，发布虚拟存在；校园里看见别样的风景，发布虚拟存在；午饭吃什么，社交发布一下；看见朋友的社交发布，评论一番；晚上睡觉前，对今天的生活和心情吐槽一番。一个典型"90后"的一天就是社交存在的一天。

12.2.2.2 现场化（Local）的传播

在线社交关系成为"90后"大学生"数字人"和"社会人"的双重属性，线下环境更需要通过线上评述来呈现意义和价值。"本地化"特征，以一种广义签到的形式，成为一种新的传播生活特征。基于地址的生活场景和意见偏好结合在一起，不断形成现实生活环境的在线呈现（经常实时复现）。个人属地的外景、表情、场景话语和学习体会被即时地、在线地传播。全部的高校特点、学院特点、课程特点都在此平台上展现无疑。各院校对于专业教学的特色和计划安排往往编码成学生碎片化的理解来发布。教学特色和效果得到了实时传播系统的挑战，这不是"90后"学生个人针对教师个人，而是"90后"社交传播习惯对其所处现实学习秩序的评判。以往在大学生实习及毕业后，由雇主企业评价反馈高校的周期化评价模式，被毕业前后的学生评价高校和雇主企业所替代。请注意这里主动权易手，不是企业主和高校评价"90后"学生，而是"90后"学生更为积极活跃地评价高校和企业主。必须重视起来，学生本地化传播正在急剧地生成网络口碑和品牌影响，包括课程品牌、教师品牌、专业品牌、学院品牌、学校品牌，新闻传播类课程教学对此的重视和开发程度亟待加强。其实所有课程都受此影响和冲击，而亟待顺应这种本地化新关系模式的建立。

12.2.2.3 移动多屏（Mobile）的能力

"90后"学生早已拥有移动互联网终端，在大学集体生活中，他们进一步强化了移动多屏化生活关系。还是在职场较早认识到了"90后"毕业生这种移动多屏的行为习惯，并尝试适当调整工作环境以适应其生产效率。[1] 从高校教学上，课堂上一对多的权威式教学被学生多屏化管理整合了，是与学生随身移动多屏进行抗衡竞争，还是与多屏合作来谋求更大的教学效果？单纯理论说教的单向传播亟待改变为学生喜闻乐见的、移动多屏共生的传播系统。

一种最糟糕的状况有可能已经发生，"90后"学生在课堂上充耳不闻单向式教学，使用移动多屏来进行娱乐和社交沟通；回到宿舍打开电脑操纵更复杂的网络游戏，直至通宵达旦。要彻底改变这种状况，不仅要将课堂上的多屏传播有效组织起来，还要对课后的多屏使用提出内容指导和任务要求。换句话说，教学课程的线上线下O2O整合也需要纳入教案。"90后"进入大学阶段后对课堂学习的弱化，一方面反映了传统教学填鸭模式对"90后"失效，另一方面也突显了"90后"获得移动多屏能力后对全球教育资讯前沿的掌握，这些挑战都是高校、媒体和企业所必须解决的。

12.2.2.4 消费与交易观念（Commercial）的导向

随着移动互联网商业环境对社交生活形态的覆盖，"90后"学生已能熟练地运用商业社会价值模式思考问题。在大学阶段，更加勇敢地提出自己的主张，呈现出求学者向社会人进化的努力。营销观念已经渗透到大学生受众中，对品牌的评价集中体现了交易型思维和关系型思维。这种观念变化的导向就是"90后"更加积极地追求效果，主动以消费者行为方法来分析学习过程，"90后"认为自己付出时间、精力、体力和成本，期望获得增值回报，这种实时反应的行为模式，不断体现在课

---

[1] CMI：《90后的数字化生活》，中国传媒大学广告学院校园营销研究所2011.9。

程的效果和个人收益的价值评判上，也体现在"90后"日常生活和消费的方方面面。

交易型思维注重短线利益，倾向于获得一门课程甚至一次课时的满足；关系型评估注重长线收益，独立提出对课程结构、理论课程、实践课程转化成技能的明确主张。"90后"学生希望获得更易感知的技能养成计划，具有专业一致性的知识框架结构，以及分阶段增长的素养型课程，最终能够顺利通向学有所成的职业类别。"90后"学生不能接受所学知识技能与行业水准的落差太大，并会大声说出自己的主张。因此，当"90后"学生私下更多地评论有用课程和没用课程时，他们已经自主选择和自主学习，不再将外界的专业教学计划奉为圭臬。

12.2.2.5 内容营销 Content 的乐识主义

"90后"奉行娱乐至上的极简主义。零点集团（2012）发现娱乐第一和"少就是多"成为他们的生活准则。摘两句"90后"的自白："其实不怎么看书，以看杂志为主，因为不喜欢看字"。"上网一般查查资料，看娱乐新闻，拓展视野，增长见识"。"大段的文字不看，懒得看"。"搞笑的，现在学生都喜欢看"。

并不奇怪，他们会对你费尽心机奉上的长篇大论不屑一顾，却爱那些新鲜而快速的、直接却意外的信息。"90后"的娱乐化世界呈现浅层刺激、深度沉迷的特征。"90后"看待纷繁复杂的信息爆炸时代，认为一切都在快速变动，他们习惯接触更广泛、更新鲜、更有趣的信息，而不是死读更深入、更持久的理论。书籍、杂志和报纸等阅读活动在他们的业余生活中的重要程度还不及网络聊天。他们要做资讯八爪鱼，通过互联网多媒体，同时看视频、论坛灌水、社交互动，提升信息的吸收和传播速度，对创意内容的娱乐性提出更高的要求。

12.2.3 "90后"大学生群体的教育传播需求与变革

面对"90后"大学生社交生活习惯和受众的广告跨界融合，本节以新闻传播学科中最具应用技能性质的广告学专业为例，研究专业教学的跨"界"顺应"90后"大学生教育传播需求。

（1）"界"，在学校与社会、学校与企业的边界；

（2）"界"，在课程与实践、课程与课程的边界；

（3）"界"，还在课堂与公司、课堂与媒体的边界；

（4）"界"，还在书本与技能、背诵记忆与表现运用的边界。

有些与实践结合紧密的广告专业课程率先进行跨界探索，目标迈向互动教学与综合型广告技能的培养。新媒体时代的广告教育已经发生了许多改变，近年突出的就是新媒体营销类课程的开设。以下诸多策略，是在整理国内各大高校新媒体广告课程探索实践的基础上提出，也可以供其他学科教学借鉴。

12.2.3.1 探索快消式的广告课程教学 FMCE

早在 2004 年，就有专家提出后 WTO 时代缩短广告学生从业适应期问题。[1] 我们发现，FMCG 快消品的营销模式正在成为社交媒体时代较为突出、具有快速传播导向的社交营销模式。快消型广告在社交媒体时代应运而生，从而也要求快消型的广告实践教学（Fast Moving Commercial Education）。广告策划类实践应能够满足实时快消广告的需要，走短周期、宽通路的快消式传播，SocialBeta 在 2013 年跨界进入广告生培训成为教育案例。传统大学课程设置是大一基础课、大二基础＋专业课，大三专业课，大四专业课＋实习论文。前后长达三年的专业课程衔接相较于快消型广告实践过于漫长。以理论为主的考核模式对于"90 后"大学生应试也较为轻松，需要将"90 后"学生从等待学习下一门课程，转变为自组织的课题研究和自学习的方案比稿，学习的效果也可以通过快消式课程结果进行检验。

一般的广告战役（Campaign）媒介计划仅 10 周左右，社交媒体广告策划和运营周期更短。应对社交化、本地化、移动化、消费型的受教育群体传播需求，需要广告教学跨界建立快消型广告教学。"90 后"大学生接受信息的节奏和能力与以往不同，对应 16 周章节式学习加考试的传统教学管理模式，尝试加入课堂简报、小提案、大提案等，加快课程互动节奏，放出部分内容给"90 后"学生自行学习和自行呈现，以小组对抗模拟实时案例进行比稿。周期内不断找出差距并弥补，再找差距再弥补，推动"90 后"自主式学习，在竞争对抗中实现能力提升。

12.2.3.2 以开放式教学和互动竞争创造社交营销价值和创意

如果充分意识到"90 后"所在移动社交营销的实时性，那么就能理解为何新媒体广告课程难以选用教材。教授新媒体广告类课程的老师大多表示，每个学期课件内容和教学大纲都会发生大改（例如：博客平台正在消亡，RSS 简易信息聚合几乎被完全代替，TAG 标签被广泛应用而削弱标签网站），教师每周甚至每天都要跟

---

[1]　李杰、陈刚、乔均、张惠辛、陈正辉：《后 WTO 时代对中国广告教育的影响》，载《广告大观》2004.12。

踪数字营销和电子商务的前沿。而"90后"大学生在熟练使用微信、陌陌，生活流（Lifestream）、瀑布流阅读和 App 应用之后，他们已经和教师一样站在移动社交网络的前沿。

开放式教学提出的问题才能动摇受众的自信和所有使他们感到舒服的生活常规（这里受众包括 90 后学生，也包括教师）。用这种方式使他们困惑，强迫他们去思考问题，引导他们去探寻真理，从而使人回归自我。教师任务不在注入，而在导引学子，使其自求知识，这也是启发式教育和互动教学的建议，即苏格拉底所说的"助产士"。因此，教师由主演向引导者转变，课程价值将由参与者努力和贡献来完成。教学内容需要开放，放弃独霸话筒，教师改为剧幕主持，与受众一起当演员，并鼓励演员去探索、发现和表演。选用具有现实意义的社交营销命题，将"90后"学生分组建立团队，按照调查、创意、策划和实施的流程，和竞争团队在干中学，创造比书本模式更具创意和价值的内容。将考核激励与竞争结合起来，将课堂模拟与实际传播结合起来。目标是课程价值和效果走出课堂，进入社会企业评价和消费者评价。亦师亦友，不但是与网络文化成长的青年们套近乎的有效手段，而且可以成为共同创造兴奋和活泼课堂内容的传播关系。

12.2.3.3 以有现实意义的社交营销课题推动结构性知识系统化学习

为了避免广告实践项目由教师凭空编造，有必要引入业界广告人的真实社交营销命题。如前所述，现实广告策划应该纳入实践课程进度，也有必要引导"90后"学生常规社交生活形态融入广告技能。丰富的广告结构性知识和理论模型如果不能由学生主动在命题策略中得以运用，那就不足以体现其在媒介化学习中的价值。广告业界对于学界的觊觎和批判主要来自于实践操作能力和全案策划能力不足，我们认为至少在社交媒体广告教学中可以进行广告战役模拟。社交营销战役化同时还要求"90后"学生整合移动多屏习惯，把多屏课堂干扰转变为案例实践的在线传播效果。既然"90后"大学生已经把移动多屏生活带入课上，那要促使它成为课程工具来实现社交营销任务，并将社交营销战役化的实战策划模拟渗透到学生课下的移动多屏场景。社交营销目标是线上线下 O2O 传播实效，广告专业"90后"学生的移动社交生活能够从传播上整合在线学习和工作的技能，也是本专业特色之一。

12.2.3.4 以专业特色和师资特长培养本地化学生的广告传播技能

在课程中建立的社交传播品牌可以作为"工作坊"等形式保留下来，组织"90后"

学生持续对项目进行运营。学生常使用移动社交评价专业口碑，最终会沉淀为本专业品牌评价。在"90 后"学生的移动社交传播环境中，本专业特色和师资特长需要具备一致性、集聚性、表现性和节庆事件特征，教学解决方案以技能习得和活动实践的信息最容易留存到学生的广告技能，形成"专业品牌——学生 lifestream"的集散式网络社交关系。其他的传播技能可以包括新媒体广告制作和策划、数据挖掘分析、视觉沟通设计、微视频创意、跨文化广告设计等等，我们相信学生的习得技能及绩效的碎片化信息，会成为其个人网络印记，也是构成专业品牌价值的社交关联。

由皮尤研究中心（Pew Research Center）所做的调查发现，96% 的老师认为，社交媒体"让学生和更多不同的人群分享他们的学习成果"。网络社交媒体有助于"90 后"学生的学习和表现，老师对社交媒体态度发生转变，能鼓励他们更加认真地写和发挥更多个人创意。

12.2.3.5 以社交传播为导向的开放式点评和主动提案

在"90 后"学生模拟广告传播和移动多屏生活形态整合基础上，进一步可以推动"90 后"学生的广告作品和提案实现线上社交传播。移动社交传播环境下的数字营销原本是将线上传播效应作为主要媒介手段来实现的。创意互动内容有无社交传播性（参与以及二次传播和参与）成为衡量一个社交营销策略是否成功的重要标志。既然要求"90 后"学生将模拟策略上网运营，那么教师就需要和"90 后"学生一起关注开放式点评。与"90 后"学生一同经历方案上线和运营进度，辅导"90 后"学生持续控制和修订创造。大幅度延伸课堂教学时空，争取社会化教学资源和关注，力争反哺企业，把优选作品和策划案，对企业现实案例形成主动提案，将开放式成果和点评提案推交给品牌经理和广告企业评估。

这些社交媒体传播时代的商业实现使得对学生教学效果评估充满实时竞争和品牌延续，创新移动社交化的广告教学打破边界，把课堂融入社会，把学习融入生活，以实践创新来创造内容价值传播和社交营销新思维。

12.3 青年网民的"网络流行语"报告

传统教育中成人口语表述，正在受到"90 后"网络流行语萌化的冲击。"90 后"的网络发声趋势就是：就不好好说话！"肿么了"、"孩纸"、"有木有"等，当我们为这种独特的发音感到困惑的时候，"90后"却认为这样说话很可爱，很"萌"，仿佛一个刚学会说话的孩子正在朝你可爱地撒娇。这种娱乐性和自主性结合的表述过程也是"90后"生活状态和心理愿望的一部分。

本节重点探索网络流行语，将"90后"大学生作为主要研究对象，通过他们对网络流行语的使用行为，解析其背后的社会心态和背景，深入了解与之伴随相生的网络文化。大学生是青年网民群体中的活跃集群，是网络流行语的主要使用者，有着充分的发言权。本报告基于课题组指导的2012年国家大学生创新计划项目，我们专程启动了对上海地区13所高校1 300名大学生的问卷调查，以调查结果反映青年网民社交媒体语言环境和内容的变化。

12.3.1 网络流行语的背景与现状

当代网络媒体的快速发展，催生了一个庞大的"网民阶层"。网络作为一个独立的媒体平台生成了具有鲜明特色的传播语境。网络流行语就是其中最具代表性的语言方式，并且产生了深刻的社会影响。2011新年伊始，"给力"一词在中央电视台闪亮登场，从春晚舞台到央视新闻，成为全国人民耳熟能详的新词汇。网络流行语不仅从属于网络，而且以"风潮"的态势辐射到传统媒体。网络流行语的使用人群从"90后"延伸至所有人，它的意义已经不是最初的自娱自乐，而是产生了丰富的社会价值。

对于网络流行语的研究是现象驱动的，网络流行语已经成为当代新闻传播学、语言学、社会学的研究热点之一。《牛津英语大词典》对流行语的解释是"时兴流行，反复使用，特别和政治或其他组织有关的词语"。英国流行语研究专家、英国词典学家E·帕特利奇也认为："流行语是一种时兴流行，公众喜闻乐见的俗语。"

网络流行语，是由网民创造并传播，首先在网络交流中使用的一种媒体语言。它广泛地出现在聊天IM、网络社交SNS等各种互联网应用场合，代表了一定的互联网文化，并渗透到现实生活中，对人们的生活产生了一定影响。网络语言来源广泛，多取材于方言俗语、各门外语、缩略语、谐音、误植，甚至以符号合并以达至象形效果等等，属于混合语言，通常使用注音文、拼音首字母及其他符号（如火星文）。一部分流行语是由网民自创的。另一些流行语并非网民原创，而是分为两种情形：①由于其所指称的事件在真实世界中的时效性、影响力而流行起来；②线下生活中的普通用语经网民刻意地加工渲染及传播而形成的。这种加工过程也体现了网民的

"创新心理"。网络流行语的分类包括象形、象声、借用、社会事件或现象衍生词等。

12.3.1.1 象　　形

网络流行语中最方便使用的是由字母、符号和数字组成的图画、图符。

其中模仿人的形体、表情构造的符号尤为常见。在网上交流中，使用特定的图符能够将自己想表达的意思或者心情和语气更直观地传达。网民常常抱怨"文字没有表情"，而这类图符的产生使得语言语气更易被了解，也在一定程度上减少歧义。举例如下：

表 12-5　网络流行语象形表情类

表情	^__^	╯╰	-_-!	╰╯	╮(╯_╰)╭
释义	微笑	无奈	汗	生气	无聊
表情	(>_<)	^_^	O_O	O(∩ _ ∩)O	orz
释义	不要	微笑	囧	哈哈	拜倒，郁闷

表 12-6　网络流行语象形字符画类

字符画	--<-<-<@	<。)#)))≦	--------- __@ ----- _`\<,_ ---- (*)/ (*)	／＼／＼ ＼　／ ＼／
释义	玫瑰花	鱼	自行车	爱心
字符画	⌒⌒打雷啦━━～ ¤　　⌒⌒　　　⌒⌒ ,⌒⌒⌒,""~~ ,""~⌒~ ,""			
释义	打雷			

除了字母、符号和数字以外，还有一类是以文字表情达意的。一部分是使用了原有的而不常用的生僻字，有些文字甚至一般的字典没有编录，只能在较为冷门的《康熙字典》或《辞海》中才能查到，而这些字因为形象贴切而被广大网友挖掘，发扬光大。举例如下：

表 12-7　网络流行语冷僻字达意

字	读音	释义
囧	jiǒng	①震惊、受挫 ②无可奈何、尴尬、苦恼 ③形容某个人的表情如字形一样眉眼下垂张口结舌
煋	xīng	①火光四射（原意） ②替代"火星"一词，意指与时代脱节
炎	yín	斗志昂扬，热血沸腾，剽悍而不服输的个性
槑	méi	①形容人呆傻的样子
		②字形如同两个小人手牵着手，可用来形容情侣
靐	bìng	"雷"的升级版

随着互联网的普及，年轻一代的网民为求彰显个性，开始大量使用同音字、音近字、特殊符号来表音的文字。由于这种文字与日常生活中使用的文字相比有明显的不同并且文法也相当奇异，故称为"火星文"。由于目前对于"火星文"的定义与范围未有确切说法，各方看法不一，因此我们着重探讨最早的"火星文"，即"异体字"，或称为"异体火星文"。举例如下：

表 12-8　网络流行语火星文艺术字体

异体火星文	释义
烸天爱你哆•••点	每天爱你多一点
看罘↑ 董伙☆夂	看不懂火星文
这煋什厶东覀	这是什么东西
恏恏学騽，天天向仩	好好学习，天天向上
床俏明月銑，疑4呲↑霜	床前明月光，疑是地上霜

这是通过专业的火星文软件或工具将简体字转换成不常用的异体字，但大致上通过上下文可以猜出原意。

解析："火星文"起源于中国台湾地区。一些上网族最初为了打字方便，用注音文替代一些常用文字在网上交流，达到了快速打字兼可理解内容的效果。很快，一些台湾网友觉得这种文字另类醒目，便把这种输入方式发扬光大。由此可知，异体字得到网友的喜爱，是适应了网络上快速交流的需要，但另一方面也反映了使用者的懒惰。除此之外，"异体字"也折射出未成年人的叛逆心理，他们企图用怪异的新奇的文字吸引目光，得到关注，彰显自己独特的个性。这种标新立异，漠视常规，是典型的叛逆心理。

12.3.1.2　象　　声

网络流行语中还常常出现根据词语发音、转音、谐音而产生的词。谐音流行语被"90 后"赋予了小秘密和小情调，从而显得更"有爱"。而且许多谐音与我国港台地区、日韩流行剧和卡通剧配音颇为相像，给人一种嗲嗲的优越环境下的生活气息，恰恰体现了"90 后"拒绝长大、拒绝乏味，特别拒绝官腔的语言特征。

根据词语发音产生的词语使得表达更加含蓄，一部分是声母缩写，从而简化了输入，提高效率。举例如下：

表 12-9　网络流行语声母拼音缩写

缩略词	MM	ZT	TMD	BC	BS
释义	妹妹或者美眉	转帖	他妈的	白痴	鄙视

根据英文读音进行缩写，通常采用数字与字母结合的方式。由于当前使用英语交流日益频繁，于是这种方式从外国传入，网民亦学习使用。举例如下：

表 12-10　网络流行语谐音缩写

缩略词	88	CU	4U	UR	luv
来源	Bye bye	See you	For you	your	love
释义	再见	再见	为了你	你的	爱

根据谐音造词，这类词的构成基本与原意关系不大。一部分是简单的音译，另一部分则是以中文、数字、字母多种方式结合。举例如下：

表 12-11　英文谐中文的萌化字符缩写

中文词语	伊妹儿	败	十扑	卖飞佛	黑客
音译来源	E-mail	buy	support	my favorite	hacker
释义	电子邮件	购买	支持	我喜欢的	从网络中擅自存取的人

表 12-12　中文音译的萌化字符缩写

谐音词	鸭梨	杯具	河蟹	酱紫	9494	乱 78 糟
来源	压力	悲剧	和谐	这样子	就是就是	乱七八糟

解析：谐音造词是网络时代应运而生的产物，这些词语的含义已经发生了变化。词语只有变动不定的暂时含义，它随着时代和民族的不同而不同。[1]因此，这一现象也折射出一定的社会现状。我国新闻传播领域立法滞后，网络新媒体的立法管理规范也在建设中。在互联网舆情事务管理提上议事日程后，主流互联网媒体平台对于一些敏感词汇进行屏蔽，而网民表达相关语义的需求仍然存在。因此，对于某些敏感词汇，网民们只能通过另一条途径行使言论自由的权利，即对敏感词使用谐音，这一方法可以满足人们表达心声，争取发言权的需求。同时缩略方式在一定程度上也提高了打字速率，符合快节奏的网络交流需求。

12.3.1.3　借　用

借义，即网民通过从传统词库中找到一些词，借用它的部分词义，并赋予新的含义，借此表达特定的思想或情绪。这一方法产生的词语多数很具有画面感，十分贴切，得到网民的广泛支持，很快被网民投入日常使用。

表 12-13　中文借义缩写

词语	原意	释义
潜水	潜入水中作业或者休闲运动	①在 QQ、MSN 等网络通讯工具使用隐身状态 ②为了逃避责任而躲藏或潜逃
沙发	家具，特指较为高档的一类	在论坛某篇文章中的第一个回复或评论
被	介词，表被动	总是弱势的一方，无法发出自己的声音，甚至连定义权也掌握在权利一方手里
闪	突然间的转体躲避	悄悄地快速离开
雷	自然现象	被某些文字或行为惊吓或者震慑
顶	用力支撑	①相当于网民们的投票权 ②支持，力撑
劈腿	两腿叉开的动作	①脚踏两条船，不专一 ②职业多栖发展或跳槽

方言及外来词，中国幅员辽阔，更是有着数不清的方言。随着网络的普及，各

---

[1]　古斯塔夫·勒庞：《乌合之众——大众心理研究》，中央编译出版社 2004 年 1 月版。

地区的交流越来越频繁。因此，方言也由此流行开来。得到流传的方言词语多数是十分形象、贴切的。另外，国外的俚语在各国交流中也随之传入。

表 12-14 亚文化方言俚语

词语	来源	释义
扑街	粤语	摔倒，丢脸
打边炉	粤语	吃火锅
龟毛	闽南语	吹毛求疵的行为或性格
机车	闽南语	形容某个人不上道或讨人厌
给力	淮北方言	加油，带劲
超	日语	表示程度出乎意料的高
in 和 out	英语	表示时髦与否

12.3.1.4 社会事件或现象衍生词

网民对于社会重大事件和现象给予极大的热情和关注，他们通过自己的方式在网络上抒发情感，发表见解。他们从事件中提炼具有代表性的关键词，赋予新的含义，得到广泛认可之后沿用至今。部分词语甚至被《现代汉语词典》收录。

举例如下：

表 12-15 源于重大、典型的事件

衍生词	释义	事件
打酱油	形容事不关己，自己不想知道也不想评论。	电视台采访路人，问其对某事件的看法，路人表示他是打酱油的，没有看法。
欺实马	形容事情处理不靠谱，荒唐了事	2009 年 5 月 7 日晚杭州富家子弟胡斌驾驶三菱跑车撞死浙大学生谭卓，但相关部门表示车速只有 70 码，引起网友不满。
断背	形容同性恋情	李安的同性爱题材电影《断背山》。
正龙拍虎	形容欺世盗名的手段获取个人利益，而相关监管部门指鹿为马	周正龙为谋求个人利益拍摄假虎照并声称其为华南虎，后被揭穿抵死不认。
海啸音	形容突发的惊人之语	中央电视台体育部电视节目主持人黄健翔在 2006 年世界杯比赛讲解中喊出"意大利万岁"等惊人之语，殷琦热烈讨论。

续表 12-15

衍生词	释义	事件
犀利哥	形容放荡不羁，不修边幅的人	2010 年 2 月 24 日一个很火的乞丐突然在网络上走红，因为他放荡不羁、不伦不类的感觉以及那原始版的"混搭"潮流，给人们潮流视觉眼前一亮，被网友开始追捧。
你妈妈喊你回家吃饭	无意义的狂欢效应	2009 年 7 月 16 日，百度魔兽世界吧发表的一个名为"贾君鹏你妈妈喊你回家吃饭"的帖子短短时间被 40 万网友浏览，被网友称为"网络奇迹"。
恨爹不成刚	对于自身背景不够坚实的自嘲	网友根据 2010 年热门事件"李刚门"而创造的，语句模仿自成语"恨铁不成钢"。

表 12-16　源于标签化社会现象

衍生词	现象来源
裸考	指什么加分都没有的，仅凭考试成绩报考高一级的学校，或指没经过任何准备就去进行考试。
慢活族	倡导放慢生活节奏的人，从慢吃到慢疗，从慢慢购物到慢慢休闲应有尽有。
啃椅族	是指在快餐店内买杯饮料一坐大半天的学生或情侣，也就是指快餐店里的长座客
权二代	常指因为血缘关系，从而优先获得父辈权势资源（或者是其他的便利）的一代。
丁克家庭	是单指那些拒绝生育子女的特殊家庭。
学术超男	央视《百家讲坛》栏目自 2004 年邀请学者讲课以来，吸引了无数网友的支持，俨然成为学术版"超级女声"，他们被称为"学术超男"。其中以易中天为主要代表。
宅男	指每天憋在屋子里不出去，每天玩游戏、泡论坛的这群人。其特点是不出门，线下交往不多。
被	文法中意为被动。源自社会上有些行为不是出自自愿，而是被动的，无奈的。
秒杀	在极短时间（比如一秒钟）内解决对手，最早出现在网络游戏中，后发展为网上竞拍、股票、NBA 等新方式领域。
谣盐	2011 年日本大地震后，民众受可能海盐会被核辐射和能预防放射性碘的谣言的影响，大势抢购食盐，造成全国各地盐荒。

对于网络流行语的研究主要现象分析归纳及经典理论诠释为主，对于网络流行语的规范问题成为对策类研究的甄别标志。由于网络是一个公共信息传播媒介，因而网络流行语是全民词语在网络虚拟世界中的延伸，一般认为全民语言在网络传播中的发展创新催生了网络流行语。

复旦大学广告学程士安教授（2002）在京、穗、沪等地针对大学生的文化价值观和消费观进行了系列调查，从中明显地感受到网络媒体不仅对传统媒体、传统的传播方式形成了强烈的冲击，构成了自己特有的文化传播类型，而且深深影响着社会文化价值观的变化。他认为这样一个特殊的体验群体，为分析和理解新媒体对文化的影响力提供了极好的佐证，因为他们象征着中国文化的前进方向。程士安从"信息的共同性与文化的共同体经验"、"一对一的互动交流方式和文化价值的多远选择"、"虚拟失控与现实社会的共存及社会文化地位"这三个方面对网络媒体出现之后的价值观变化进行阐述。他认为从文化价值观的变化可以看到网络媒体的无限影响力。这篇文献不再停留于表面的网络现象，而是提升到文化价值观的高度，为我们提供了一个更为有深度的视角。

从汉语造词法的相关理论入手，苏珊娜（2007）提供了对网络词语早期造词的初因分析的分类方法。将网络词语分类为形码、音码、义码、变码、新码、义变码。并将造词材料分类，分为汉字符造词和非汉字符造词。此外，文章中还提出了一种"修辞码"，即修辞造词，并将它分类为仿词、拟声、比喻。汉语造词法具有相当的参考价值，为我们的研究提供了一个切入点。造词法是对我们长期的传统造词习惯、规律的总结，符合中国人的习惯，具有中国特色。作为较早期的网络词语研究，此文具有开拓性，但也存在一些不足之处。此文发表之际，网络舆情的发展还处于初期，故在造词材料分类中，没有提及从重大社会现象或事件脱胎出来的关键词。例如"70码"，它来源于2009年5月7日在杭州发生的一起交通事故。若依照此文的分类方法，"70码"无法得到合适的归类。

12.3.2 上海高校大学生网络流行语使用行为调查

丰富多彩的网络新词语无疑给人们在不同情况下选择不同的语言风格提供了方便。语言是社会的镜像，它与当时的政治变革、经济发展、社会变化、文化动态有着密切的联系。语言以其特有的方式来反映社会，同时，社会经济文化的变动也制约着语言的发展，因此我们说语言是一种文化现象，又不仅仅是一种文化现象。

为了更有效地探索网络流行语的传播使用状况，通过与多位教授学者讨论和行业专家交流，详细分析了调研的资源及约束条件，得出了本调研问题的限定框架。

12.3.2.1 研究假设

H1：资深网络使用者对于熟悉网络流行语表现出明显正相关性；

H1a：接触上网越早的高校大学生对于网络流行语越熟悉；

H1b：接触点越多的高校大学生对于网络流行语越熟悉；

H1c：上网时间越长的高校大学生对于网络流行语越熟悉；

H2：熟悉网络流行语的高校大学生与生活中使用网络流行语呈现正相关；

H3：生活中使用网络流行语的高校大学生对于网络流行语认可态度较高；

H3a：生活中使用网络流行语的高校大学生对于网络流行语创新评价较高；

H3a：生活中使用网络流行语的高校大学生对于网络流行语意义评价较高；

H4：高校大学生基本情况差别对于网络流行语态度无显著差异；

H4a：不同性别高校大学生对于网络流行语态度无显著差异；

H4b：不同年龄高校大学生对于网络流行语态度无显著差异；

H4c：不同专业高校大学生对于网络流行语态度无显著差异；

H4d：不同经济条件高校大学生对于网络流行语态度无显著差异；

H5：高校大学生基本情况差别对于网络流行语使用行为无显著差异；

H5a：不同性别高校大学生对于网络流行语使用行为无显著差异；

H5b：不同年龄高校大学生对于网络流行语使用行为无显著差异；

H5c：不同专业高校大学生对于网络流行语使用行为无显著差异；

H5d：不同经济条件高校大学生对于网络流行语使用行为无显著差异；

H6：高校大学生接触社会程度越高对于网络流行语态度及使用呈正相关；

H6a：高校大学生接触社会程度越高对于网络流行语态度呈正相关；

H6b：高校大学生接触社会程度越高对于网络流行语使用行为呈正相关。

12.3.2.2 调查方法与数据处理方法

本调研采取的调查方法是结构化的数据收集，以正式书面的调查问卷形式进行，调查对象被直接告知调查项目的目的。实际调查方法为在 5 月 25 日—6 月 15 日对上海市主要的 13 所高校（包括复旦大学、上海交通大学、同济大学、华东师范大学、华东理工大学、上海大学、东华大学、上海财经大学、上海外国语大学、上海师范大学、上海理工大学、上海对外贸易大学、上海应用技术学院）派出调查员进行街头拦截，主要拦访地点为校园食堂或教学楼。每所高校抽满固定样本 100 份问卷后结束。整个调查过程中，调研人员仅就个别受访者的疑问进行识别辅助，并检查问卷回答的完整性，现场剔除不合格问卷，从而保障问卷调查的效率和有效性。

对本调查方法特点总结如下：①样本量较大，②数据收集灵活性高，③样本控制高，④数据收集和现场控制中等，⑤数据数量中等，⑥应答率高，⑦调查对象匿名度高，⑧调查员的潜在偏差低，⑨调查速度较快。

通过问卷检查和数据编辑，发现11份缺失一两个数据的问卷，采用中位数填入的处理方法，共计形成1 300份数据完整的问卷。进而进行统计数据分析，采用SPSS15.0进行数据处理。后文分统计分析结果和假设检验两部分阐述。

12.3.2.3 统计分析结果

表 12-17　性别情况

	数量	百分比	累计百分比
男	591	45.5	45.5
女	709	54.5	100.0
总数	1 300	100.0	

统计中，受访学生中共有男生591名，女生709名，女性人数略多于男性。

表 12-18　年龄分布

	数量	百分比	累计百分比
18 以下	38	2.9	2.9
19	165	12.7	15.6
20	473	36.4	52.0
21	359	27.6	79.6
22	150	11.5	91.2
23 以上	115	8.8	100.0
总数	1300	100.0	

20—21岁的受访大学生占到64%，大多数受访者是大二大三学生；虽然没有在问卷中明确排除研究生（由于问题数限制），但是从年龄分布来看，样本总体符合高校大学生的年龄特征。

表 12-19　专业分类

	数量	百分比	累计百分比
理科	253	19.5	19.5
工科	492	37.8	57.3
商科	237	18.2	75.5
人文	318	24.5	100.0
总数	1 300	100.0	

出于统计便利，我们将回答医科、农科的学生归入工科口径，而将艺术、社科的学生归入人文口径，发现各专业大类人数相近，工科学生略多一些，总体与高校招生分类相符合。

表 12-20　打工 / 实习 / 创业经历

	数量	百分比	累计百分比
从未	280	21.5	21.5
偶尔	545	41.9	63.5
参与	316	24.3	87.8
经常	111	8.5	96.3
一直	48	3.7	100.0
总数	1 300	100.0	

调查受访者社会实践参与程度，发现仅有 21.5% 的受访者完全没有社会实践经验，而 41.9% 的受访者偶尔参与到社会实践中，认为自己一直参与社会实践或经常参与社会实践的不到 12.2%。

表 12-21　每月生活费

	数量	百分比	累计百分比
500 元以下	57	4.4	4.4
500-800 元	420	32.3	36.7
800-1 200 元	574	44.2	80.8

	数量	百分比	累计百分比
1 200-2 000 元	224	17.2	98.1
2 000 元以上	25	1.9	100.0
总数	1 300	100.0	

　　大多数受访者每月生活费在 800—1 200 元的占到 44.2%，其次是 500—800 元的群体占到 32.3%，还有 19.1% 的受访者月生活费达到 1 200 元以上。

　　以上基本信息的统计既是对上海高校大学生总体情况的掌握，也有助于对网络流行语使用情况进行外介变量的分析。

表 12-22　何时开始上网

	数量	百分比	累计百分比
小学	358	27.5	27.5
初中	586	45.1	72.6
高中	274	21.1	93.7
大学	82	6.3	100.0
总数	1 300	100.0	

　　调查显示，大多数受访者在高中以前已经开始上网，人数达到 72.6%，从大学阶段才开始上网的仅占到 6.3%。

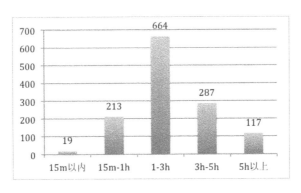

图 12-1　每天上网时长

51.1% 的高校大学生每天上网时长在 1—3 小时，上网时长高于 3 小时的大学生也占到 31.1%，而时长不足 1 小时的大学生仅占 17.9%。由此可见，多数大学生接触网络媒体时间较长，已经形成了上网的习惯，网络成为大学生最主要的媒体接触途径。

表 12-23　使用社交媒体工具的类别

	数量	百分比	累计百分比
1	425	32.7	32.7
2	475	36.5	69.2
3	260	20.0	89.2
4	117	9.0	98.2
5	23	1.8	100.0
总数	1300	100.0	

调查显示，习惯使用两种网络社交媒体的受访者占到 36.5%，而习惯使用三种及以上的受访者占到 30.8%，仅适用一种社交媒体的受访者也达到了 32.7%。鉴于 2007 年以来社交媒体在我国快速发展的趋势，可以大致将高校大学生群体在社交媒体上的使用习惯分为初级用户、中级用户和资深用户，各占约 1/3 的比例，体现了社交媒体对当代大学生的吸引力客观存在，而大学生群体也是社交媒体中的活跃用户。

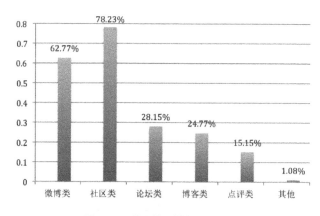

图 12-2　使用社交媒体工具的分类

关于社交媒体定义及分类，本书采用五大类分类方法，对使用社交媒体工具问题进行多选题选项统计，得出图 12-2 的结论。问卷中例示社区为（人人网、开心网等），论坛（天涯、猫扑、篱笆等），点评（口碑、豆瓣等），以辅助受访者了解题意。

统计发现，78.23%的大学生使用社区型社交媒体，62.77%的大学生使用微博，微博和社区都属于传授互动较强的社交媒体类别。

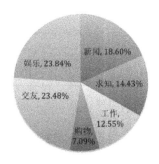

图 12-3 大学生上网的主要目的

本调查显示的大学生上网主要目的与 CNNIC 的调查结果接近，也可以发现，大学生网民上网过程中娱乐和交友两项需求，已经超出新闻和知识媒介的网络基础功能诉求。体现出大学生使用社交媒体的核心需求。购物和工作这两项目的，也指出部分大学生在网络上实践了真实社会需求。

表 12-24 对于网络流行语的态度

	数量	百分比	累计百分比
排斥	21	1.6	1.6
不反对	454	34.9	36.5
无所谓	364	28.0	64.5
愿意接受	419	32.2	96.8
喜欢	42	3.2	100.0
总数	1 300	100.0	

对于网络流行语的直观态度，有 32.2%的人表示愿意接受，多数受访者表示不反对不偏好和无所谓，占到 62.9%，极少数人持排斥态度（1.6%）和喜欢态度（3.2%）。总体而言，大学生群体基于自身的知识和见闻对于网络流行语作为一种新生事物而温和地包容。

表 12-25　是否会在日常生活中使用网络流行语

	数量	百分比	累计百分比
使用	973	74.8	74.8
不使用	327	25.2	100.0
总数	1 300	100.0	

有将近75%的受访者表示会使用网络流行语，而表示不会使用的约为25%。

表 12-26　日常生活中网络流行语的使用频率

	数量	百分比	累计百分比
从不使用	142	10.9	10.9
很少使用	410	31.5	42.5
略有使用	470	36.2	78.6
会使用	204	15.7	94.3
经常使用	74	5.7	100.0
总数	1 300	100.0	

选择略有使用和会使用网络流行语的受访者达到51.9%，而很少使用的人数为31.5%，有10.9%的受访者表示从不使用网络流行语，仅有5.7%的受访者经常使用。结合前表进行关联分析，使用网络流行语的受众多为轻度使用（也包含了一定受众选择"很少使用"），而明确表示会使用及经常使用网络流行语的受众也达到21.4%的比例，因而具备了一部分固定受众。

表 12-27　使用网络流行语交流便利

	数量	百分比	累计百分比
是	801	61.6	61.6
否	499	38.4	100.0
总数	1 300	100.0	

有61.6%的受访者认同网络流行语使交流便利。

表 12-28　网络流行语熟悉程度

	数量	百分比	累计百分比
简易	378	29.1	29.1
中级	615	47.3	76.4
高级	307	23.6	100.0
总数	1300	100.0	

　　问卷根据常见程度不同，列示了三类网络流行语，分别代表简易级流行语、中级网络流行语，高级网络游行语，按多选项就高打分原则处理数据。统计得出多数受访者表示熟悉中级网络流行语，达到 47.3%。

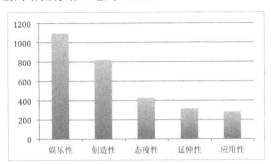

图 12-4　网络流行语相较于现实语言的差异（多选）

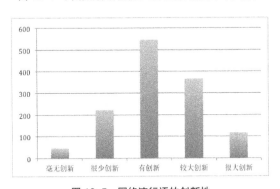

图 12-5　网络流行语的创新性

　　高达 84.3% 的受访者认为网络流行语具有娱乐性，说明多数大学生对于网络流行语的娱乐性认知程度较高，使用网络流行语本身即存在娱乐精神。认可网络流行语创造性的也达到 63%，说明大学生不仅认可网络流行语的创造性，而且在传播中并展现了这种创造性。对于娱乐性以外的网络流行语的态度性，也有 33% 的受访者对此认同。

42%的受访者认可网络流行语存在创新，认为较大创新和有很大创新的占到37.2%，也有20.8%的受访者对网络流行语的创新性持不认可的态度。

图 12-6　对于源于社会事件的网络流行语意义的看法

有47.8%的受访者认同源于社会事件的网络流行语有意义，体现了网民对于社会的关注和责任感；也有20.5%的受访者认为没有意义，是无聊、炒作和哗众取宠的行为；另有31.7的受访者认为于己无关。此题对应与网络流行语的态度性，选择无意义的受众可能受到了较高娱乐性的干扰。体现出大学生认知网络流行语的社会意义上存在分化，但整体而言，有近半数大学生认同社会事件派生网络流行语的社会责任感，这是当代青年网络围观的正面力量。

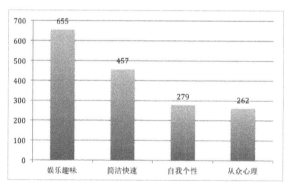

图 12-7　网络流行语快速传播的主要原因

有50.4%的受访者选择娱乐趣味作为网络流行语盛行的主要原因，简洁快速是35%受访者认同的理由，自我个性和从众心理是两个既对立又统一的网民特征，各有21%和20%的受众选择。

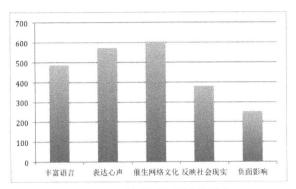

图 12-8 网络流行语对社会的影响

有 46.5% 的受访者认为网络流行语能够催生网络文化（鉴于前面的分析结果，这种文化具有相当程度的娱乐性），而 43.9% 的受访者认为表达了网民的心声，还有 37.5% 的受众认为丰富当代语言。29.3% 的人认同网络流行语反映社会现状，这种新型语言交流模式是反映社会现实的又一种手段，一定意义上提升了网民知情和表达的能力。最后，19.5% 的受访者明确认为网络流行语对社会呈现负面作用（有待未来对流行语内容类别进行深入分析），说明有部分受众对于流行语对社会的负作用呈谨慎的认识。

12.3.2.4 假设检验

以下本书按提出假设的次序，逐个检验假设是否成立。在实施过程中，涉及对于定义研究问题进一步描述为假设表达式，实现定量转化以便施行参数检验。

1. H1：资深网络使用者对于熟悉网络流行语表现出明显正相关性

该假设在本研究中细分为以下三个子假设问题进行检验。

H1a：触点越多的高校大学生对于网络流行语越熟悉；

H1b：上网时间越长的高校大学生对于网络流行语越熟悉；

H1c：接触上网越早的高校大学生对于网络流行语越熟悉。

以上假设均考察网络流行语熟悉程度因变量在社交网站触点数量、每天上网时长、最早接触上网时间三个自变量的不同状态下均值差异，因此适用于单因素方差分析，具体目的就是检验组均值相等的零假设。（Wade C. Driscoll，1996）

首先，进行总体服从方差相等的前提检验。相伴概率需大于显著性水平 0.05，表 12-29 显示，三组前提假设的检验均符合。

表 12-29 方差齐性检验（Test of Homogeneity of Variances）

	熟悉流行语			
	Levene Statistic	df1	df2	Sig.
使用社交网站数	2.542	3	1296	0.055
每天上网时长	0.715	4	1295	0.582
最早接触上网	1.177	4	1295	0.319

表 12-30 方差分析（ANOVA）

熟悉流行语					
	Sum of Squares	df	Mean Square	F	Sig.
使用社交网站数	16.017	3	5.339	10.404	0.000
每天上网时长	13.016	4	3.254	6.307	0.000
最早接触上网	12.727	4	3.182	6.165	0.000

从 F 统计表中可查，自由度为 3 和 1296 时，显著水平 0.05 的 F 临界值为 2.60，以上 F 值均大于临界值；相伴概率 0.000 明显小于 0.001。即通过了 H1a、H1b 和 H1c 的假设：

（1）触点越多的高校大学生对于网络流行语越熟悉；

（2）上网时间越长的高校大学生对于网络流行语越熟悉；

（3）接触上网越早的高校大学生对于网络流行语越熟悉。

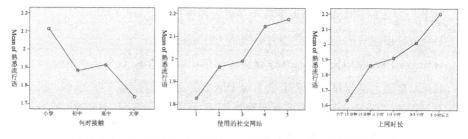

图 12-9 按不同资深程度区分的网络使用者对于熟悉网络流行语的表现

2.H2：熟悉网络流行语的高校大学生与生活中使用网络流行语呈现正相关

生活中使用网络流行语按照网络流行语使用频率的操作定义，计算如下。

表 12-31 方差齐性检验（Test of Homogeneity of Variances）

Levene Statistic	df1	df2	Sig.
0.997	2	1297	0.369

表 12-32 方差分析 ANOVA

	Sum of Squares	df	Mean Square	F	Sig.
Between Groups	77.569	2	38.784	38.386	0.000
Within Groups	1310.459	1297	1.010		
Total	1388.028	1299			

从 F 统计表中可查，自由度为 2 和 1297 时，显著水平 0.05 的 F 临界值为 3.00，F 值均大于临界值；相伴概率 0.000 明显小于 0.05。即通过了 H2 假设检验，熟悉网络流行语的高校大学生与生活中使用网络流行语呈现正相关。

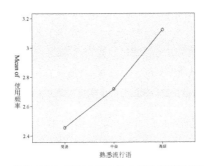

图 12-10 按熟悉流行语程度区分的大学生网络流行语使用频率

3.H3：生活中使用网络流行语的高校大学生对于网络流行语认可态度较高

H3a：生活中使用网络流行语的高校大学生对于网络流行语创新评价较高；

H3b：生活中使用网络流行语的高校大学生对于网络流行语意义评价较高。

生活中使用网络流行语按照是否使用网络流行语操作定义，计算如下：

表 12-33 方差齐性检验（Test of Homogeneity of Variances）

	Levene Statistic	df1	df2	Sig.
创新评价	5.320	1	1298	0.021
意义评价	1.478	1	1298	0.224

表 12-34　方差分析（ANOVA）

		Sum of Squares	df	Mean Square	F	Sig.
创新评价	Between Groups	38.791	1	38.791	43.968	0.000
意义评价	Between Groups	28.178	1	28.178	47.909	0.000

从 F 统计表中可查，自由度为 1 和 1298 时，显著水平 0.05 的 F 临界值为 3.84，显著水平 0.01 的 F 临界值为 6.63，F 值（创新评价）大于临界值 6.63，F 值（意义评价）大于临界值 3.82；相伴概率 0.000 小于 0.001。即通过了 H3 假设的检验：

（1）生活中使用网络流行语的高校大学生对于网络流行语创新评价较高；

（2）生活中使用网络流行语的高校大学生对于网络流行语意义评价较高。

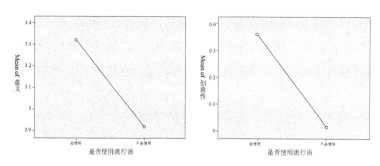

图 12-11　按是否使用流行语区分的大学生对网络流行语创新及意义的评价

4. H4：受众基本情况差别对于网络流行语使用及认可无显著差异；

H4a：受众性别情况差别对于网络流行语使用及认可无显著差异；

H4b：受众年龄情况差别对于网络流行语使用及认可无显著差异；

H4c：受众专业情况差别对于网络流行语使用及认可无显著差异；

H4d：受众经济条件差别对于网络流行语使用及认可无显著差异；

H5：受众接触社会程度越高对于网络流行语使用及认可呈正相关。

表 12-35　方差齐性检验（Test of Homogeneity of Variances）

Sig.	性别	年龄	专业	生活费	打工经验
态度	0.402	0.831	0.427	0.507	0.514
使用频率	0.175	0.961	0.360	0.300	0.001

表 12-36　方差分析（ANOVA）

	态度		使用频率	
	F	Sig.	F	Sig.
性别	3.269	0.071	0.321	0.571
年龄	1.877	0.095	3.186	0.007
专业	1.277	0.281	0.517	0.671
生活费	0.319	0.865	4.434	0.001
打工经验	4.658	0.001	-	-

由以上方差分析的显著性水平可知，年龄差异对于网络流行语使用频率存在显著差异（$P < 0.01$），因此未通过检验；生活费差异对于网络流行语使用频率也存在显著差异（$P < 0.001$），因此未通过检验。

打工经验差异对于网络流行语态度差异构成显著（$P < 0.001$），通过检验；因未通过方差分析的前提检验，无法检验打工检验对于网络流行语使用频率的假设。

经检验可知：

（1）高校大学生性别对于网络流行语使用及态度无显著差异；

（2）高校大学生年龄对于网络流行语态度无显著差异，

（3）高校大学生专业对于网络流行语使用及态度无显著差异；

（4）高校大学生经济条件对于网络流行语态度无显著差异；

（5）高校大学生接触社会程度越高对于网络流行语态度呈正相关。

网络流行语具有娱乐性和便利性，更具备社交性和反应社会现象的符号性。社会的真善美和假恶丑，如狄更斯笔下的视角，在网络上毫无保留和遮掩地呈现出来，面对深藏在社会阶层中的矛盾与挣扎、需求和渴望，网络流行语只是做出网络共识化的抽象表达。社会性早熟下的大学生网民，与其被试图保护和教育着进入社会序列，不如说是积极主动地询问和求解，以新生代的数字解构表达出创新治理的主张。

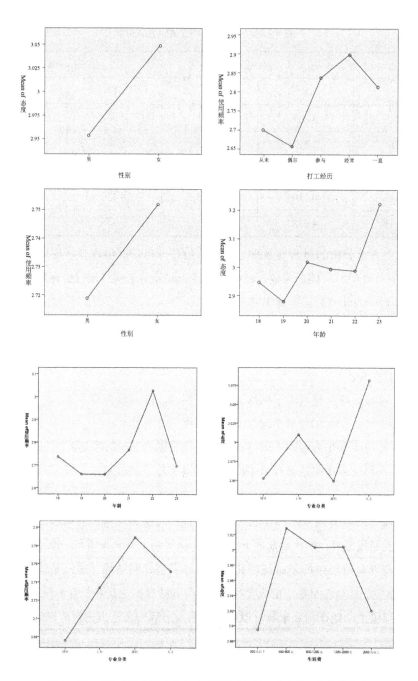

图 12-12　高校大学生基本信息对于网络流行语态度和使用频率的关联

综上所述，本书研究提出的五大假设均得到了检验。

表 12-37　假设检验结果汇总表

假设	检验结果	子假设	检验结果
H1	通过	H1a	通过
		H1b	通过
		H1c	通过
H2	通过		
H3	通过	H3a	通过
		H3b	通过
H4	部分通过	H4a	通过
		H4b	通过
		H4c	通过
		H4d	通过
H5	部分通过	H5a	通过
		H5b	未通过
		H5c	通过
		H5d	未通过
H6	部分通过	H6a	通过
		H6b	未通过

12.3.3　对网络流行语的延伸思考

网络流行语的抽象本质也是符号与象征的本质。

符号是人们共同约定用来指称一定对象的标志物，它可以包括以任何形式通过感觉来显示意义的全部现象。在这些现象中某种可以感觉的东西就是对象及其意义的体现者。语言是典型的象征符号，它与所表征的对象之间没有必然的联系，仅仅建立在一定社会团体任意约定的基础之上，这种关系是任意的、偶发的，而不是必然的。特别对于网络流行语而言，其触发是那么的偶然和突然，充满了戏剧性和故事片段，并以这种性格色彩强烈的趣意形成最快和最广泛的传播。众所周知，不同群体因其特有的生活习俗、心理定势、思维方式及社会历史文化可以有各自不同的约定，从而形成不同的语言符号系统。（吴越民，2007）符号的衍义性意指和象征意义都是由社会习惯建立起来的，因而不能直接推断出来。这种带有感情色彩的象征符号会因为编码人及其文化背景的不同造成所指的很大差异。

既然五千年文明中流传下来的传统语言仍将延续下去，而"五四"新文化运动、解放后的文化新风、改革开放后文化发展，都能酝酿出一大批当时流行语。那么，近年来网络流行语与之前所有语言符号诞生也是必然的，网络流行语的不同之处，在于其脱离了精英主导的平民化，具备自媒体流行传播趋势。这也象征着，几千年来所谓政治精英、文化精英和宗教领袖对社会流行符号的垄断在互联网时代被打破。网络中的芸芸众生在语言符号上的创造力，其本质体现的正是自有语系符号和象征诉求在一个巨大群体中的认同。

12.3.3.1 语境及拟态环境

符号是约定俗成的社会交际工具，其代表是语言。正常情况下传授双方是在约定的前提下使用某种符号，这一约定是自觉的或不自觉的。受众的选择性注意、理解和接受应该在约定的前提下使用。语言符号存在于语境中，狭义指书面语的上下文或口语的前言后语所形成的言语环境；后者是指言语表达时的具体环境（既可指具体场合、也可指社会环境）。语境既是物质的，也是精神的，既是历史的（过去发生过，已有的），也是现在的和未来的。

李普曼在《舆论学》中提出拟态环境（Pseudo-environment）。所谓拟态环境，就是由大众传播活动形成的信息环境，它并不是客观环境的镜子式再现，而是大众传播媒介通过对新闻和信息的选择、加工和报道，重新加以结构化以后向人们所提示的环境。传播媒介大多具有特定的倾向性，因而"拟态环境"并不是客观环境的再现，只是一种"象征性的环境"

对应于网络流行语的拟态环境，也是传播者和受众的所处环境及其共同解读。正是由于网民甲和受众的同质性，体现出某事某刻某地拥有同等的拟态环境，并且试图创造出符号对这种拟态环境进行归纳、演绎和表达。拟态环境也指代了群体的同等地位，所面临的同一事件，并且经流行语抽象加工后形成同一个认知提炼。这种使用网络用语对拟态环境的分析不仅体现出群体的审美趣味，而且反映出其社会心态，是积极的或消极的，是批判的或弘扬的。

12.3.3.2 社会心态和背景

在流行语符号的使用系统中，传者与受者使用共同的或相近的符号体系，才能进行方向明确、目的清楚的沟通。意味着传授双方须具备相应的符号能力，才能进行精确细腻的沟通。超乎于符号本身及片段化拟态环境的，即可上升到社会心态和背景。既然网络流行语诞生于网络，流行于网络，不断庞大的网民群体就在聚集起一种近似的社会心态。简单说就是"圈子"，它能给人以归属感。[1] 这种归属感不可小视，它会在不知不觉中产生影响。形成群体的个人会感觉到一种势不可挡的力量，这使他敢于发泄出自本能的欲望。因此，网民因共同的兴趣、需求自觉形成群体，并在群体的掩护下，大胆地表达心声，争取发言权。精英阶层对信息的垄断、控制和发布，使信息的交换变得如此神秘，但是网络技术的互动性和可选择性，使人们真正体会到与世界对话的可能性。网络草根之所以在流行语上取得和传统精英同样的权力，其核心在于群体社会心态的差异。精英表述和传统词语已经无法弥合网民社会心态中的缺失、渴望和期盼，源于网民的传播者创造并推广的网络流行语能够激发起网民最广泛的认同和使用，这种认同和使用过程在自媒体效应下不断放大，又强化了网络流行语传播的作用。不但表达了网民社会心态，而且创造或填补了一种新的网络社会心态（自有传播体系）。如果说 90 年代大学生普遍认同"走自己的路，让别人说去吧"的话语，那么当今网民已经在熟练地自由地运作自己的语言体系，而同样不需要非网民群体及非网络媒体中的认同。

当然，对于网络流行语是否能够实现网民社会心态愿景，还是值得商榷的。虽然其创造和流行过程已经实现了一种社会心态愿景，但其本质上不具备现实社会属性。这就决定了它只能间接影响到现实媒体语言环境，并通过现实媒体语言环境对社会现象和问题的意见，来实现网民社会心态愿望。抑或形成网络舆情，激起现实社会的权力组织对舆情问题高度关注，从而尝试以化解舆情矛盾的手段来实现网民社会心态愿景。

12.3.3.3 网络流行语的规律性特征

1. 延伸性而非终止性

网络流行语经网友创造、提炼后在网络平台上发表，多是匿名，无版权声明，体现其开放性。网络流行语源代码公开，任一网民都可以延伸使用，自主创造。网

---

[1]　喻国明：《传播的"语法革命"和舆论引导力》，载《电视研究》2009.10。

民对新生词语表示认同、欣赏，将其纳入日常使用中，几经转载，延伸、影响的范围甚广。与此同时，网友会将其进行改造，再创新。例如2010年7月迅速蹿红的"哥抽的不是烟，是寂寞"，一经发表，网络上不断涌现诸如"我发的不是帖子，是寂寞。""室外晒在地上的不是太阳，是寂寞。""我呼吸的不是空气，是寂寞。"的句子。这种看似无厘头的话语方式，正是目前网络的新流行——句式模仿，如"凡客体"与"咆哮体"。任何一句平淡的句式，只要被网友们进行模仿，立即显示出极大的爆发力，像病毒一样强大的传染性和传播速度为网友所青睐。

延伸性话语表达本质上是平等社会特征，也是自媒体技术加强效果。形成对于官方通稿式话语和定论式霸权的反制，这种力量一定是被多数人而非寡头所享有的。

2. 创造性而非封闭性

网络为网民提供了一个开放自由的平台，较现实生活少了诸多顾虑，因此网民大多以轻松的心态活跃于网络，潜藏的创造性被激发。网民发挥自身的创造力和想象力，将自己的愿景或批判以不同的方式表达出来，不仅具有社会性，更不乏创造性。以"绿坝"为源头的网络热潮就是一个例子。2009年6月中国政府为净化网络环境，由国家出资购买"绿坝-花季护航"软件，供社会免费下载和使用的上网管理，该软件是一款保护未成年人健康上网的计算机终端过滤软件，并规定在中国境内生产销售的计算机应预先安装该软件。该措施公布后引广大网民的热烈讨论。网友将其形象化，派生出"绿坝娘"这一虚拟形象，为其定制身份、性格、背景。随后谱曲《绿坝娘之歌》，编写《我与绿坝娘的日子》等，以各种形式进行恶搞，以一种审美批判来讽刺和批评事件源。

这种审美批判，也是数字网民的创意表达，轻松地把传统出版审查制度一跃而过，本质上超出管理者话语体系和理解能力范围。"90后"青年网民的创造能力是与当代教育体制和社会管理体制平行的。数字网络时代释放的技能空间和权利意识，本质上超出了传统社会结构化管制的约束，从而形成一种二元媒介隔河对峙的事件表达状态。

3. 态度性而非结果性

在网络文化面前，实际上已经消灭了作家与看客的区别，消灭了临于上的传者与居于下的受者的差异，消灭了神气十足的记者编辑与渴求信息的读者的界限，大家都是平等的互动的文化参与者，没有身份和地位的高低之分。正因为有这样的一个环境，每一个网民都能参与其中，表达自己鲜明的态度。网络流行语作为一种载体，包含了一种态度，不以社会主流意志为束缚的网民新态度。对于不同事件，存在独立判断和认知，当然也受到娱乐化、低俗化等倾向的影响，但是本质上还是具备基本的价值判断和好恶感受，从"欺实马"事件就可看出。"欺实马"本意是指车辆行驶速度70码。杭州2009年5月7日晚杭州富家子弟胡斌驾驶三菱跑车撞死浙大学生谭卓，稍后警方宣称出事时车速为70码，但网友依据对事情的了解纷纷提出质疑，认为不可信。随后网友根据"70码"的谐音杜撰出"欺实马"这一新物种，以此表示对于事件的不满。

社会事件引发的网络流行语，往往蕴含了网民态度和意见。一方面网络监管对敏感词汇屏蔽，一定程度上限制了网民表达；但是另一方面，网民创造性地通过汉语借义谐音等功能，就地取材，创造新词，迅速流行，覆盖了多数自媒体受众的实时舆情需求。这种态度性，即是数字公民意见的内心表达。转型期社会阶层的情绪如同水面下之冰山，在互联网上找到了出气口和减压阀。

4. 应用性而非欣赏性

网络流行语从创造、发表到广泛流传的过程中，都是以一种赋予感情的符号的形式出现，被网友运用于网络交流甚至是日常生活中。即便"异体火星文"之类的流行语创造之初是带有标新立异、吸引目光的目的，具有一定的观赏性，但最终都是因其方便交流、形象生动的特性而投入应用，2011年初"给力"一词在中央电视台闪亮登场，成为央视春晚的瞩目焦点，并频频出现与各大广告的情形就足以说明它的应用性。

源自草根的网络流行语与高雅之堂的文艺语言不同，所呈现的媒介使用者习惯（特别是社会代际和时代阶层）也不同。网络流行语的创造过程和社交传播过程具有同一性，从某种程度上说，网络流行语是一种文化现象，也是一种舆情产品，经得起媒介受众的检验而呈现出活跃的生命力。

12.3.3.4 青年网民网络流行语的评述

正如我们所见，网络流行语以迅猛发展之势进入了人们的生活，对于这一新生事物，人们各持己见，但不可否认的是，这股潮流不会消退，而是伴随着网络技术不断升级和网民阶层不断壮大而继续着它的生命。它之所以流行，是因为它的娱乐性和创新性，更在于它的简洁快速符合网民的沟通需求，还有背后隐含的网民阶层深层次需求。

为了研究社交媒体传播的流行中介符号，我们选取了千余个上海高校大学生作为样本，亲身探访，了解他们眼中的网络流行语。毋庸置疑，高校大学生是最易接受新生事物并且拥有独立见解的一群人，他们的观点可谓极具代表性。他们中的大多数乐于接受网络流行语，认为它能够催生网络文化，丰富当代语言，同时能够反映社会现状，表达网民的心声。同时，在调查我们发现，对于这一新生事物，他们并不是一味追捧，而是留心其中的负面作用，持谨慎态度。

在此之后，我们借鉴文献结合调查分析结果，探求网络流行语的相关理论，归纳总结其规律性特征，目的就在于寻找网络流行语未来前景的蛛丝马迹。我们认为，今后网络流行语将会有以下几点发展特征：①网络流行语的使用规范化。此"规范"并不是指创造时遵循一定规则，而是为了更好地为网络交流而服务，进行必要的规范。例如，网络流行语立足于网络，并不能以现实语言的角度来要求它，但应避免粗俗、暴力等不良倾向，符合社会风尚、道德。②网络流行语的表达明确性。网络流行语正是因为适合网民的交流需要，能更准确地表达心声应运而生的。英国语言学家布尔登指出："当一个词或词组对说者而听者，对写者和读者都是同样意思时，理解才是充分的。"由此可看出语义明确的重要性。网络流行语只有准确地表达新生思想和概念才能保持其生命力。③网络流行语表意的稳定性。稳定性指网络词语表达的语义能够保留较长一段时间，不会轻易消失。诸如年轻人为标新立异而产生的词语和因为某个重大历史事件产生的词语，都有其时效性，过了一段时间渐渐无人问津，只可作为历史词语保留下来。所以我们认为，网络流行语的表意将趋于稳定，富有其不可替代的表意作用。

网络流行语使交流更加便捷轻松、诙谐幽默，达到了良好的表达效果。虽说它的"发迹"只是短短的几年前，但却受到了大多数人的欢迎，引起广泛的讨论，对于一个新生事物来说，网络流行语取得的成绩可谓斐然。我们希望，网络流行语不仅仅是昙花一现，而是继续开拓创新，丰富当代语言，更好地服务于网民的社交媒体传播需求。

参考文献

第 1 章

1. 巢乃鹏：《网络受众心理行为研究》，新华出版社 2002 年 12 月版。

2. 中国互联网络信息中心（CNNIC）：《中国互联网络发展状况统计报告》，1997.11，http://www.cnnic.net.cn。

3. 中华人民共和国工业和信息产业部：《2010 中国通信统计年度报告》，人民邮电出版社 2011 年 1 月版。

4. Michael Hauben，Ronda Hauben，"Netizens：On the History and Impact of Usenet and the Internet"，Wiley-IEEE Computer Society Press，1997.4.。

5. 郑傲：《网络互动中的网民自我意识研究》，中国传媒大学 2008 年博士学位论文。

6. 邵培仁：《论人类传播史上的五次革命》，载《中国广播电视学刊》1996.7。

7. [西]Ignacio Ramonet：《第五权》，载《法国世界外交论衡月刊（中文版）》，2003.10。

8. [英] 埃德蒙·利奇：《文化与交流》，上海人民出版社 2000 年版。

9. [德] 恩斯特·卡西尔（Cassirer，E）：《人论》，李化梅译，西苑出版社 2009 年 7 月版。

10. 黄旦：《传者图像：新闻专业主义的建构与消解》，复旦大学出版社 2005 年 12 版。

11. [德] 哈贝马斯：《公共领域的结构转型》，学林出版社 1999 年版。

12. 罗彬：《人本价值是新闻传播多重价值的核心》，载《新闻爱好者》2010.24

13. 展江：《导言：作品鉴赏、历史探寻与新闻精神的把握》，载 [美] 沃尔特·李普曼等：《新闻与正义（一）》，中国人民大学出版社 2009 年版，第 7 页。

14. 康彬：《新时代的受众研究》，载《新闻与传播研究》2011.1。

15. 夏德元：《电子媒介人的崛起》，复旦大学出版社 2011 年 9 月版。

第 2 章

16. [美] 詹姆斯•凯瑞：《作为文化的传播》，丁未译，华夏出版社 2005 年版。

17. James W. Carey，"Communications As Culture：Essays on Media and Society"，Taylor & Francis Group，1992.6.

18. Carl Bybee，"Can democracy survive in the post-factual age? A return to the Lippmann-Dewey debate about the politics of news"，Journalism and Communication Monographs，Spring 1999, Vol.1, Iss.1.

19. Tim O'Sullivan，John Hartley，Danny Saunders，Martin Montgomery，John Fiske，"Key Concepts in Communication and Culture Studies"，Routledge，1994.

20. Marshall McLuhann，"Understanding Media"，Herbert Marshall McLuhann，1964.

21. [美] 沃尔特•李普曼：《公众舆论》，阎克文译，上海人民出版社 2002 年版。

22. Dewey John，"The Public and Its Problems"，Swallow Press，Ohio University Press，1954.

23. Dewey John，"The Philosophy of Dewey"，edited by John McDemott，The University of Chicago Press，1999.

24. [美]E•M• 罗杰斯：《传播学史：一种传记式的方法》，殷晓蓉译，上海译文出版社 2005 年 7 月版。

25. [美] 威尔伯•施拉姆：《传播学概论（第二版）》，何道宽译，中国人民大学出版社 2010 年 11 月版。

26. [美] 理查德•格里格、菲利普•津巴多：《心理学与生活（第16版）》，王垒译，人民邮电出版社 2003 年 10 月版。

27. [美] 保罗•萨缪尔森、威廉•诺德豪斯：《微观经济学（第16版）》，于健译，华夏出版社 2002 年 11 月版。

28. 《马克思恩格斯全集》第 19 卷，人民出版社 1963 年版。

29. 《马克思恩格斯全集》第 23 卷，人民出版社 1972 年版。

30. 姚顺良：《论马克思关于人的需要的理论》，载《东南学术》2008.2。

31. 刘荣军：《论人的需要与人的全面发展》，载《西南师范大学学报（人文社会科学版）》2005.11。

32. 《马克思恩格斯全集》第 46 卷，人民出版社 1979 年版。

33. 陈力丹：《精神交往论——马克思恩格斯的传播观》，中国人民大学出版社 2008 年版。

34. Raymond Williams，"Keywords：A Vocabulary of Cultural and Society"，Harper Collins，1976.

35. John Durham Peters，"Speaking into the air：a history of the idea of communication"，University of Chicago Press，1999.

36. Nayyar Shamsi，"Encyclopedia of Mass Communication in Twenty-first Cencuty"，Anmol Publications PVT Ltd.，2005.

37. 黄淑娉、龚佩华：《文化人类学理论方法研究》，广东高等教育出版社 1996 年版。

38. 顾明毅：《面向客户全程价值的协同营销研究》，同济大学 2007 年博士学位论文。

39. [英] 丹尼斯·麦奎尔：《受众分析》，刘燕南译，中国人民大学出版社 2006 年 3 月版。

40. Oz Shy，"The Economics of Network Industries"，Cambridge University Press，2001.1.

41. Dennis McQuail & Sven Windahl，"Communication Models for the Study of Mass Communications"，London & New York：Longman，1981.

42. Devid Morley，"Television，Audiences and Cultural Studies"，Routledge，1992.12.

43. Dave Morley，"Reconceptualising the Media Audience：Towards An Ethnography of Audiences，Stenciled Occasional Paper"，CCS，University of Birmingham，1974.

44. 金惠敏：《积极受众论》，中国社会科学出版社 2010 年 4 月版。

45. 刘海龙：《寻找听众：中国传播研究的需求与使用》，载《中国地质大学学报（社会科学版）》，Vol.10，No.5，2010.9.

46. 邵晓、丁和根：《中国信息传播竞争力的国内需求条件研究》，载《浙江传媒学院学报》，Vol.18，No.2，2011.4.

47. 王友平，盛思鑫：《对马斯洛需要理论的再认识》，载《学术探索》2003.9。

第3章

48. 彭兰：《媒介融合方向下的四个关键变革》，载《青年记者》2009.2。

49. 姚君喜、刘春娟：《"全媒体"概念辨析》，载《新闻与传播研究》2010.6。

50. 罗鑫：《什么是"全媒体"》，载《中国记者》2010.3。

51. 新华社新闻研究所课题组：《中国传媒全媒体发展研究报告》，载《科技传播》2010.2。

52. Jeremy Rifkin，"The Third Industrial Revolution"，Andrew Nurnberg Associated International Limited，2011.

53. C.K.Prahalad & Venkat Ramaswamy，"The Future of Competition：Co-Creating Unique Value with Customers"，Harvard Business School Press，2003.

54. Tim O'Reilly，"What is Web 2.0？Design Patterns and Business Models for the Next Generation of Software"，O'Reilly Media, Inc.，2005.9.30.

55. 喻国明：《社会化媒体崛起背景下政府角色地转型及行动逻辑》，载《新闻记者》2012.4。

56. @ 社会网络与数据挖掘：《社会网络真实自然传播的数据之美》，新浪微盘，2012.3.12，链接源 http://vdisk.weibo.com/s/36-_j。

57. @ 新浪第一互动："假想体"微博传播路径分析，新浪营销内刊《第一互动》，2012.7.17，http://vdisk.weibo.com/s/8PJzD/1342489974。

58. 郑亚楠：《新媒介融合改变了中国社会的舆论格局》，载《新闻传播》2010.1。

59. [德] 乌尔里希·贝克：《世界风险社会》，南京大学出版社 2004 年版。

60. 群邑智库：《山海今》，群邑中国，2012.11.30。

61. [美] 马克·波斯特：《信息方式》，商务印书馆 2000 年版。

62. 童兵：《深化科学研究，推进媒介化社会建设》，《媒介化社会与当代中国》，复旦大学出版社 2011 年版。

63. 林爱珺：《完善媒介化社会的法制管理》，《媒介化社会与当代中国》，复旦大学出版社 2011 年版。

64. Thomas de Zengotita，"Mediated：How the media shape the world 2005"，Bloomsbury Publishing，2005.7.

65. Irving Crespi，"The Public Opinion Process: How the People Speak", Lawrence Erlbaum Associates, Inc, Publisher, 1997.

66. 陈映芳：《青年与中国的社会变迁》，社会科学文献出版社 2007 年 10 月版。

67. 周凯莉：《商人公民王功权》，载财新《新世纪》2011.5。

68. 胡泳：《何以独立？如何另类？》，载胡泳的 Blog，2009 年 4 月 30 日。

69. 胡泳：《众声喧哗—网络时代的个人表达与公共讨论》，广西师范大学出版社 2008 年版。

70. 郑卫东：《村落"总体性社会"的形成：实证研究》，上海市社会科学界第九届学术年会论文集（2011）。

71. 金惠敏：《积极受众论：从霍尔到莫利的伯明翰范式》，中国社会出版社 2010 年 4 月版。

72. [德] 哈贝马斯：《公共领域的结构转型》，曹卫东等译，学林出版社 1999 年版。

73. David Held，"Models of Democracy"，Standord，Calif，Stanford University Press，1987.

74. 史云贵：《论哈贝马斯的"公共领域"理论及其对我国政治现代化的启示》，载《武汉大学学报（哲学社会科学版）》2006.6。

75. 卢梭：《社会契约论》，商务印书馆 2003 年版。

76. 陈明明：《比较现代化·市民社会·新制度主义——关于 20 世纪 80、90 年代中国政治研究的三个理论视角》，载《战略与管理》2001 年第 4 期。

77. 闵大洪：《中国公民媒体的观察和评析》，《媒介化社会与当代中国》，复旦大学出版社 2011 年版。

78. [美] 托马斯·库恩：《科学革命的结构》，金吾伦译，北京大学出版社 2003 年 1 月版。

79. Megan Garber，"Mirror，mirror：The New York Times wants to serve you info as you are brushing your teeth"，Nieman Journalism Lab，2011.8.31，http://www.niemanlab.org/2011/08/mirror-mirror-the-new-york-times-wants-to-serve-you-info-as-youre-brushing-your-teeth/.

第 4 章

80. Michael Boland，"Discovering the Right SoLoMo Formula"，Search Engine Watch，March 11，2011.

81. Thomas Claburn，"Google Defines Social Strategy"，Information Week，May 6，2011.

82. 新浪科技：《苹果 APP Store 提交应用总数超过 100 万款》，2012.11.19，http://tech.sina.com.cn/it/m/2012-11-19/22427811499.shtml。

83. 单波、石义彬：《跨文化传播新论》，武汉大学出版社 2005 年版。

84. [美] 克里斯·安德森：《长尾理论》，中信出版社 2006 年 12 月版。

85. [英] 蒂莫西·雷纳，飞扬编写：《大众的谱系》，载《国外理论动态》2005.8。

86. Lev Grossman，"Time's Person of the Year：You"，Time，2006.12.13.

87. 杨嫚：《字幕组与日本动画跨国传播：受众主动性的悖论》，载《新闻与传播研究》2012.10。

88. 姜奇平：《新媒体众包》，评述于杰夫·豪：《众包》，中信出版社 2006 年 12 月版。

89. [美] 迈克尔·迪屈奇：《交易成本经济学》，经济科学出版社 1999 年 3 月版。

90. 李开复：《渗透与价值——2012 年的中国移动互联网》，2012MDCC 移动开发者大会，2012.10.19。

91. Matt Murphy，Mary Meeker，"Relationship Capital：Top Mobile Trends"，2011.2.10，

http://www.slideshare.net/kleinerperkins/kpcb-top-10-mobile-trends-feb-2011.

92. Mary Meeker，"Internet Trends"，D10 Conference，2012.5.30.

93. Tim Berners-Lee, "Semantic Web Road Map", W3.org，1998.10.14 ，http://www.w3.org/DesignIssues/Semantic.html.

94. [美] 达康塔，奥波斯特，史密斯："语义网——XML、Web 服务、知识管理的未来"，岳高峰译，中国科学技术出版社 2009 年 3 月版。

95. [美]Elliot King，彭兰译：《是否需要重新定义？——关于网上媒体的交互性》，载《国际新闻界》1999.4。

96. 李培林：《图像传播语境下的媒体受众观与受众读图心理研究》，载《南京师大学报（社会科学版）》2006.11

97. [美] 加里·贝克尔，王业宇译：《人类行为的经济分析》，格致出版社，2008 年 4 月版。

98. [美] 丹·席勒：《传播理论史》，冯建三译，北京大学出版社 2012 年 9 月版。

第 5 章

99. 周天勇：《中国收入结构是倒丁字型》，载《21 世纪经济报道》2010.6.12。

100. 上海大学社会学系：《2008 年中国家庭动态调查 CFP：上海》，转引自仇立平：《非同步发展：上海现代化发展水平和社会阶层结构》，载《中国社会科学报》2010.2.23。

101. PEJ，"Therise of social media has changed the character of the overall media environment"，http://www.journalism.org/nod/35，2012.11.17.

102. Kotaro Sugiyama，Tim Andree，"The Dentsu Way：Secrets of Cross Switch Marketing from the World's Most Innovative Advertising Agency"，McGraw Hill，2011.

103. [英] 史蒂文·拉克斯：《尴尬的接近权》，新华出版社 2004 年版。

104. 鲁曙明、洪浚浩：《西方人文社科前沿述评·传播学》，中国人民大学出版社 2007 年版。

105. Connery, B.，"IMHO: Authority and Egalitarian Rhetoric in the Virtual Coffee house"，Porter ed.，Internet Culture，London: Routledge，1997.

106. Rheingold Howard，"Virtual Community"，London: Vintage，1993.

107. [美] 威廉·米切尔：《比特之城：空间·场所·信息高速公路》，范海燕、胡泳译，生活·读书·新知三联书店 1999 年版。

108. Habermas, J.，"The Structural Transformation of the Public Sphere", Cambridge, MA: MIT Press, 1989.

109. Blumer, H.G.："The field of collective behavior"(1936)，in J. Goodwin and J.M. Jasper (Eds) "Social Movements: Critical Concepts in Sociology". Volume I: Crowd Behavior and Psychological Perspectives. London and New York: Routledge (2007).

110. Chu, D., "Collective behavior in YouTube: a case study of 'Bus Uncle' online videos"，Asian Journal of Communication (2009)，19(3).

111.Tom Postmes and Suzanne Brunsting，"Collective action in the age of the Internet: Mass communication and online mobilization"，Social Science Computer Review，2002，Vol 20，No 3，P290–301.

112. 郭良：《2005 年中国五城市互联网使用状况及影响调查报告》，中国社科院社会发展研究中心，2005.7.7。

113. [美] 尼葛洛庞帝：《数字化生存》，海南出版社 1996 年版。

114. 邱林川：《信息 "社会"：理论、现实、模式与反思》，载《传播与社会学刊》2008（5）。

115. 周葆华：《新媒体使用与阶层认同：理论阐释与实证检验》，《媒介化社会与当代中国》，复旦大学出版社 2010 年 7 月版。

116. 顾明毅：《网络流行语与网民态度、使用影响的实证分析》，载《新闻爱好者》2012.9。

117. 徐晓红：《网民参与 BBS 的心理及效果》，载《东南传播》，Vol.64，2009.12。

118. 赵丹青：《网民点评信息的说服效果研究》，载《东南传播》，Vol.78，2011.2。

119. 戴丽娜：《中国消费者研究：理论演进与方法变迁》，上海人民出版社2012 年 9 月版。

第 6 章

120. [美] 斯坦利•巴兰，丹尼斯•戴维斯：《大众传播理论：基础、争鸣与未来》，曹书乐译，清华大学出版社 2004 年版。

121. [英] 丹尼斯•麦奎尔，斯文•温尔德：《大众传播模式论》，祝建华译，上海译文出版社 1987 年版。

122. 魏武挥：《新媒体启示录之一：定义》，载于魏武挥博客，2007.10.28，http://weiwuhui.com/92.html。

123.Bobby J. Calder，"Media Engagement and advertising effects"，Kellogg on Advertising & Media，John Wiley & Son's Inc，2008.

124.Malthouse, Edward, Bobby Calder and Ajit Tamhane，"The Effects of Media Context Experiences on Advertising Effectiveness"，Journal of Advertising36(3)，2007.

125. 喻国明：《网络"放大镜"与民意"无影灯"》，载《人民网·大地》2008.7.29，http://leaders.people.com.cn/GB/7580537.html。

126. 北京师范大学管理学院，北京师范大学政府管理研究院：《2012 中国省级地方政府效率研究报告——消除社会鸿沟》，北京师范大学出版社 2012 年 10 月版。

127. 周灿华、蔡浩明：《网络受众的构成状况及心理需求刍议》，载《现代视听》2007.7。

128. 刘滢、吴长伟：《寻找新媒体的受众和需求》，载《中国记者》2006.11。

129. 彭兰：《网络社区对网民的影响及其作用机制研究》，载《湘潭大学学报（哲学社会科学版）》，Vol.33，No.4，2009.7。

130. 彭兰：《网络受众调查的意义及其实施》，载《中国编辑》2009.2。

131. Howard Rheingold，"The Virtual Community：Homestanding on the Electronic Frontier"，MIT Press，2000.10。

132. [美] 约翰·哈格尔，阿瑟·阿姆斯特朗：《网络利益——通过虚拟社会扩大市场》，新华出版社 1998 年版。

133. 赵云龙：《全媒体时代受众需求特点及其传播对策探析》，载《赤峰学院学报（自然科学版）》2011.5。

134. [美] 理查德·巴特尔：《设计虚拟世界》，北京希望电子出版社 2005 年版。

135. 廖善恩：《维基百科与维客的受众需求》，载《今传媒》2009.7。

136. 刘京林：《浅析网民的心理生活空间》，第九届全国心理学学术会议文摘选集（2001）。

137. 胡会娜、李杰：《从需求理论看微博对受众需求的满足》，载《新闻世界》2010.8。

138. 姚林青：《大众传播的经济功能和社会需求》，载《现代传播》，Vol.153，2008.4。

139. 胡翼青：《论传播的经济功能》，载《江苏社会科学》1999.2。

140. 姚顺良：《论马克思关于人的需要的理论》，载《东南学术》2008.2。

141. Paul Krugman，"Understanding Globalization"，Washington Monthly，1999.6.

142. 许莲华：《媒介新闻价值取向与受众需求的关系认识》，载《广东外语外贸大学学报》，Vol.15，No.3，2004.7。

143. 姜维：《浅谈媒介传播的受众需求》，载《青年记者》2009.3。

144. 曹博林：《社交媒体：概念、发展历程、特征与未来》，载《湖南广播电视大学学报》，Vol.47，2011.3。

145. 张征：《试析"受众需求"》，载《现代传播》，Vol.134，2005.11。

146. 郭晶：《网络非理性舆论中的网民心理探析》，载《河南工业大学学报（社会科学版）》，Vol.7，No.4，2011.12。

147. 顾明毅：《网络舆情的互联网受众需求本源》，载《新闻记者》2011.11。

148. 甘泉：《影响网民网络检索行为的心理学因素分析》，载《今传媒》2010.3。

149. 于茜：《SNS 网站满足网民使用虚拟社区的新需求》，载《东南传播》，Vol.70，2010.6。

第 7 章

150. [美] 约瑟夫·斯特劳巴哈、罗伯特·拉罗斯：《今日媒介：信息时代的传播媒介》，清华大学出版社 2002 年版。

151. Holbrook M B.，"Customer Value: A Framwork for Analysis and Research"，Advances in Consumer Research，1996，23(1).

152. 祝华新、单学刚、胡江春：《社会蓝皮书——2009 年中国互联网舆情分析报告》，社会科学文献出版社 2009 年 12 月版。

153. 俞可平：《治理与善治》，社会科学文献出版社 2000 年版。

154. 陶文昭：《推进民主政治：网络公民社会的定位》，载《探索与争鸣》2010.6。

155. 刘毅：《网络舆情研究概论》，天津人民出版社 2007 年 9 月版。

156. 唐世秀、何云峰：《网民政治不满情绪的成因和对策》，载《探索与争鸣》2010.6。

157. 王晓华、严丽娜：《决定受众选择互联网的因素研究》，载《国际新闻界》2007.3。

158. 顾明毅、周忍伟：《网络舆情及社会性网络信息传播模式》，载《新闻与传播研究》2009.11。

159. 杨宜音：《文化认同的独立性和动力性》，《海外华族研究论集》，华侨协会总会 2002 年版。

160. 中国互联网信息中心（CNNIC）：《第 30 次中国互联网络发展状况统计报告》，2012.7。

161. [美] 阿尔文·托夫勒：《第三次浪潮》，生活·读书·新知三联书店出版社，1983 年版。

162. 喻国明：《大众媒介公信力理论研究》，人民出版社 2006 年 9 月版。

163. 程曼丽：《从历史角度看新媒体对传统社会的解构》，载《现代传播》2007.6。

164. 王来华、温淑春：《论群体性突发事件与舆情问题研究》，载《社会学理论与方法研究》2008.5。

165. [美] 理查德·格里格，菲利普·津巴多：《心理学与生活》，人民邮电出版社 2009 年 5 月版。

166. [美] Werner J.Severin，James W.Tankard：《传播理论起源、方法与应用》，中国传媒大学出版社 2007 年 1 月版。

167. 童兵：《"四权"建设：拓宽舆论表达渠道的突破口》，载《中国地质大学学报（社会科学版）》2010.3。

168. [美] 马斯洛：《存在心理学探索》，李文湉译，云南人民出版社 1987 年版。

169. Maslow, Abraham，"Towards a Psychology of Being"，Wiley; 3 edition. 1998.

170. [美] 李安德，若水译：《超个人心理学》，桂冠图书股份有限公司 1994 年版。

171. [美] 马斯洛：《人性能达的境界》，林方译，云南人民出版社 1987 年版。

172. 郭永玉：《马斯洛晚年的超越性人格理论的形成与影响》，载《华东师范大学学报（教育科学版）》，2002.6，Vol.20，No.2

173. 喻国明：《社会化媒体崛起背景下政府角色的转型及行动逻辑》，载《新闻记者》2012.4。

174. 丁煌、定明捷：《政策执行过程中政府与公众的谈判行为分析——非对称权力结构的视角》，载《探索与争鸣》2010.7。

175. 于晶：《"从媒体到受众"：政府危机传播效果的二级评估模式建构》，载《新闻与传播研究》2012.2。

176. 李异平、袁娜：《试论网络舆情事件与政治信任的构建》，载《东南传播》2010.6。

177. 李良荣：《第四次传播革命理论综述》，《第四次传播革命——巨变十年的回顾与展望》论坛，泛媒研究院，2012.9。

178. 杨继绳：《当代中国社会阶层分析》，江西高校出版社2011年6月版。

179. 谢新洲、安静：《新媒体时代：舆论引导的机遇和挑战》，载《新华月报（下）》2012.4。

180. 祝华新：《网络舆论倒逼中国改革》，载财新《中国改革》2011.10。

181. 樊浩（本名樊和平）：《中国伦理道德报告》，中国社科院出版社2012年1月版。

182. [美] 曼纽尔·卡斯特：《网络社会的崛起》，社会科学文献出版社2006年9月版。

183. 王金堂：《论解决知情权与隐私权冲突的逻辑方法》，载《上海交通大学学报（哲学社会科学版）》2010.3。

184. 张耀南：《论"大利"之作为"中华共识"》，载《清华大学学报（哲学社会科学版）》2010.4。

185. 吴小冰：《政府公共危机沟通策略探讨——归因理论与形象修复理论的视角》，载《东南传播》2010.6。

186. 陶文昭：《推进民主政治：网络公民社会的定位》，载《探索与争鸣》2010.6。

187. 谢海光：《网络舆情及突发公共事件危机管理》，上海交通大学中国传媒领袖大讲堂，2011.7。

188. 王正祥：《媒介使用、权威信息的可信度与民众对传言的信任》，载《新闻与传播研究》2010.3。

189. [美] 詹姆斯·卡茨：《传播视角下的社会网络与公民新闻对传统报纸的挑战》，载《新闻与传播研究》2012.3。

190. 李彪：《网络事件传播空间结构及其特征研究——以近年来40个网络热点事件为例》，载《新闻与传播研究》2011.3。

191. 陈堂发：《社会性媒介使用与隐私意识法律化原则探讨》，载《国际新闻界》2012.3。

192. 刘畅：《微博问政、治理转型与"零碎社会工程"》，载《南京社会科学》2012.4。

193. 魏永征：《对网上言论自由法律边界的有益探索》，载《新闻记者》2011.11。

194. 中国互联网信息中心（CNNIC）：《第 30 次中国互联网络发展状况统计报告》，2012.7。

195. 喻国明：《社会化媒体崛起背景下政府角色地转型及行动逻辑》，载《新闻记者》2012.4。

196. 涂光晋、吴惠凡：《从"党的耳目喉舌"到"公众话语平台"》，载《现代传播》2012.1。

197. 黄淑贞、朱丽丽：《网络事件中的阶层冲突》，载《南京邮电大学学报》2010.3。

198. 人民日报政治文化部、人民网舆情监测室：《2012 大型全国两会网络联合调查》，2012.3。

199. 展江：《中央媒体推变革新招》，载《党政论坛（干部文摘）》2009.8。

200. 杜骏飞：《中国中产阶级的传播学特征——基于五大城市社会调查的跨学科分析》，载《新闻与传播研究》2009.3。

201. 葛晨虹：《回归社会共同价值理性——社会主义核心价值观的相关探讨》，载《人民论坛》2010.3。

202. 陈喆、胡江春：《传统媒体如何报道"强弱"冲突事件？——药家鑫案、夏俊峰案的媒体立场解读》，载《新闻战线》2011.6。

第 8 章

203. Clayton Alderfer，"an Empirical Test of a New Theory of Human Needs", Organizational Behavior & Human Performance, Vol 4(2), 1969.

204. Kotler, Philip，"Megamarketing"，Harvard Business Review. 1986.64(3).

205. Kevin Lane Keller，"Brand Knowledge"，Journal of Consumer Research，Vol.29，No.4，March 2003.

206. Keller Kevin Lane，"Conceptualizaing, Measuring, and Manageing Customer-Based Brand Equity"，Journal of Marketing，1993，57(1).

207. Aaker D. A.，"Managing Brand Equity: Capitalizing on the Value of Brand Name"，The Free Press，1991.

208.Blackston M，"The Qualitative Dimension of Brand Equity"，Journal of Advertising Research，1995，35(7/8).

209.Ning Changhui，"The Brand Equity Model and Strategy based on consumer utility"，China Industrial Economy，Oct, 2005 No.10.

210.Walter Lippmann，"Public Opinion", Harcourt Brace and Company Inc: New York，1922.

211.Demetrios Vakratsas，Tim Ambler，"How Advertising Works: What Do We Really Know?", Journal of Marketing, Vol.63, No.1, 1999.

212.Zeithaml V A.，"Consumer Perceptions of Price, Quality, and Value: A Means-end Model and Synthesis of Evidence"，Journal of Marketing，1988，52(July).

213.Prahalad，C.K and Richard A. Bettis, "the Dominant Logic: A New linkage between Diversity and Performance"，Strategic Management Journal，No.6, 1986.

214.Vigneron F. and Johnson L.W.，"A Review and a conceptual Framework of Prstige Seeking Consumer Behavior"，Academy of Marketing Science Review，1999，99(1).

215.Hannerz, Ulf，"Cosmopolitans and Locals in World Culture, in Clobal Culture: Nationallism, Globalization and Morderntiy"，Mike Featherstonce，ed. Thousand Oaks，CA: Sage Publications，1990.

216.Jan Benedict E. M. Steenkamp，"The role of national culture in international marketing research"，International Marketing Review，Vol. 18，Iss.1.

217.Wu Jinglian，"Understanding and Interpreting Chinese Economic Reform"，Texere，2005.

218.Wu Dong，"the TV Commercial Delivery Volume and Competition Structure in 2011"，Boardcast China, 2012.4.

219.Luo Mei，"the Advertisement Broadcasting Strategy in Local TV Station with Channel Branded"，South East Communication，2009.10.

220.Yang Yan，"Research on Authentic Application of Mengniu Company Growth"，Journal of Inner Mongolia Normal University (Philosophy and Social Science), 2006.4.

221.DL Alden, JBEM Steenkamp, R Batra，"Brand Position through advertising in Asia, North America，and Europe：the rold of global consumer culture"，The Journal of

Marketing，1999，Bol.63，No.1.

222.A.H. Maslow，"A Theory of Human Motivation"，Psychological Review，Vol.50 1943.

223.A.H. Maslow，"Motivation and Personality"，Harper & Row：New York，1970.

224.Jeffrey F. Durgee，"How consumer sub-culture code Reality: A Look at Some Code Types", In adcances in Consumcr Research 13ed Richard J Lutz，Provo, UT：Association for Consumer Research，1986.

225.Erdem O, Oumlil A B, Tuncalp S. "Comsumer Values and the Importance of Store Attributes", International Journal of Retail and Distribution Management, 1999, 27(4).

226.Baker J, Parasuraman A, Grewal D,Voss G B.，"The Influence of Multiple Store Environment Cues on Perceived Merchandise Value and Patronage Intentions"， Journal of Marketing，2002，66(April).

227.Babin B J, Darden W R, Babin L A.，"Negative Emotions in Marketing Research: Affect or Artificial?"，Journal of Business Research，1998，42(3).

228.Basil G.Englis, Michael R.Solomon, "To Be and Not to Be: Lifestyle Imagery, Reference Groups, and The Clustering of America"，Journal of AdvertisingVol.24, No.1，Spring，1995.

229.Baumgartner H.，"Toward a Personology of the Consumer"，Journal of Consumer Research, 2002, 29(September).

230.Rust, Roland T.，"Valarie A. Zeithaml, & Katherine N. Lemon, Customer-centered brand management"，Harvard Business Review，Sep. 2004.

231.Murphy, P. E., Gene R. Laczniak, "Ethical Marketing"，Pearson Education，Inc.，Upper Saddle River，New Jersey，2005.

232. 钱霄峰：《三本书改变美国食品安全史》，载《南方周末》2007.8。

233. 林景新：《蒙牛品牌硬殇》，载《东方企业文化》2009.12。

234. 冯应谦：《青年文化与社会化》，《媒介化社会与当代中国》，复旦大学出版社 2011.10。

235. 中国互联网研究中心：《第 30 次中国互联网调查报告》，北京，2012.7。

236. 杜国清：《在华美国品牌传播及其软实力》，载《现代传播》2011.10。

237. 余明阳、戴世富：《品牌战略》，清华大学出版社 2009 年 5 月版。

238. 卫生部：《现有 1.2 万余名婴幼儿因食用奶粉住院治疗》，新华网，2008.9.21，http://news.xinhuanet.com/newscenter/2008-09/21/content_10088082.htm。

239. 王丁棉：《国家乳业标准被行业协会和企业绑架》，载《京华时报》2011.6.17。

240. 吴恒：《中国食品安全问题新闻资料库（2004-2011）》，2011.6.17，http://www.zccw.info/report。

241. Kotaro sugiyama, "The Dentsu Way"，Japan：the McGraw Hill Companies, 2011.

242. Sadafumi Nishina, Hiroshi Tanaka，"Advertising Psychology"，Dentsu，Tokyo，2007.

243. 森永卓郎：《年収 300 万円時代を生き抜く経済学 給料半減が現実化する社会で「豊かな」ライフ・スタイルを確立する!》，光文社→知恵の森文庫，Mar 2003

244. Tanaka Hiroshi，"Consumer Behavior: Social Psychological Approach"，Chuokeizai-Sha Inc.，Tokyo，2008.

245. 杨继绳：《中国当代社会阶层分析》，江西高校出版社 2011 年版。

246. Murphy, P. E.，"Gene R. Laczniak, Ethical Marketing"，Pearson Education, Inc., Upper Saddle River, New Jersey, 2005.

247. 程士安：《未成年消费群》，中国轻工业出版社 2004 年版。

248. 黄合水：《品牌及广告的实证研究》，北京大学出版社 2006 年版。

第 9 章

249. 乌尔里希·贝克：《世界风险社会》，南京大学出版社 2004 年版。

250. 夏倩芳、张明新：《社会冲突性议题之党政形象建构分析》，载《新闻学研究》2007。

251. 黄旦：《新闻传播学》，浙江大学出版社 1997 年 9 月版。

252. 张晓锋：《论媒介化社会的三重逻辑》，载《现代传播》2010.7。

253. 周怡：《代沟现象的社会学研究》，载《社会学研究》1994.4。

254. 展江：《中央媒体推变革新招》，载《党政论坛（干部文摘）》2009.8。

255. 杜骏飞：《中国中产阶级的传播学特征——基于五大城市社会调查的跨学科分析》，载《新闻与传播研究》2009.3。

256. [德] 古斯塔夫·勒庞：《乌合之众——大众心理研究》，法国中央编译出版社 1896 年版。

257. 钱小芊：《大力发展健康向上的网络文化》，《第十一届中国网络媒体论坛》，2011.11.21。

258. 孟建、赵元珂：《媒介融合：粘聚并造就新型的媒介化社会》，载《国际新闻界》2006.7。

259. 方延明：《我国媒介传播中的悖论问题》，载《南京社会科学》2009.10。

260. Noelle-Neumann，"The spiral of silence: a theory of public opinion"，Journal of Communication，1974.

261. 陈丁杰：《"媒介审判"频频受难的原因与真相探究——后"药家鑫案"的学理思考》，载《青年记者》2011.27。

262. 陈喆、胡江春：《传统媒体如何报道"强弱"冲突事件？——药家鑫案、夏俊峰案的媒体立场解读》，载《新闻战线》2011.6。

263. Adam Smith，"An Inquiry into the Nature and Causes of the Wealth of Nations"，W. Strahan and T. Cadell，London，1776.

264. 顾明毅：《媒介化社会的二元抉择问题：螺旋悖反》，载《当代传播》2012.5。

265. 丁柏铨：《论党报面临的新挑战及其战略选择》，载《新闻传播》2009.6。

266. 喻国明：《中国媒介规制的发展、问题及未来方向》，载《山西大学学报》2009.6。

267. 童兵：《中国新闻传播学研究最新报告 2010》，复旦大学出版社 2010 年 9 月版。

268. 郑亚楠：《新媒介融合改变了中国社会的舆论格局》，载《新闻传播》2010.1。

269. 张益清：《突发事件报道下的媒体受众再定位》，载《东南传播》Vol.53，2009.1。

270. 陈楚洁：《公民媒体的构建与使用：传播赋权与公民行动》，载《公共管理学报》，Vol.7，No.4，2010.10。

第 10 章

271. 梁漱溟：《中国文化的命运》，中信出版社 2010 年 11 月版。

272. 甘阳：《通三统》，生活·读书·新知三联书店 2007 年 12 月版。

273. 李泽厚：《人类学历史本体论》，天津社会科学院出版社 2008 年 5 月版。

274. 夏倩芳，张明新：《社会冲突性议题之党政形象建构分析》，载《新闻学研究》2007。

275. 光明日报理论部：《2011 年中国十大学术热点》，载《光明日报》2012。

276. Samuel P. Huntington，"The Clash of Civilizations and the Remaking of World Order"，Simon & Schuster Paperbacks，2003.

277. Lawrence E.Hamison, Samuel P. Huntington，"Culture Matters：How Values Shape Human Progess"，Perseus Books Group，2000.

278. Talcott Parsons，"The Social System"，Free Press，1959.

279. 涂光晋、吴惠凡：《从"党的耳目喉舌"到"公众话语平台"》，载《现代传播》2012.1。

280. 黄淑贞、朱丽丽：《网络事件中的阶层冲突》，载《南京邮电大学学报》2010.3。

281. 徐翔：《异化的的"去中心"：审视电子乌托邦》，载《南京社会科学》2010.10。

282. 张跣：《微博与公共领域》，载《文艺研究》2012.10。

283. 李彪：《网络事件传播空间结构及其特征研究》，载《新闻与传播研究》2011.3。

284. 张晓锋：《论媒介化社会的三重逻辑》，载《现代传播》2010.7。

285. 人民日报政治文化部、人民网舆情监测室：《2012 大型全国两会网络联合调查》，2012.3。

286. 周怡：《代沟现象的社会学研究》，载《社会学研究》1994.4。

287. 展江：《中央媒体推变革新招》，载《党政论坛（干部文摘）》2009.8。

288. 杜骏飞：《中国中产阶级的传播学特征——基于五大城市社会调查的跨学科分析》，载《新闻与传播研究》2009.3。

289. 樊浩：《中国伦理道德报告》，中国社会科学出版社 2012 年 2 月版。

290. 樊浩：《中国大众意识形态报告》，中国社会科学出版社 2012 年 2 月版。

291. 南振中：《密切新闻报道与人民群众的联系》，新华网，2004.6.1。

292. [德] 古斯塔夫·勒庞：《乌合之众——大众心理研究》，法国中央编译出版社 1896 年版。

293. 钱小芊：《大力发展健康向上的网络文化》，《第十一届中国网络媒体论坛》，2011.11.21。

294. 方延明：《我国媒介传播中的悖论问题》，载《南京社会科学》2009.10。

295. 丁柏铨：《论党报面临的新挑战及其战略选择》，载《新闻传播》2009.6。

296. 葛晨虹：《回归社会共同价值理性——社会主义核心价值观的相关探讨》，载《人民论坛》2010.3。

297. 彭晓芸：《党媒迎向网络新浪潮——话语竞争与中共的治理调适》，载《新新闻》1326 期，2012.8。

第 11 章

298. [美] 马斯洛：《动机与人格》，陕西师范大学出版社 2010 年 6 月版。

299. 刘新民：《论大学生网瘾心理过程机理及心理行为矫治方法》，载《湖南大学学报（社会科学版）》2012.3。

300. Goodin, Robert E.; Rice, James Mahmud; Bittman, Michael; & Saunders, Peter. (2005). "The time-pressure illusion: Discretionary time vs free time". Social Indicators Research 73(1), 43–70. (JamesMahmudRice.info, "Time pressure" (PDF)).

301. [美] 尼尔·波兹曼：《娱乐至死》，章艳译，广西师范大学出版社 2004 年 5 月版。

302. 郭玉锦、王欢：《网络社会学》，中国人民大学出版社 2010 年 5 月版。

303. 云海辉：《中国戏曲互联网传播的受众及其需求》，载《现代传播》2011.8。

304. [美] 凡勃伦：《有闲阶级论》，商务印书馆 2004 年 5 月版。

305. [美] 凯文·凯利：《失控：全人类的最终命运和结局》，新星出版社 2010 年 12 月版。

306. 彭毅力：《网络文化在生存论的视阈》，载《浙江传媒学院学报》2011.3。

307. 黄晓薇：《网络娱乐传播学功能解读》，载《法制与社会》2009.4。

308. 赫伯特·甘斯：《什么在决定新闻》，石琳、李红涛译，北京大学出版社 2009 年版。

309. 陈红梅：《简论网络传播对传统媒体新闻报道的影响》，载《新闻记者》2009.5。

310. 李希光：《畸变的媒体》，复旦大学出版社 2004 年 6 月版。

311. 巫燕惠：《关于网络娱乐新闻报道的反思》，载《东南传播》2007.9。

312. 王翠荣：《另类网络娱乐文化现象形成的原因》，载《新闻传播》2008.10。

313. 屠海燕：《网络"泛娱乐化"倾向值得警惕》，载《传媒观察》2009.3。

314. 刘叶芳：《传播学视阈下的网络视频盗版现象分析》，载《新闻世界》2012.12。

315. 祝建华、王晓华：《权衡需求理论与数码市场的前景》，《传播学研究：和谐与发展——中国传播学会成立大会暨第九次全国传播学研讨会论文集》，新华出版社 2006 年 9 月版。

316. 段洪涛、于朝阳：《国外名校网络公开课的辩证分析》，载《思想理论教育》2013.2。

317. 陆晓禾：《P2P 文件共享：一个世界性的伦理法理问题》，载《伦理学研究》2005.3。

318. [希] 迈克尔·德图尔特：《未来的社会：信息新世界展望》，上海译文出版社 1998 年版。

319 王孪生：《我国学界对网络文化及其影响综述》，载《河南师范大学学报哲社版》2003.3。

第 12 章

320. [法] 塔尔德：《传播与社会影响》，[美] 克拉克编，何道宽译，人民大学出版社 2005 年 6 月版。

321. 王海忠：《中国消费者世代及其民族中心主义轮廓研究》，[美] 克拉克编，何道宽译《管理科学学报》2005.6。

322. Crispell, Diane. Where generations divide: A guide. American Demographics, 1993:9-10.

323. Schütte Hellmut and Ciarlante Deanna. Consumer Behavior in Asia. New York: New Youk University Press, 1998.

324. 刘世雄、周志民：《从世代标准谈中国消费者市场细分》，载《商业经济文荟》2002.5。

325. 林资敏、陈德文：《生活形态行销 ALL IN ONE》，沈阳出版社 2002 年版。

326. 戴承良：《新广告教学的若干理论问题》，载《东华大学学报（社会科学版）》2002.3。

327.eMarketer：《Blue Book of China Online Video》，www.eMarketer.com，Jun 7,2012.

328. 林蔚：《"80 后"悄然刷新国人消费主张》，载《人民文摘》2007.4。

329. 阳翼，关昱：《"80 后"与"90 后"消费者行为的比较研究》，载《广告大观（理论版）》2010.4。

330. 魏敏菁、黄沛：《80 后生代的行为特征及其营销意义》，载《市场营销导刊》2007.6。

331. 薛海波：《"80 后"消费者的购物决策风格与种群类别研究》，载《软科学》2008.3。

332. 褚宝良、马博林、马倩影：《"90 后"大学生消费状况调查》，载《中国经贸导刊》2010.9。

333. 魏水英：《"80 后"青年的时代特征》，载《中国青年研究》2009.7。

334. 姜方炳：《对"80 后"一代角色偏差问题的体认和反思》，载《中国青年研究》2007.6。

335. [加] 迈克尔·布雷：《越轨青年文化比较》，岳西宽等译，北京理工大学出版社 1989 年版。

336.CMI：《90 后的数字化生活》，中国传媒大学广告学院校园营销研究所2011 年 9 月版。

337. 魏殿林：《新媒体环境下广告人才实践教育的模式创新》，载《今传媒》2012.12。

338. 郑苏晖、孔清溪：《广告教育：变革期的反思》，载《现代传播》2010.2。

339. 舒咏平：《新媒体广告趋势下的广告教育革新》，载《广告教育》2008.4。

340. 蒋赏：《网络广告课程教学改革研究》，载《现代企业教育》2012.6

341. 徐延章：《新媒体环境下影视广告设计教学策略》，《青年记者》，2012.9。

342. 李杰、陈刚、乔均、张惠辛、陈正辉：《后 WTO 时代对中国广告教育的影响》，载《广告大观》2004.12。

343. 张合斌：《Web3.0 情境下的广告学专业课程教学设计与实现》，载《高等函授学报（哲学社会科学版）》2012.3。

344. 陈正辉：《广告专业理论与实践互动教学法研究》，载《广告大观理论版》2009.1。

345. 高丽华：《企业的广告人才素质及对广告教育的启示》，载《新闻爱好者》2009.9。

346. 阳翼、万木春：《大陆和港台地区的广告教育之比较》，载《东南传播》2009.8。

347. Kristen Purcell, Judy Buchanan, Linda Friedrich：《The Impact of Digital Tools on Student Writing and How Writing is Taught in Schools》, Pew Research Center, Jul 16, 2013.

348. 吴越民：《象征符号解码与跨文化差异》，载《浙江大学学报（社会科学版）》2007.3。

349. [德] 古斯塔夫·勒庞：《乌合之众：大众心理研究》，法国中央编译出版社 1896 年版。

350. 喻国明：《传播的"语法革命"和舆论引导力》，载《电视研究》2009.10。

351. 尹韵公：《论网络文化》，载《新闻与写作》2007.5。

352. 程士安：《网络媒体与文化价值观——兼析网络影响和当代大学生亚文化的形成》，载《新闻大学》2002 秋。

353. 沈建荣等：《网络词语"PK"的社会语用论析》，载《重庆交通大学学报（社科版）》2010.10。

354. 李兰兰：《网络词语背后的文化心理及其影响》，载《成都大学学报（社科版）》2008.2。

355. 黎昌友：《网络词语的构成分类》，载《四川文理学院学报》2007.1。

356. 苏珊娜：《解析网络词语的造词"密码"》，载《长春师范学院学报》2007.1。

357. 中国互联网络信息中心（CNNIC）：《2008-2009 博客市场及博客行为研究报告》，2010.7。

358. 胡泳：《网络社群的崛起》，载《南风窗》2009 年第 22 期。

359. 《〈瞭望〉文章：网络意见领袖"显性化"》，新华网，2008 年 6 月 24 日。

360. 于建嵘：《中国的社会泄愤事件与管治困境》，载《当代世界与社会主义》（双月刊）2008 年第 1 期。

361. 顾明毅：《面向动态网络环境的客户全程价值研究》，载《武汉理工大学学报（社会科学版）》2011.2。

362. 顾明毅：《网络舆情与社会性网络信息传播模式》，载《新闻与传播研究》2009.10。

363. 汪东华：《多元统计分析与 SPSS 应用》，华东理工大学出版社 2010 年 9 月版。

364. [美]Lon Safko and David K.Brake：《社会媒体营销宝典——网络时代营销制胜的策略、工具和战略》，王正林译，电子工业出版社 2010 年 11 月版。

365. [美] 斯科特：《口碑——引爆网络狂欢效应的锦囊妙计》，高游译，人民邮电出版社 2010 年 10 月版。

366. [美] 奎尔曼：《颠覆：社会化媒体改变世界》，刘吉熙译，人民邮电出版社 2010 年 12 月版。

367. Antony Mayfield，What is social media(电子书)，2008.8。

368. 陈思：《2002 年北京高校流行语状况调查》，载《中国青年研究》2002.

369. 胡吉成：《当前网络词语问题探析》，载《广播电视大学学报 (哲学社会科学版)》2004.4。

370. 石国亮：《青年流行语的价值观意蕴研究》，载《中国青年研究》2010（9）。

371. 曹宣明：《青年网络流行语解读与思考》，载《当代青年研究》2011.1。

372. 陈红莲：《从网络流行语看网络受众心理——以 2009 年"十大网络流行语"为例》，载《新闻爱好者》2010.11。

373. 项国雄、黄璜：《从网络流行歌曲看网络对青年文化价值的传递》，载《新闻与传播研究》2005.02。

374. 盛若菁：《网络流行语的社会文化分析》，载《江淮论坛》2008.4。

375. 田绪永：《透视当代青年价值取向的多元化》，载《中国青年研究》2005.5。

376. Antony Mayfield，What is social media(电子书),2010。

377. 曾媛媛：《网络词语对年轻群体生活的影响及其规范建议》，载《商品与质量：理论研究》2011.4。

378. 孙立、彭维凤：《网络词语的生成及功效》，载《语文教学与研究：综合天地》2010.9。

379. 唐芳：《判定网络词语发展前景的标准》，载《佛山科学技术学院学报：社会科学版》2010.2。

380. 杜洁芳：《对网络新语不要一棍子打死》，《出版人：图书馆与阅读》，2010.3。

381. 朱雯雯：《网络词语生成方式与联想机制》，载《楚雄师范学院学报》2009.10。

382. 沈晶：《网络词语的类型、特点与规范》，载《文教资料》2008.10。

383. 陈明、高媛：《浅谈网络词语修辞手法的运用》，载《河北经贸大学学报：综合版》2006.2。

384. 安志伟：《网络词语社会化的表现及其原因》，载《文化学刊》2009.6。

后　记

大航海时代勾勒了 1 500 年以后辉煌灿烂的人类文明，而互联网开启的是整个未来世界的更辉煌灿烂的人类文明。生于其间，实为大幸！

2000 年前后，手机开始在我国公众中普及，通讯工具的创新和应用使得我国公众迅速拥有全球最先进的移动传播终端。早先学者认为，我国网民集中在大中城市，乡镇网民需要经历和城市网民一样的互联普及过程："网吧—工作场所或家庭电脑—智能手机"。而今，乡镇网民通过平民化的智能手机一举接入互联网，跳过了城市网民的发展步骤，这就启示了我国网民能够迅速学习和普及几乎所有的互联网前沿，成为打破我国二元化城乡发展魔咒的现实先例。

我一直为深植于国民心底的伟大实践动力而感到钦佩，激励我们探索这种持续动力的源泉。邓小平主持的改革开放使得国家层面接受了市场经济和制度竞争的观念，也为国民建立更高的生存水平、社会交往和成长发展打开了空间。基于人的动力源源不断地解放，创造了三十多年经济高速发展的奇迹。

未来的奇迹必定也属于互联网。目前来看，声音、动作和视觉捕捉正在改变输入输出系统，移动互联应用刚刚掀起剧幕，人的劳动价值和休闲价值在移动社交基础上重新分配。移动社交使得时间碎片被收纳整理成价值碎片，使得空间碎片融汇进入社交场景，交易支付系统更为自由和便捷，社会化递送服务超越了传统店址约束，这些趋势都在颠覆着传统行业化观念，也在催生全新的数字时代的行业新观念。从某种程度上，基于人的移动社交媒体全力扩张，最终将导致 Web3.0 所提出的个人层面的传播价值与经济价值的统一。

在被裹挟前行的互联网浪潮中，我们享受着互联网传播带来的诸多福祉，也思考着传播对人的需要和实践的改造。感谢博士后导师复旦大学广告系主任程士安教授始终要求弟子们挺立在移动互联网的业界前沿。程老师践行着复旦新闻学院"好学力行"的表率，指引弟子们加深理解当代社交媒体的传播革命，互联网不再作为一种媒体，而成为线上社会涵盖整个线下社会的人类交互革命。在丰富多彩的行业应用实践中，新关系新价值不断涌现，信息生产力大爆炸，正在促使个人化交易数据和传播信息相融合。在这个趋势中，广告、营销、传播、经济、互联网正密不可分地融合为一个整体，相互促进推动社会生产力的革命。不达此境，便不能理解谷歌、百度、苹果、淘宝几年间异军突起地成为传媒经济乃至国家社会的重心，并将研究平台前推到未来多线程流的 Lifelinear 系统。

我本人在博士后研究期间泛舟于新闻与传播学科海洋，为管理学科背景中"物化"价值和商业伦理，增添了强烈的社会责任和人文关怀。一如复旦新闻学院老校长陈望道先生所言"宣扬真理改革社会"思想作为我的研究理念。在本书研究过程中，得到了新闻与传播学博士后流动站站长、复旦大学资深特聘教授童兵老师的悉心指导。童老师毫无保留地为我打开新闻与传播学研究的资料库，开放新闻传播与媒介化社会研究国家哲社创新基地供我学习。特别令人感动的，是童老师逐字逐句阅读并修改我的相关论文，并极力推荐发表在核心期刊上，对各学科青年的海纳胸襟和深厚学术底蕴让我倍感敬佩。还有同在基地的马凌副教授、林溪声老师、蒋蕾教授、贾敏博士、苏状博士、崔莉萍博士、高敬文老师都给予我许多宝贵的学术思想的火花和创见。

值得一提的是，上海市第22届哲学社会科学青年骨干培训班为我接触各学科人文思想前沿提供了宝贵机会，感谢黄少卿副教授、宋佩玉教授、邵育群研究员、聂伟教授、刘志刚教授、夏凌副教授、郭美华副教授、朱吉庆副教授、孙德刚研究员、刘宏松副教授、张来春副研究员，还有潘世伟教授、李明灿研究员、梁清老师等师友。

感谢教育部·日本电通高级研修员培养项目给我带来比较中日传播领域前沿的机会，电通公司的中本祥一常务董事、永妻光夫局长、池田京子部长、仓成英俊创意总监、田子琪先生、泽田美子先生，他们的专业经验和役匠精神已经融入了我的人生，顺致感谢与我同行学习的刘平副教授、陈鹏副教授等好友。

特别感谢上海外国语大学新闻传播学院院长姜智彬教授，广告系主任陈正辉教授，他们将我的研究成果视若己出，不断激励我精益求精地编撰本书，并为我创造了更好的研究条件。在第12届中国广告教育学术研究会上，鼓励我大胆抛出移动社交的教育观点，接受来自各地高校专家的批评和意见。在磨砺中探索传播需求理论成长的空间。

最后感谢吴泗宗教授和叶明海教授，十年之前的研究生涯，他们使我建立起一切价值基于需求的理论原石，贯穿经济管理和整个社会网络。需要感谢的人太多，我深为自己在学习、生活和工作中得到所有老师和朋友的传播而感动，我的"社会"边界正是由你们而构成。

一路走来，苦乐自知。感谢父母对我的全部支持，他们是已退休的工程师和文员，所经历的人生跌宕起伏，和我的人生一样精彩。他们不求回报地支持我实现我的人生梦想，正如那五湖四海的人生游历，我永远毫无保留地支持他们。我的妻子李璇已经陪伴我走过博士到博士后的漫漫日子，如果之前还感动于你承担多一份的家庭责任，让渡给我的宁静与祥和。那么博士毕业时隔七年，我又如何再次承受以爱为名的奉献？感情久了会成为习惯，奉献多了会成为负累。面对困难，我不知道如何说服你接受青椒的清贫，但我仍然能从你每一个眼神、每一次拥抱中感受到一种支持和信任。同我一道，去相信这个世界存在着永恒，而我们匆匆体验到的一切就是永恒的一种，这是属于我们的一种永恒，我愿与你一同追寻下去。

必须申明，本书提出的社交媒体传播需求是从我国网民的受众研究中发展起来的概念和观点，是尚在探讨中的领域，论著具有一定的探索性和尝试性。我们竭尽全力，但缺点、错误在所难免，恳请业内方家不吝赐教，以便修订。

最后，再次鸣谢上海哲学社会科学基金2011FXW002"社交媒体时代网络信息传播的受众需求研究"的支持！

顾明毅

2013 年 9 月 12 日

于静安家中